海事司法文库 7

丛书总主编◎霍　敏

合规指引与风险防治

海上保险、优先权、强制令卷

海事审判典型案例应用导则建设项目

吴锦标　马　奔◎主编

40

人民法院出版社

图书在版编目（CIP）数据

合规指引与风险防治. 海上保险、优先权、强制令卷/吴锦标，马奔主编. -- 北京 : 人民法院出版社，2024.6
（海事司法文库 / 霍敏总主编）
ISBN 978-7-5109-4168-9

Ⅰ. ①合… Ⅱ. ①吴… ②马… Ⅲ. ①海事法规—案例—中国 Ⅳ. ①D993.5

中国国家版本馆CIP数据核字(2024)第106985号

合规指引与风险防治——海上保险、优先权、强制令卷

吴锦标　马　奔　主编

策划编辑　李安尼　赵芳慧
责任编辑　张　艺　赵芳慧
封面设计　尹苗苗
出版发行　人民法院出版社
地　　址　北京市东城区东交民巷 27 号（100745）
电　　话　（010）67550667（责任编辑）　67550558（发行部查询）
　　　　　　65223677（读者服务部）
客服 QQ　2092078039
网　　址　http：//www.courtbook.com.cn
E - mail　courtpress@sohu.com
印　　刷　三河市国英印务有限公司
经　　销　新华书店

开　　本　787 毫米 ×1092 毫米　1/16
字　　数　310 千字
印　　张　17.75
版　　次　2024 年 6 月第 1 版　2024 年 6 月第 1 次印刷
书　　号　ISBN 978-7-5109-4168-9
定　　价　70.00 元

海事司法文库
编辑委员会

海事司法文库
“合规指引与风险防治”课题组

主　编　吴锦标（青岛海事法院）

　　　　马　奔（山东大学）

统　稿　李　宁（山东法官培训学院）

　　　　牛　萌（青岛海事法院）

编写人（按姓氏笔画）

于　昊　于文斌　万贵良　马维东　王　欣

王　浩　王小玫　王可可　王妍娥　王晓斐

王爱玲　王睿琦　牛　萌　田　琨　匡　浩

匡普宇　毕德强　曲燕军　吕延铭　吕晨昊

庄　敏　庄雪莉　刘　坤　刘　昭　刘小娜

刘文文　刘振华　孙　鹏　孙学燕　孙恬静

李　宁　李　华　李　军　李亚男　李俊锋

李培合　李雪莲　杨　俊　杨雨涵　杨振楠

杨紫琼　肖秀雯　余晓龙　宋　萍　宋仪倩

宋俊文　张　波　张　勇　张　静　张先立

陈　超　范峻恺　林　丹　周　洁　周黛娜

孟政宪　赵忆雪　查璎娟　段琪祺　娄雅灵

秦　涛　袁子丰　原浩洋　徐雨均　郭郑超

郭俊莉　郭彦滨　曹照勇　崔婷婷　梁晓晓

葛晓琳　韩　军　曾兆薇　褚　茜　樊羽萌

薛明友　薛稳山

序

建设海洋强国，是以习近平同志为核心的党中央着眼国家发展大局提出的时代使命。山东是海洋大省，海洋资源丰度指数居全国前列。2024 年 5 月，习近平总书记视察山东时指出，“要发挥海洋资源丰富的得天独厚优势，经略海洋、向海图强，打造世界级海洋港口群，打造现代海洋经济发展高地”，[①] 为山东进一步推进海洋强省建设指明了前进方向、提供了根本遵循。

近年来，在山东省委的坚强领导和最高人民法院的有力指导下，山东法院坚持以习近平新时代中国特色社会主义思想为指导，统筹推进国内法治和涉外法治，依法平等保护中外当事人合法权益，不断提升涉外商事海事司法公信力，形成了一批国际广泛认可、社会影响深远的涉外商事海事典型案例。司法案例是最鲜活的法律体现，是最生动的法治教科书。《海事司法文库・合规指引与风险防治》系列丛书深挖海事精品案件规则价值，将海事司法案例规则予以提炼、整理并集结、编纂成册，为涉外涉海纠纷解决、企业经营风险防范化解等提供司法依据。

海事司法文库编纂是山东法院深入践行习近平法治思想，服务保障高水平对外开放的生动实践。当今世界正经历百年未有之大变局，国际规则体系正在加速重构，制度型开放成为新一轮高水平对外开放的核心指向。海事司法文库广泛收录涉及全球 82 个国家和地区的案例，提炼裁判要旨 800 余条，

① 《习近平在山东考察时强调 以进一步全面深化改革为动力 奋力谱写中国式现代化山东篇章》，载《人民日报》2024 年 5 月 25 日，第 1 版。

主动对接国际高标准经贸规则，统筹国内法治和涉外法治，强化国际法与国内法的有效衔接，实现规则标准“软联通”，为持续营造市场化法治化国际化一流营商环境提供有力司法保障。

海事司法文库编纂是山东法院深入践行“抓前端、治未病”理念，积极参与社会治理的生动实践。司法案例是全社会共同的“法治产品”。“一个案例胜过一打文件”，这生动、深刻阐释了案例的重要功能。海事司法文库将具有参考示范意义的海事案例予以梳理公布，有利于充分发挥司法裁判的评价、指引、教育功能，有利于引导各类涉海主体学习法律、运用法律，增强法治意识、明晰行为边界，合法有序参与海洋活动，防范规避风险，推动企业更好地“走出去”“引进来”。

海事司法文库编纂是山东法院加强府院联动，推动司法与行政良性互动、优势互补、效能叠加的生动实践。在法治轨道上推进海洋强省建设是一项系统工程，需要政府和法院同向发力、同频共振。山东高院联合省政府召开全省府院联动第一次协调会议，推动省政府出台建立县级以上府院联动联席会议制度的意见，有效衔接依法行政和公正司法，促进法治政府建设水平和司法工作水平“双提高”。海事司法文库编纂工作得益于青岛市政府的大力支持，是青岛海事法院四十年来司法智慧的结晶，也是山东法院充分运用府院联动工作机制的重要成果。

希望本丛书能够为企业健康发展提供法治支撑，为行业规则制定提供有益参考，为山东经济繁荣提供司法助力。下一步，山东法院将深入学习贯彻习近平总书记视察山东重要讲话精神，坚定扛牢“走在前、挑大梁”的使命担当，坚持依法履职、公正司法，努力为打造高水平对外开放新高地贡献司法智慧，为谱写中国式现代化山东篇章供给司法动能。

霍敏

2024.6

前 言

习近平总书记指出："加强涉外法治建设既是以中国式现代化全面推进强国建设、民族复兴伟业的长远所需，也是推进高水平对外开放、应对外部风险挑战的当务之急。"[①] 当前，我国正处在实现中华民族伟大复兴的关键时期，世界百年未有之大变局加速演进，必须更好发挥法治固根本、稳预期、利长远的保障作用。海事司法作为涉外法治、海洋法治的重要载体，是对接全球资源、加速要素循环、推动法治交流的重要手段，在新时代担负着维护国家海洋权益、规范海洋经济秩序、推动全球海洋治理朝着更加公正合理方向发展的职责使命。

作为国家设立的专司涉外、涉海审判的司法机关，青岛海事法院依法适用国内法、国际公约及条约、国际惯例开展审判工作，每年审理大量涉外、涉海案件，案件数量、种类覆盖全球 80 多个国家和地区，全球视野是海事司法的重要基础。作为中国特色社会主义法治体系的重要组成部分，海事司法具有审理案件全球性、适用法律全球性、司法协作全球性、裁决效力全球性的司法特性，是统筹国内法治与涉外法治，展示中国特色社会主义司法制度优越性的重要窗口。当前，海运贸易量占全球贸易总量的 90% 以上，历史和实践充分证明，经济强国必定是海洋强国、航运强国，海事法院通过发挥职能作用，切实调整规范了以港口、航运、贸易、金融行业为主的法律关系，

---

① 《习近平在中共中央政治局第十次集体学习时强调 加强涉外法制建设 营造有利法治条件和外部环境》，载《人民日报》2023 年 11 月 29 日，第 1 版。

海洋意识是海事司法的核心和关键。当前，国际航运中心东移已成为不争的事实，海事司法更加应该突出中心视阈，围绕全球海洋治理、海洋经济、海洋科技、海洋法治以及海洋生态环境利用和保护，结合引领型现代海洋城市、国际航运中心建设，努力打造国际海事争议解决优选地。深入践行司法为民理念，贯彻人类命运共同体、海洋命运共同体理念，平等保护中外当事人合法权益，在涉外、涉海案件中释放中国特色涉外法治理念、主张和成功实践，彰显厚生境界。

当前，国际竞争越来越体现为制度之争、规则之争。海事司法因其独特的涉外性、涉海性，审判工作中既要适用我国法律，也要适用外国法、国际公约、条约和国际惯例，由此而形成的裁判规则天然具有国际规则属性，在对接高标准国际经贸规则，稳步扩大规则、规制、管理、标准等制度型开放方面发挥着重要的法治引领、法治保障作用。市场经济本质上是法治经济，法治资源的有效运用必然带动涉外、涉海资源的高度富集与科学配置，船舶扣押与拍卖、海事强制令等海事司法专属职能作为反制部分国家“长臂管辖”和经济制裁措施的重要工具，是海事司法发挥涉外涉海资源配置功能的重要途径。海事司法坚持“条约信守”原则，适用国际条约承认与执行外国仲裁裁决，适用双边司法协助条约承认与执行外国法院判决。与此对应，海事司法的裁判结果在国际社会也能够得到广泛的承认与执行，这是海事司法发挥全球海洋争端解决机制功能的重要方面。海事法院的每一起涉外案件都涵盖诸多涉外法律关系，是涉外法治人才培养与发挥作用的重要实践基地。

“一个案例胜过一打文件。”为深入贯彻落实习近平总书记视察山东重要讲话重要指示精神，坚持依法履职、突出规则引领，为涉外涉海纠纷解决、企业经营风险防范化解提供司法依据、标准供给、国际经贸规则参考和研究资料，我们组织开展《海事司法文库·合规指引与风险防治》系列丛书编纂工作。编辑委员会由山东省高级人民法院党组书记、院长、二级大法官霍敏担任名誉主任、总主编，青岛市委常委、政法委书记程德智，青岛市委常委、副市长耿涛担任编委会主任，青岛海事法院党组书记、院长、一级高级法官吴锦标，山东大学政治学与公共管理学院院长、教授、博士生导师马奔担任主编。本丛书旨在深入挖掘海事司法案例在服务高质量发展和高水平对外开放方面的制度性优势，助力打造市场化、法治化、国际化一流营商环境，着力为中国式现代化山东实践贡献海洋法治力量。

海事司法文库“合规指引与风险防治”课题组

2024 年 5 月

目 录

海上保险

船舶保险

运输保险

人身保险

养殖保险

船舶优先权

海事强制令

海上保险

船舶保险

1. 宁波梅山保税港区泽天某投资合伙企业（有限合伙）诉中国某财产保险股份有限公司上海分公司海上保险合同纠纷案

——海上保险合同约定“不适航”条款不生效的裁判思路

【合规提示】

本案系一起船舶被保险人诉保险人的保险理赔案件，双方对“不适航”条款不生效的约定后果产生争议。对于保险人而言，应就保险责任范围和责任免除范围在合同条款中准确界定。对于被保险人而言，应在合同签订过程中把关键的风险是否承保表述清楚。保险标的遭遇巨大危险时，被保险人应当及时向保险人报告情况，并采取措施，不能抱有侥幸心理，放任船舶在设备不良、配员不足的状态下经受台风。

【案件信息】

1. 裁判文书字号

（2020）鲁72民初189号、（2020）鲁民终2538号、（2021）最高法民申1061号

2. 当事人

原告：宁波梅山保税港区泽天某投资合伙企业（有限合伙）

被告：中国某财产保险股份有限公司上海分公司

3. 关键词

民事　海上保险合同　船舶保险　“不适航”条款

【裁判要旨】

法院在审理特别约定格式合同中不适航条款不生效的海上保险案件时的裁判思路，是以界定保险责任范围与责任免除范围为审查主线，在考量保险责任范围与不适航条款范围的关系，不适航条款和维护船舶安全义务条款的关系，双方与不适航有关的意思表示，投保人、被保险人的主观状态等因素的基础上综合作出判断。当不适航条款缩小了保险责任范围时，只有不适航条款与维护船舶安全义务条款范围有重合、没有不适航属于保险责任的意思表示、被保险人因重大过失或故意造成保险事故，这三个条件全部满足，才能认定不适航项下的事故原因部分或全部属于除外责任。本案全部满足上述条件，完整地诠释了上述裁判思路和要点。

如果再提炼一层，法院在审理特别约定格式合同中某除外责任条款不生效的保险案件时，同样可以沿袭本案裁判思路和要点，在考量保险责任范围与该除外责任范围的关系，该除外责任条款和与其内容有重复的除外责任条款的关系，双方与该除外责任有关的意思表示，投保人、被保险人的主观状态等因素的基础上综合作出判断。

【基本案情】

2016 年，威海海事局石岛海事处多次向帝某股份有限公司（以下简称帝某公司，为船舶拍卖前的所有人）发函，称“帝某”轮抛锚期间有多名船员解职离船，配员不足，要求尽快安排船员登轮值守。

2016 年 10 月 28 日，广州海事法院作出民事判决书，判令帝某公司向中国某银行汕头分行偿还借款本金 31 252 万元及利息，中国某银行汕头分行对“帝某”轮等五轮享有抵押权。后宁波梅山保税港区泽天某投资合伙企业（有限合伙）(以下简称泽天企业）受让了上述债权及抵押权，成为执行案件的申请执行人。

2017 年 8 月，泽天企业通过保险经纪就“帝某”轮保险事宜与中国某财产保险股份有限公司上海分公司（以下简称某保险）进行沟通，称扣押期间船舶停航，船上配有船管公司的船员，又称一个月后将申请法院扣押，此前不能对船舶实施管理，如不影响保险效力就可以投保。后泽天企业以保险条款第 15 条（维护船舶安全）无法完成为由，询问可否删除，被某保险拒绝。

2017 年 9 月 10 日，某保险向泽天企业出具《沿海内河船舶保险单》，载明：被保险人为泽天企业，船舶“帝某”轮，沿海内河船舶一切险，保险金额 3300 万元，保险期限从 2017 年 9 月 11 日至 2018 年 3 月 10 日。后保险期间延期至 2018 年 8 月 31 日。保险单特别约定：“本保单对《沿海内河船舶保险条款》除外责任第三条‘一、船舶不适航、不适拖（包括船舶技术状态、配员、装载等，拖船的拖带行为引起的被拖船舶的损失、责任和费用，非拖轮的拖带行为所引起的一切损失、责任和费用）；’不适用；一旦本船投入营运，上述除外责任第三条第一款自动生效。”保险单附《沿海内河船舶保险条款》，第 1 条约定：“由于下列原因造成保险船舶发生的全损，本保险负责赔偿。一、八级以上（含八级）大风、洪水、地震、海啸……四、搁浅、触礁；五、由于上述一至四款灾害或事故引起的倾覆、沉没。”第 3 条约定：“保险船舶由于下列情况所造成的损失、责任及费用，本保险不负责赔偿：一、船舶不适航、不适拖（包括船舶技术状态、配员、装载……）……四、被保险人及其代表（包括船长）的故意行为或违法犯罪行为。”第 15 条约定：“被保险人应当遵守国家有关消防、安全、生产操作等方面的其他相关法律、法规及规定，维护保险船舶的安全……被保险人未遵守上述约定而导致保险事故的，保险人不承担赔偿责任……”

2018 年 5 月 15 日，广州海事法院扣押“帝某”轮。泽天企业与上海某海员管理有限公司签订《船舶看护管理服务协议》，但该合同未实际履行。

2018 年 7 月 16 日，广州海事法院发布公告，将于 2018 年 8 月 21 日拍卖“帝某”轮。

2018 年 8 月 9 日，威海海事局向相关各方发函，称“帝某”轮值守船员不足，处于无动力状态，可能受台风影响，存在安全隐患，建议将其拖带至安全区域。泽天企业回复称：“正在密切关注 14 号台风动向，及协调船厂派出拖轮看护，已通知船员在 12 日下午或 13 日早上下船。”

2018 年 8 月 20 日，威海辖区实测风力达到阵风 9~10 级，“帝某”轮走锚，在石岛新港防波堤搁浅。后泽天企业委托烟台打捞局进行前期救助（抽油），支出费用 100 万元。正式救助前，烟台打捞局探摸发现出浅风险较大，无法按计划完成救助工作。

2019年7月20日，“帝某”轮发生断裂。2019年9月12日，“帝某”轮出售给案外人，价格150万元。

原告泽天企业诉称：其作为“帝某”轮的抵押权人于2017年9月10日向某保险投保沿海内河船舶保险。2018年8月20日，“帝某”轮受台风影响走锚搁浅、断裂。事故发生后，其进行船舶救助，支出救助打捞费等费用，但因救助难度过大，最终“帝某”轮全损。某保险拒不理赔，故诉至法院，请求：（1）判令某保险支付船舶损失、救助费及碰撞责任赔偿金等3505万元及利息；（2）某保险承担诉讼费用。

被告某保险辩称：（1）泽天企业未履行如实告知义务，某保险不承担赔偿责任。（2）泽天企业未履行安全保障义务，未派船员登船看护是船舶走锚的主要原因，该原因不是承保范围，属于除外责任。（3）泽天企业主张的损失数额不合理，且部分损失项目不属于保险责任。故请求依法驳回泽天企业的诉讼请求。

【裁判说理】

争议焦点：海上保险合同约定“不适航”条款不生效的法律后果。

青岛海事法院认为：首先，应当分析事故原因；其次，界定保险承保范围，认定全部或者部分事故原因是否属于保险承保范围，审查保险合同约定的除外责任条款是否生效并界定其范围，认定保险人是否有权根据相应除外责任拒绝赔付；最后，根据因果关系构成情况确定保险人最终应当承担的保险赔偿责任。

关于“帝某”轮的走锚原因，“帝某”轮长期处于不良状态，配员不足，导致船舶不能发挥自身性能，严重削弱了船舶的防抗台风能力，台风到来后，风力使得船锚不能将船固定在原来的锚位，二者发挥同等作用。

关于保险承保范围。保险合同约定，八级以上（含八级）大风、搁浅及其引起的倾覆、沉没属于保险承保范围。“帝某”轮走锚搁浅、断裂，故因此导致的损失和产生的费用、责任属于保险承保范围。

关于除外责任。船舶不能发挥自身性能防抗台风，根源在于船舶未处于良好状态、未满足最低安全配员要求。从合同约定看，泽天企业承诺管理船舶，保险合同第15条也约定，被保险人未遵守安全法律、法规，疏于维护保险船舶的安全而导致保险事故的，保险人不承担赔偿责任。从法律规定看，

《船舶安全监督规则》第 41 条、第 56 条第 3 款,《最高人民法院关于扣押与拍卖船舶适用法律若干问题的规定》第 7 条规定，船舶的所有人和管理人应当对船舶及其设备进行维护和保养，为船舶配备适任船员，船舶所有人不履行船舶管理职责的，海事法院可委托第三人或者海事请求人代为管理。本案中，根据保险合同的约定，泽天企业应当保障船舶安全，为船舶配备船员，但泽天企业并未妥善管理船舶，该事故原因属于除外责任。

关于泽天企业的主观状态。《船舶看护管理服务协议》中详细约定了对船舶及其设备进行有效维护和保养、为船舶配备适任船员的具体项目，泽天企业收到海事局建议后承诺采取措施，表明其知晓了未维护保险船舶安全将会给船舶防抗台风带来巨大危险，但仍然抱有侥幸心理，放任船舶在设备不良、配员不足的状态下经受台风，故泽天企业对此具有重大过失，应当自行承担相应责任。

泽天企业主张船舶未处于良好状态、未满足最低安全配员要求等缺陷也属于保险承保范围，且不属于除外责任，理由为某保险在投保时已知船舶不适航，进而约定不适航这一除外责任不适用。在实践中，保险人为了完整、准确地描述保险责任和除外责任，往往在除外责任中从多个方面、不同角度进行约定，这些约定有时存在重复的现象。本案中，保险合同第 3 条第 1 项（不适航除外责任）和第 15 条（违反维护船舶安全义务除外责任）就存在若干重复内容。合同中约定对不适航除外责任不适用，其效果为该除外责任条款在双方之间不发生效力，而不是其他除外责任条款中与该除外责任条款重复的内容一并不发生效力，更不是该除外责任条款的内容转入保险责任范围。而且，将违反维护船舶安全义务所导致的损失纳入保险责任而不予以排除，会导致被保险人对保险标的疏于管理，不利于保险标的的防灾防损，不利于维护社会经济秩序和社会公共利益，在合同明确约定了违反维护船舶安全义务除外责任的情况下，不宜认定该条款也不发生效力。故船舶未处于良好状态、未满足最低安全配员要求造成的损失属于除外责任。

关于保险赔偿责任的具体数额，对船舶损失数额、救助费用、碰撞责任，某保险应承担 50% 的保险赔偿责任，并扣除免赔额 10%，为 1515.375 万元。

青岛海事法院于 2020 年 8 月 17 日作出（2020）鲁 72 民初 189 号民事判决：一、被告某保险于本判决生效之日起十日内支付原告泽天企业保险赔偿金 1515.375 万元及利息；二、驳回原告泽天企业其他诉讼请求。

一审宣判后，泽天企业、某保险均提出上诉。山东省高级人民法院于2020年12月10日作出（2020）鲁民终2538号民事判决：驳回上诉，维持原判。

某保险向最高人民法院申请再审，最高人民法院于2021年5月17日作出（2021）最高法民申1061号民事裁定：驳回再审申请。

【法官后语】

一、新业态、"新需求"导致的船舶保险法律适用争议

2008年次贷危机后，船舶吨位已经远远超出了海运需求。本案保险事故发生时，正值1999年《海事诉讼特别程序法》制定后海运业寒冬中最黑暗的时期，船舶所有人资金流断裂，弃船现象大量涌现。船舶所有人放弃挣扎，但抵押权人不能"躺平"。以银行和资产管理公司为代表的抵押权人起诉船舶所有人并申请扣押、拍卖船舶，同时要对船舶进行管理，维护船舶安全。司法实践中，船舶扣押、拍卖往往需要几个月的时间，原船舶保险合同届满后，抵押权人便须自行购买保险。相较烦琐而昂贵的船舶管理，为脱管船舶所遭受的风险购买保险似乎更加方便、实惠。由此，基于抵押权人在船舶扣押、拍卖期间购买保险的新业态，和抵押权人不愿管理船舶的"新需求"，抵押权人会千方百计地说服保险人放弃维护船舶安全义务等除外责任。处事稳妥的保险人往往拒绝承保，但追求创新的保险人可能在相应除外责任条款上反复拉锯后承保。

此种船舶保险合同在某种程度上突破了海上保险几百年来的实践积淀，"船舶不适航所造成的损失、责任及费用，本保险不负责赔偿"条款（以下简称不适航条款）不生效后，未履行维护船舶安全义务（该义务的外延与适航要求接近）所导致的风险是否进入承保风险，是否跃出除外责任，法律后果亟待明确，海难事故发生后合同双方争议极大，故本案受到了保险公司、银行、资产管理公司的广泛关注。

二、约定海上保险不适航条款不生效案件的裁判要点

本案是海上保险合同赔偿责任纠纷，按照该类案件的裁判思路，首先，应当确定泽天企业的诉讼主体资格和保险利益；其次，分析事故原因；再次，界定保险责任范围，认定全部或者部分事故原因是否属于保险责任范围，审查保险合同约定的责任免除条款是否生效并界定其范围，认定保险人是否有

权根据相应责任免除条款拒绝赔付；最后，根据因果关系构成情况确定保险人最终应当承担的保险赔偿责任。本案的争议焦点主要集中在特别约定格式合同中不适航条款不生效对界定保险责任范围和责任免除范围的影响，审理时应当综合考虑以下因素。

（一）保险责任范围与不适航条款范围的关系

根据合同整体解释方法，保险合同所有条款作为一个整体，要掌握争议条款与其他条款之间的关系，以及争议条款在整个合同中的地位，对争议条款进行解释。应将争议条款置于整体之中进行解释，探求当事人的真实意图，避免割裂地、孤立地、断章取义地理解争议条款。

保险责任条款主要约定保险人负责赔偿的风险项目，责任免除（又称除外责任）条款则用于明确保险人不承担保险赔偿责任的风险项目，两类条款从正反两个角度对承保风险的范围进行界定。责任免除条款有两种：第一种是约定对于保险责任之中的部分责任予以免除，此类被免除的责任，本身属于保险责任范围，但保险人通过责任免除条款将其从保险责任之中予以剔除，即缩小了保险责任范围。第二种是对于某些责任予以特别澄清，即被免除的责任本身就不属于保险责任范围，为了防止投保人、被保险人、受益人产生误会，保险人特意将之列入责任免除条款内予以解释、说明。第二种责任免除条款不生效（也包括其他表述方式，例如“删除”等），仅丧失了其强调、提示的作用，对保险责任没有任何影响，可以直接根据承保风险的范围认定保险责任。第一种责任免除条款不生效，则可能导致原本被限缩的保险责任得以扩张，需结合其他因素继续考察。

本案中，保险责任包括大风、海啸等自然灾害（事故原因），也有搁浅、触礁（中间状态），倾覆、沉没（最终后果），从不同维度和层次进行界定。不适航可能导致船舶搁浅、触礁、倾覆、沉没，故不适航条款是从事故原因角度进行责任免除，属于第一种责任免除条款，其不生效可能扩大保险责任，需继续考察其他因素。

（二）不适航条款和维护船舶安全义务条款的关系

同样依照整体解释方法，多个责任免除条款从不同的侧面和层次对责任免除的范围进行立体交叉式界定。由于风险、事故的复杂性，每个责任免除条款的范围不可能做到相互独立，部分重合倒是常态，甚至完全包含亦非罕见。如果两个条款范围不重合，效力上自然没有关系，可以直接判断保险责任。如重合，保险合同特别约定某一责任免除条款不生效，是否导致其他责任免除条款中与之重合的部分也不生效？根据整体解释中的“明示其一，排斥其他”规则[①]，可以倾向于认为，其他责任免除条款的效力也不受影响，但须结合其他合同要素综合考虑。

本案中，《沿海内河船舶保险条款》载有不适航和维护船舶安全义务两条含义接近的责任免除条款，前者是从技术角度具体地表述，后者是从法律角度抽象地表述，构成部分重合。但前者的不生效不影响后者的效力，维护船舶安全义务条款仍然是判断责任免除范围的要素之一，需继续考察其他因素。

（三）双方与不适航有关的意思表示

在界定保险责任范围与除外责任范围时，不能局限于争议条款的字面含义，应当综合分析合同订立过程中的意思表示。在保险实务中，一些具有较强保险专业能力的投保人在投保时，往往会采用出具书面保险需求或者投保申请函的方式与保险人协商订立保险合同，并且要求在投保单、保险单上约定将其作为保险合同组成部分，以明确真实的投保意愿。《最高人民法院关于适用〈中华人民共和国保险法〉若干问题的解释（二）》第 14 条也规定，投保单与保险单或者其他保险凭证不一致的，以投保单为准。这些约定或法律规定赋予了合同签订过程中与不适航有关的意思表示的重要作用，其可能推翻与之内容相反的合同条款。

本案中，泽天企业先承诺派员看管船舶，后要求将《沿海内河船舶保险条款》中的维护船舶安全义务条款删除，但某保险没有接受。在此情况下泽天企业仍然投保，可以视为其认可该条款的效力，在事故发生后否认其效力便无法自圆其说。

（四）投保人、被保险人的主观状态

依据目的解释方法，在适用维护船舶安全义务条款时应当作限缩解释，将投保人、被保险人违反义务的主观状态作为重要因素纳入考量范围。如果投保人、被保险人违反相关安全规定、未维护保险船舶安全的行为是保险事故发生的（部分）原因，则应区分其主观状态。对于投保人、被保险人因一般过失造成的保险事故仍应赔偿，否则，属于保险责任范围的事故微乎其微。在保险实践中，当事人之所以参加保险，就在于防止或减少生产过程中因自

① 王利明：《法律解释学》，中国人民大学出版社 2016 年版，第 177 页。

己的过错而致财产损失，且绝大多数保险事故的发生总是建立在当事人有可能违反了相关规定的基础之上，这也是保险制度的必要性，如果均以当事人是否违反规定作为事故赔付的依据，当事人除了小心谨慎之外，参加保险对可能发生的危险分散其风险的合理期望几乎不可能实现，有悖投保的初衷、目的。因重大过失或故意造成的保险事故，则属于责任免除的范围。当然，如果保险合同对主观状态进行了约定自又另当别论。

本案中，泽天企业在订约时承诺派船员看管船舶，并在《船舶看护管理服务协议》中详细约定了对船舶设备维护和保养、配备船员的具体项目，还收到海事局的警告，表明其知晓了未维护保险船舶安全将会给船舶防抗台风带来巨大危险，但仍然抱有侥幸心理，放任船舶在设备不良、配员不足的状态下经受台风，故泽天企业对此具有重大过失，该部分损失属于责任免除的范围，应自行承担。

【相关法条】

1.《中华人民共和国保险法》（2015 年 4 月 24 日修正）

第三十条 采用保险人提供的格式条款订立的保险合同，保险人与投保人、被保险人或者受益人对合同条款有争议的，应当按照通常理解予以解释。对合同条款有两种以上解释的，人民法院或者仲裁机构应当作出有利于被保险人和受益人的解释。

第五十一条第一款 被保险人应当遵守国家有关消防、安全、生产操作、劳动保护等方面的规定，维护保险标的的安全。

2.《最高人民法院关于扣押与拍卖船舶适用法律若干问题的规定》（2015 年 3 月 1 日施行）

第七条 船舶扣押期间由船舶所有人或光船承租人负责管理。

船舶所有人或光船承租人不履行船舶管理职责的，海事法院可委托第三人或者海事请求人代为管理，由此产生的费用由船舶所有人或光船承租人承担，或在拍卖船舶价款中优先拨付。

承办人：李　伟

编写人：李　伟　匡　浩

2. 宁波梅山保税港区泽天某投资合伙企业（有限合伙）诉中国某财产保险股份有限公司上海分公司海上保险合同纠纷案

——海上不定值保险中保险价值的确定方式和举证责任

【合规提示】

本案系一起船舶被保险人诉保险人的保险理赔案件，双方对保险价值产生争议。对于保险人而言，如果保险人以保险价值对保险责任进行限制，保险人应当承担举证责任，例如在事故发生后对船舶价值进行评估，在理赔环节确定保险标的的实际价值。对于被保险人而言，应当在投保时与保险人充分就保险价值进行沟通，并提供购船合同、发票等资料，减少保险人的顾虑，就船舶价值与保险人达成一致意见。

【案件信息】

1. 裁判文书字号

（2020）鲁72民初190号、（2020）鲁民终2539号、（2021）最高法民申1057号

2. 当事人

原告：宁波梅山保税港区泽天某投资合伙企业（有限合伙）

被告：中国某财产保险股份有限公司上海分公司

3. 关键词

民事　海上保险合同　定值保险　不定值保险

【裁判要旨】

海上保险是现代保险制度的起源，但是海上保险“上岸”成为普通保险后，因为脱离了海上风险特殊性的语境，逐渐产生了与海上保险不同的制度

安排，如定值保险演化成为本案涉及的不定值保险。关于不定值保险制度，《保险法》第55条、《海商法》第219条的规定较为原则，面对纷繁复杂的海上保险纠纷，我们首先需要掌握不定值保险制度的设计初衷和法理基础对其进行识别，其次区分普通保险和海上保险中确定保险价值的两种时间标准，最后在此基础上合理分配举证责任，这也是本案所确立的审判思路，可以供其他涉及保险价值争议的海上保险案件参考。

【基本案情】

帝某股份有限公司（以下简称帝某公司）以其“帝某”轮等船舶为抵押向中国某银行汕头分行借款，但无力偿还。2016年10月28日，广州海事法院作出民事判决，判令帝某公司向中国某银行汕头分行偿还借款本金31 252万元及利息，中国某银行汕头分行对“帝某”轮等五轮享有抵押权。判决生效后，宁波梅山保税港区泽天某投资合伙企业（有限合伙）（以下简称泽天企业）受让了上述债权及抵押权，向法院申请扣押并拍卖“帝某”轮。

2017年9月10日，因帝某公司无力对船舶进行管理，为避免拍卖前发生损失，泽天企业就“帝某”轮向中国某财产保险股份有限公司上海分公司（以下简称某保险）投保，某保险出具《沿海内河船舶保险单》，载明：被保险人为泽天企业，险别为沿海内河船舶一切险，保险金额4400万元，保险期限为2017年9月11日至2018年8月31日。

2018年7月，评估机构受广州海事法院的委托出具《“帝某”轮资产评估报告》，报告载明“帝某”轮评估价值为4017万元，评估基准日为2018年6月20日。

2018年8月20日，威海风力达到阵风9~10级，“帝某”轮走锚，在石岛新港防波堤搁浅。后泽天企业委托救助人进行救助，支出救助和防油污总包费用506万元，委托船厂修理，支出108万余元，赔偿防波堤50万元。

2018年12月31日，“帝某”轮成功拍卖，成交价3600万元。

原告泽天企业诉称：其作为“帝某”轮的抵押权人于2017年9月10日向某保险投保沿海内河船舶保险。2018年8月20日，受台风影响，“帝某”轮走锚搁浅。事故发生后，其进行船舶救助，支出救助打捞费等费用，并修理船舶。某保险拒不理赔，故诉至法院，请求：（1）判令某保险支付船舶部分损失、修理费、救助费、碰撞责任19 434 600元及利息；（2）某保险承担诉讼费用。

被告某保险辩称：（1）泽天企业未履行如实告知义务、安全保障义务，某保险不承担赔偿责任，请求依法驳回泽天企业的诉讼请求。（2）泽天企业主张以“帝某”轮在保险事故发生前的价格5543万余元减去拍卖价格3600万元作为部分损失数额，而保险金额为4400万元，属于不足额投保，应当按比例赔付。

【裁判说理】

争议焦点：（1）定值保险与不定值保险的区分；（2）保险价值的确定。

青岛海事法院认为：《海商法》第219条规定，保险标的的保险价值由保险人与被保险人约定，保险人与被保险人未约定保险价值的，船舶的保险价值以保险责任开始时船舶的价值计算。本案当事人未约定保险价值，仅约定保险金额，可以推定本案为足额保险，即保险金额等于保险价值，原因如下：（1）在船舶保险中，在未约定保险价值的情况下，保险价值在保险责任开始时即可确定，不会再发生变化。根据《海商法》第220条的规定，超过船舶价值部分的保险金额无效，理性的保险合同当事人不会进行无效的约定，在双方均未举证证明保险价值的前提下，可以推定涉案保险合同不是超额保险。（2）保险价值高于保险金额这一事实对某保险有利，但某保险没有对该事实进行主张或举证，仅依据泽天企业的损失计算方式进行推论，故可以推定不足额保险这一事实不存在。（3）在没有证据证明该船在保险责任开始后价值有明显不同的情况下，评估基准日为2018年6月20日的“帝某”轮评估价为4017万元，与保险金额4400万元基本相当。

青岛海事法院于2020年8月17日作出（2020）鲁72民初190号民事判决：一、被告某保险于本判决生效之日起十日内支付原告泽天企业保险赔偿金7 112 309.4元及利息；二、驳回原告泽天企业其他诉讼请求。

一审宣判后，泽天企业、某保险均提出上诉。山东省高级人民法院于2020年12月10日作出（2020）鲁民终2539号民事判决：驳回上诉，维持原判。

某保险向最高人民法院申请再审，最高人民法院于2021年5月17日作出（2021）最高法民申1057号民事裁定：驳回再审申请。

【法官后语】

一、定值保险与不定值保险

保险价值（insurable value）的概念在《保险法》和《海商法》等相关法律中均没有明确规定，有学者认为，保险价值是“被保险人对保险标的的保险利益的价值”[①]。保险价值的法律意义，一方面是决定保险金额（insured amount）的限度，保险金额不得超过保险价值，超过保险价值的，超过部分无效；另一方面是确定保险人的“赔偿计算标准”（measurement of indemnity），即在发生损失时保险人的最高赔偿额。根据《保险法》第55条、《海商法》第219条的规定，确定保险标的保险价值的方式有两种：一是由投保人和保险人约定并在合同中载明，称为定值保险；二是投保人和保险人未约定的，按照保险事故发生时（保险责任开始时）保险标的的实际价值确定，称为不定值保险。

保险价值的这两种确定方式，源于对损失补偿原则的坚持和对效率原则、合同自由原则的妥协。损失补偿原则是指“当被保险人因为保险事故的发生而遭受损失之时，在责任范围内，保险人必须补偿被保险人遭遇的实际损失”[②]。该原则是保险制度的核心，目的在于弥补被保险人所遭受的实际损失，即“无损失，无补偿；有损失，才补偿；损失多少，补偿多少”。不定值保险严格遵照损失补偿原则，在理赔环节确定保险标的的实际价值，以期准确探求被保险人的实际损失。定值保险以约定方式确定保险价值，其本身就是对保险补偿原则的一种偏离，是从效率原则与合同自由原则出发对海上保险补偿原则的合理限制。这种偏离的合理性在于某些保险标的发生保险事故后鉴定价值较为困难。

在非海上保险中，除古董、字画、艺术品等保险标的外，一般均为不定值保险。在海上保险中，货运险和远洋船舶险一般为定值保险，这是因为货运险的保险标的除了货物本身的价值还包括运费、保险费和预期利润，远洋船舶实际价值的确定可能涉及不同国家的市场价格，保险事故发生后通过评估方式对保险价值进行确定耗时费力且易产生纠纷。而沿海、内河船舶险则不存在上述特点，保险事故发生后可以较为简便地在国内对实际价值进行评

① 汪鹏南：《海上保险合同法详论》（第四版），大连海事大学出版社2017年版，第40页。

② 覃有土：《商法学》，高等教育出版社2008年版，第419页。

估，故一般为不定值保险。

有观点认为，保险人应对包括保险价值在内的合同必备要素进行全面审核并加以确定，保险单为格式文本的，保险价值一栏空缺，应作对保险人不利的解释，可以视为在投保时对保险价值已经进行了与保险金额一致的约定。[①] 最高人民法院在 2021 年中国某保险股份有限公司航运保险运营中心与青岛某远洋渔业有限公司海上保险合同纠纷一案[②]中对此观点进行了纠正，认定保险价值是双方当事人协商约定条款，且允许当事人对该条款不作约定，保险价值一栏为空白的，应视为双方并未对保险价值进行约定，应当按照《海商法》第 219 条第 2 款第 1 项的规定确定船舶保险价值。故本案亦应当按照不定值保险的方式确定保险价值。

二、海上不定值保险中保险价值的两种确定方式

泽天企业在保险是否足额中主张保险价值以保险责任开始时为基准，在损失计算中主张船舶市场价格上涨，保险价值以事故发生时为基准。某保险据此主张泽天企业自认存在不足额保险。笔者认为，泽天企业如此主张是法院意见不明时的诉讼策略，不宜认定为自认保险不足额，保险价值的确定方式仍然应该以合同约定和法律规定为基础。

《保险法》第 55 条第 2 款、《海商法》第 219 条第 2 款规定了保险价值的确定方式，即按照保险事故发生时（保险责任开始时）保险标的的实际价值确定。但海上保险的复杂性超出了法律预设的情形，实践中海上保险合同有时会约定某种与法定方式不同的保险价值确定方式，例如，约定船舶保险价值按照出险时的船舶实际价值即市场价确定，虽然本案并未出现此种约定，但据笔者了解，有包括人保财险在内的多家保险公司在保险条款中进行此种约定，故有必要分析其性质与效力。

与《保险法》中以保险事故发生时的实际价值作为保险价值不同，《海商法》以保险责任开始时作为基准，这是借鉴了《英国 1906 年海上保险法》[③]的

---

① 参见（2019）鲁 72 民初 1068 号民事判决书。

② 参见（2021）最高法民申 4 号民事裁定书。

③ 《英国 1906 年海上保险法》第 16 条规定，除保险单的明文规定或定值之外，保险标的之保险价值必须按照以下方式确定：（1）在船舶保险中，规定保险价值是风险开始时的船舶价值，包括船舶的装备，全体船员的食物与其他物料，预付给船员的工资以及为使船舶适合航行于保险单载明的航程或航海所可能产生的其他垫付费用加上全部保险费用……

规定。上文已述，在不定值保险中以保险事故发生时的实际价值作为保险价值，这一时间点能准确地探求被保险人的实际损失，也被《保险法》所采纳。但《英国1906年海上保险法》是以17世纪到19世纪的航运实践为基础而形成的法律，受限于当时的科技水平，及时确定航程中船舶、货物的状态十分困难，保险事故发生的具体时间可能难以确定，以保险事故发生时作为基准点不具有可行性，故该法退而求其次，以“风险开始时”作为基准点。英国是世界最大的海上保险中心，《英国1906年海上保险法》一经制定便在国际上产生了广泛的影响，我国《海商法》借鉴了这一标准，并形成了“保险责任开始时”的具体表述方式。

但是随着航海、通信技术的进步，确定事故发生时保险标的的位置和状态已经不再困难，同时依靠各类专业的资产评估机构能较为高效地评估船舶、货物某一时段的市场价格，“风险开始时（保险责任开始时）”标准也面临着越来越多的质疑、挑战。[①] 我国是成文法国家，法官必须严格按照《海商法》的规定确定保险价值，但是多家保险公司在其保险条款中约定以保险事故发生时保险标的的实际价值确定保险价值。因特殊性而偏离普通保险的海上保险，在特殊性逐渐消除后，以合同约定的方式向着普通保险回归。

面对此种约定保险价值确定方式的条款，首先要确定其性质，判断该条款属于定值保险还是不定值保险。从该条款的特征来看，其是当事人约定的，与定值保险类似，但又没有约定具体数额，需要事后进行评估，与不定值保险类似，从表面上看这种条款介于二者之间，难以归类。面对此种困境，需要回到二者区分的意义上进行考察，定值保险存在的意义在于解决了实际价值的评估问题，该条款没有约定保险价值的具体数额，仍然需要在事故后进行评估。简言之，定值保险约“定”的是保险价值的具体数额，而非保险价值的确定方式，故该条款应属于不定值保险（见表1）。其次要确定该条款的效力，因为该条款很明显与法律规定相冲突。按照当然解释方法，既然法律允许当事人直接约定保险价值，按照举重以明轻的原则，也必然允许当事人约定保险价值确定方式。故《保险法》第55条第2款、《海商法》第219条第2款属于任意性规定，可以由当事人进行不同的约定，该条款有效。

---

① 周海云:《海上保险法中不定值保险的保险价值的确定——兼论海商法第二百一十九条》，载《法治与社会》2015年第7期。

表 1　海上保险确定保险价值的三种方式

具体方式	效力来源	是否需要评估	法律依据	性质
约定保险价值的具体数额	约定	不需要	《保险法》第 55 条第 1 款、《海商法》第 219 条第 1 款	定值
约定保险价值的确定方式	约定	需要	无直接依据，需进行法律解释	不定值
无约定	法定	需要	《保险法》第 55 条第 2 款、《海商法》第 219 条第 2 款	不定值

从以上分析可知，海上保险合同仅约定保险金额，未约定保险价值的，为不定值保险。保险事故发生后，除合同另有约定外，应当根据《海商法》第 219 条第 2 款的规定确定保险价值。本案中，海上保险合同仅约定保险金额，未约定保险价值，为不定值保险，应当根据《海商法》第 219 条第 2 款的规定，以"帝某"轮在保险责任开始时的价值作为保险价值。

三、海上不定值保险中保险价值的举证责任

保险价值的举证责任分配在普通保险审判实践中并不常见，因为保险人通常会委托保险公估机构查明事故原因、损失数额和保险价值。但是在保险价值时间基准不明时，问题就会凸显。对于举证责任，实务界主要存在两种意见：第一种认为，保险价值是确定损失和赔偿数额的必要数据，应当由被保险人承担举证责任，否则属于被保险人举证不足，保险人不承担赔偿责任。第二种认为，被保险人只要证明事故原因和损失情况，即完成了初步的举证责任，如果保险人以保险价值对保险责任进行限制，保险人应当承担举证责任。笔者赞同第二种意见。

从文义解释和目的解释的角度分析，举证责任是指"应当由当事人对其主张的事实提供证据并予以证明，若诉讼终结时根据全案证据仍不能判明当事人主张的事实真伪，则由该当事人承担不利的诉讼后果"[①]。凡有诉讼必有请求（抗辩），而请求（抗辩）又须以主张为依托，只要当事人提出主张，即会发生提供证据的责任问题，故举证责任素有"民事诉讼的脊梁"之称。《最高人民法院关于适用〈中华人民共和国民事诉讼法〉的解释》第 90 条规定，当事人对自己提出的诉讼请求所依据的事实或者反驳对方诉讼请求所依

① 张永泉：《民事诉讼证据原理研究》，厦门大学出版社 2005 年版，第 160 页。

据的事实，应当提供证据加以证明。按照上述规定及其背后的法律要件分类说中规范说的理论，举证责任分配要根据法律规范的语义和构造分析基本规范（权利发生的法律规范）、反对规范（使权利不能发生的法律规范）和权利限制规范（能够使权利的效果予以遏制或消除的法律规范）之间的关系进行。凡主张权利存在的当事人应当对权利发生的法律要件事实负举证责任，否认权利存在的当事人应当就权利妨碍法律要件、权利消灭法律要件或者权利限制法律要件事实负举证责任。根据《海商法》第220条、第238条的规定，保险价值有在超额保险中限制保险金额和在不足额保险中确定保险金额与保险价值的比例两个作用，目的都是限制保险人的赔偿责任，明显属于反对规范或权利限制规范，故保险价值应当由保险人承担举证责任。

从体系解释角度分析，《海商法》第251条规定，保险事故发生后，保险人向被保险人支付保险赔偿前，可以要求被保险人提供与确认保险事故性质和损失程度有关的证明和资料。虽然上述规定针对的是非诉理赔材料的提供，但是对诉讼中的举证责任分配具有一定的借鉴意义。保险事故性质可用以判断事故原因是否属于承保风险或除外责任，损失程度可用以判断损害是实际全损、推定全损或部分损失，这两个事项均与保险价值无涉，故法律并未要求被保险人提供与保险价值相关的资料。海上保险双方当事人的举证责任要达到平衡，必须对被保险人适当宽松，被保险人完成力所能及的初步举证责任之后，举证责任就应转移至保险人，不能苛以被保险人履行绝对完整的举证责任。[①]故被保险人举证证明事故原因和具体损失后，包括保险价值在内的其他事实应当由保险人承担举证责任。

根据上述分析，海上保险合同没有约定保险价值，被保险人请求保险人按照损失金额或者保险金额承担保险赔偿责任，保险人以保险价值高于保险合同约定的保险金额为由，主张根据《海商法》第238条的规定承担比例赔偿责任的，应当就保险价值承担举证责任。保险人举证不能的，人民法院可以认定保险金额与保险价值一致。本案中，某保险虽然主张“帝某”轮保险不足额，但是并未提供任何证据证明保险责任开始时的保险价值，亦未向法院申请价格评估，且评估基准日为2018年6月20日的评估价值为4017万

---

① 何丽新:《关于海上保险中被保险人的举证责任思考》，载《中国海商法年刊》1999年第1期。

元，与保险金额基本相当，故法院认定保险足额。

2021年12月，最高人民法院发布的《全国法院涉外商事海事审判工作座谈会会议纪要》第725条对海上保险中的不定值保险法律适用问题进行了指导，虽然本案在其出台前审理并判决，但其中的裁判规则与该纪要的精神深度契合，可谓该纪要出台前实践中的积极探索。

【相关法条】

1.《中华人民共和国保险法》（2015年4月24日修正）

第五十五条 投保人和保险人约定保险标的的保险价值并在合同中载明的，保险标的发生损失时，以约定的保险价值为赔偿计算标准。

投保人和保险人未约定保险标的的保险价值的，保险标的发生损失时，以保险事故发生时保险标的的实际价值为赔偿计算标准。

保险金额不得超过保险价值。超过保险价值的，超过部分无效，保险人应当退还相应的保险费。

保险金额低于保险价值的，除合同另有约定外，保险人按照保险金额与保险价值的比例承担赔偿保险金的责任。

2.《中华人民共和国海商法》（1993年7月1日施行）

第二百一十九条 保险标的的保险价值由保险人与被保险人约定。

保险人与被保险人未约定保险价值的，保险价值依照下列规定计算：

（一）船舶的保险价值，是保险责任开始时船舶的价值，包括船壳、机器、设备的价值，以及船上燃料、物料、索具、给养、淡水的价值和保险费的总和……

承办人：李　伟

编写人：李　伟　匡　浩

3. 中国某财产保险股份有限公司黄岩区支公司诉温岭市铭某海运有限公司海上保险合同纠纷案

——保险合同解除的认定以及除斥期间的法律适用

【合规提示】

本案系一起保险人诉投保人的海上保险合同纠纷案件，原告作为保险人以被告作为投保人未如实履行告知重要情况的义务为由要求解除保险合同。对于保险人而言，应提交充分证据来证明存在据以确定保险费率或者确定是否同意承保的“重要情况”，以及存在投保人不告知“重要情况”的情形，且应当在知晓存在其主张的“重要情况”之日起 30 日内行使解除权；对于投保人而言，在投保时应履行如实告知义务，必须将保险标的中的重要事项如实告知保险人，以确保保险人能够全面、准确地掌握这些重要事项，使保险人正确认识并评估危险状况，从而决定是否同意承保或是否提高保险费率。

【案件信息】

1. 裁判文书字号

（2022）鲁 72 民初 859 号、（2022）鲁民终 2750 号

2. 当事人

原告：中国某财产保险股份有限公司黄岩区支公司

被告：温岭市铭某海运有限公司

3. 关键词

民事　海上保险合同　法定解除　除斥期间　挂靠

【裁判要旨】

保险公司未提交证据证明投保人未履行重要情况告知义务的，不得行使法定解除权。《保险法》第 16 条规定的在知晓存在其主张的“重要情况”之日起 30 日内行使解除权，该 30 日不适用有关诉讼时效中止、中断和延长的

规定。

【基本案情】

温岭市铭某海运有限公司（以下简称铭某公司）作为投保人，为“铭某洲 179”轮在中国某财产保险股份有限公司黄岩区支公司（以下简称某黄岩公司）处投保沿海内河船舶一切险。在保险合同履行期间，某黄岩公司了解到“铭某洲 179”轮实际是由吴某某挂靠在铭某公司处，船舶由吴某某实际经营管理，铭某公司不参与任何经营管理活动，仅收取挂靠费用，某黄岩公司认为“铭某洲 179”轮系由个人经营管理，该轮并未建立符合海事主管部门要求的安全管理体系，上述情形足以影响保险人决定是否同意承保或提高保险费率，故起诉请求解除保险合同。

被告铭某公司辩称：（1）“铭某洲 179”轮系船舶所有人吴某某光租给被告的，双方又续签了光租协议并办理了光租登记，所有船舶营运手续均由被告办理，船员的招募和培训均由被告办理，该轮的运营不存在挂靠情形；（2）退一步而言，即便假设该轮确实存在挂靠关系，原告也无权要求解除案涉保险合同；（3）案涉船舶在经营过程中一直妥善经营，相关证书齐备，人员配备完整充足，具备完整的安全管理体系，不存在安全隐患和风险。

【裁判说理】

争议焦点：（1）某黄岩公司主张的法定解除事由是否成立；（2）某黄岩公司主张解除保险合同是否超过法律规定的除斥期间。

青岛海事法院认为：

一、某黄岩公司主张的法定解除事由是否成立

铭某公司作为被保险人未按照《海商法》第 222 条的规定将据以确定保险费率或者确定是否同意承保的重要情况如实告知保险人，保险人主张依据《海商法》第 223 条的规定以铭某公司未履行重要情况告知义务为由解除合同。但本案中某黄岩公司主张的重要情况的依据仅是吴某某自述，未提交充分证据对其主张的吴某某与铭某公司之间存在挂靠关系、吴某某个人实际经营管理船舶而铭某公司不参与经营管理活动予以佐证，且也未提交证据证明铭某公司存在不告知重要情况的情形。故某黄岩公司主张的法定解除合同事由缺乏事实和法律依据，不予支持。

二、某黄岩公司主张解除保险合同是否超过法律规定的除斥期间

某黄岩公司以铭某公司未如实履行告知重要情况的义务为由要求解除保险合同，应当在知晓存在其主张的“重要情况”之日起30日内行使解除权。某黄岩公司于2022年2月19日、20日通过其委派的公估人对吴某某进行询问，得知吴某某所述挂靠及实际经营情况，故某黄岩公司行使解除权的除斥期间在2022年3月21日届满。某黄岩公司提起诉讼的日期为2022年5月20日，以诉讼的方式提出解除主张，已超过法律规定的30日除斥期间。

【法官后语】

本案的裁判规则，对审判实践中当事人主张解除保险合同的认定以及除斥期间的法律适用问题提供了重要参考。审理中要严格审查是否存在据以确定保险费率或者确定是否同意承保的“重要情况”，以及是否存在投保人不告知“重要情况”的情形，若没有充分证据则不得轻易解除合同。在审理保险合同纠纷案件时，保险人以投保人未如实履行告知重要情况的义务为由要求解除保险合同，可适用《保险法》中有关除斥期间的规定，且该除斥期间并不适用有关诉讼时效中止、中断和延长的规定。

【相关法条】

1.《中华人民共和国民法典》（2021年1月1日施行）

第一百九十九条 法律规定或者当事人约定的撤销权、解除权等权利的存续期间，除法律另有规定外，自权利人知道或者应当知道权利产生之日起计算，不适用有关诉讼时效中止、中断和延长的规定。存续期间届满，撤销权、解除权等权利消灭。

2.《中华人民共和国保险法》（2015年4月24日修正）

第十六条第三款 前款规定的合同解除权，自保险人知道有解除事由之日起，超过三十日不行使而消灭。自合同成立之日起超过二年的，保险人不得解除合同；发生保险事故的，保险人应当承担赔偿或者给付保险金的责任。

第一百八十二条 海上保险适用《中华人民共和国海商法》的有关规定；《中华人民共和国海商法》未规定的，适用本法的有关规定。

3.《中华人民共和国海商法》（1993年7月1日施行）

第二百二十二条 合同订立前，被保险人应当将其知道的或者在通常业

务中应当知道的有关影响保险人据以确定保险费率或者确定是否同意承保的重要情况，如实告知保险人。

保险人知道或者在通常业务中应当知道的情况，保险人没有询问的，被保险人无需告知。

第二百二十三条 由于被保险人的故意，未将本法第二百二十二条第一款规定的重要情况如实告知保险人的，保险人有权解除合同，并不退还保险费。合同解除前发生保险事故造成损失的，保险人不负赔偿责任。

不是由于被保险人的故意，未将本法第二百二十二条第一款规定的重要情况如实告知保险人的，保险人有权解除合同或者要求相应增加保险费。保险人解除合同的，对于合同解除前发生保险事故造成的损失，保险人应当负赔偿责任；但是，未告知或者错误告知的重要情况对保险事故的发生有影响的除外。

第二百二十七条第一款 除合同另有约定外，保险责任开始后，被保险人和保险人均不得解除合同。

承办人：王　欣

编写人：王　欣

4. 冯某某诉中国某财产保险股份有限公司威海市荣成支公司海上保险合同纠纷案

——海上保险合同项下对约定除外责任和法定除外责任的全面审查

【合规提示】

本案是一起投保人与保险人签订沿海内河渔船保险，因发生事故，投保人、被保险人诉保险人承担保险责任的海上保险合同纠纷案件。双方对是否属于保险事故及约定除外责任是否生效产生争议。海上保险合同中，通常约定了保险除外责任。《保险法》《海上交通安全法》等法律亦约定了保险的除外责任。法院在审理保险案件时通常会综合考量约定除外责任及法定除外责任。对于投保人而言，要注意严格遵守《保险法》《海上交通安全法》等法律规定，避免因存在法定除外责任而不能得到全部赔偿。对于保险人而言，要意识到，投保人签订投保单并不意味着其完全履行了约定除外责任的告知义务，并不意味着其可依据约定除外责任拒绝赔付，而应全面真实履行《保险法》规定的告知义务，送交保险条款，并就其中免除保险人责任条款向投保人进行提示和明确说明。

【案件信息】

1. 裁判文书字号

（2020）鲁72民初1494号、（2020）鲁民终2290号

2. 当事人

原告：冯某某

被告：中国某财产保险股份有限公司威海市荣成支公司

3. 关键词

民事　海上保险合同　免责条款　除外责任　船舶碰撞

【裁判要旨】

1. 对保险人是否应当对特定事故承担保险责任以及承担保险赔偿责任比例的审查逻辑如下：首先，分析事故原因和承保范围，认定全部或者部分事故是否属于承保范围；其次，审查保险合同约定的除外责任条款是否生效以及是否存在法定除外责任适用的情形，认定保险人是否有权依据约定或者法定除外责任拒绝赔付；最后，根据保险承保风险在涉案事故中的影响程度（因果关系构成情况）确定保险人应当承担的保险赔偿责任比例。

2. 在判定保险人是否可免除其赔偿责任时，除了审查保险合同约定的除外责任条款是否生效外，还应考虑是否具有法定除外责任适用的情形，再综合考虑两种情形在事故原因中的比例，以此确定免除赔偿责任的比例。

3. 保险人仅提交投保单，但在无法证明向投保人出具投保单所附格式条款，无法证明已向投保人进行提示和说明的情况下，不属于已履行《保险法》第17条所规定的义务的情形，保险合同约定的除外责任条款未生效。

【基本案情】

在冯某某（以下简称原告）诉中国某财产保险股份有限公司威海市荣成支公司（以下简称被告）海上保险合同纠纷一案中，青岛海事法院查明案件事实如下：

2018年4月9日，原告为其所属的“鲁荣渔520××”渔船在被告处投保沿海内河渔船保险一切险，被告打印的投保单载明：投保人和被保险人均为原告，保险价值未作约定，保险金额140万元，保险期间自2018年4月9日0时起至2019年4月8日24时止，保险费15 400元。投保单最后一栏的内容中“特别约定”第4条约定：本保险单项下每次事故绝对免赔额1000元或损失金额的10%，两者以高者为准，全损绝对免赔率为10%。第5条约定：本保险单项下被保险船舶的保险价值按实际价值确定，实际价值为船舶的市场价或出险时的市场价。被保险船舶的保险金额根据保险价值确定。第6条约定：船舶全损按照保险金额扣除保单约定的免赔率后赔偿。当保险金额高于保险价值时，保险人按不超过出险当时的被保险船舶市场价值扣除保单约定的免赔率后计算赔偿。第9条约定：本保单第一受益人某银行股份有限公司石岛支行。最后，投保人声明：保险人已将《沿海内河渔船保险条款》（包括责任免除部分）向本人做了明确说明，本人已充分理解；上述所填写的内容均属实，同意以此投保单作为订立保险合同的依据。原告在投保单的投保人签章处签字，但主张被告未曾向其出具《沿海内河渔船保险条款》，也未就保险条款的内容向其进行说明。经查，涉案《沿海内河渔船保险条款》为被告单独印制，相关除外责任条款未在投保单中予以载明。

同日，被告收取了保费并出具保险单。保险单“特别约定”一栏除第4条内容变更为“本保险单项下每次事故绝对免赔额1000元或损失金额的10%，两者以高者为准，全损绝对免赔率为20%”，第5条内容变更为“本保险适用条款为沿海内河渔船保险条款，承保一切险。发生部分损失及施救、救助费用，按实际价值与新船重置价值比例赔付”以外，其他内容不变。

2018年9月1日，“鲁荣渔520××”渔船从鸿运渔港出海，船上配备6名船员，仅船长闫某某（系原告之夫）持有三级轮机长证书，其余船员未持有船员证书。

2018年9月6日，闫某某的哥哥报警称“鲁荣渔520××”渔船在海上被不明船舶碰撞发生险情，6 人失联。荣成市海洋与渔业执法大队组织多方力量进行搜救后，认定涉案渔船于江苏射阳以东约 160 海里处沉没灭失，1 人死亡、5 人失联；就事故原因在其出具的事故调查报告中称直接原因系不明船舶碰撞；就涉案渔船在事发时是否处于作业状态其出具情况说明称该船在事发海域为正常航行状态，没有足够证据表明该船存在作业情形。

2019 年 10 月 14 日，被告以涉案事故发生不属于保险责任为由出具了拒赔通知书，理由如下：（1）事故船舶事发时在该禁止作业海区从事生产作业，违反了法律法规，属于违法作业；（2）事故船舶未按照要求足额配备有资质的船员，违反《渔业船员管理办法》第 4 条的规定，造成不适航，合同约定保险人对被保险人及代表违法造成的损失不承担保险责任。

另查明，中国某财产保险股份有限公司在中国保险监督管理委员会备案的《沿海内河渔船保险条款》相关内容。第 3 条约定："本保险合同分为全损险和一切险。保险标的在保险期间内遭受的损失，本保险人按照保险合同的约定负责赔偿。（一）全损险，仅由于下列风险造成保险标的的全损，本保险人负责赔偿：1、八级以上（含八级）大风、洪水、海啸、雷击、崖崩、滑坡、泥石流、冰凌；2、火灾、爆炸；3、碰撞、触碰；4、搁浅、触礁；5、由于上述 1 至 4 项灾害或事故导致的倾覆、沉没；6、船舶在航行中失踪六个月以上。（二）一切险，由于本条第（一）项列举的六项风险所造成的保险标的的全损或部分损失以及引起的下列责任和费用，本保险人负责赔偿……"该条款第 4 条约定："由于下列原因造成保险标的的损失、责任和费用，本保险人不负赔偿责任：……（六）投保人、被保险人或其代表（包括船长）的故意行为或违法行为……"该条款第 8 条约定："被保险人必须保证保险标的在保险期间内具有适航性，并不得改变渔船使用用途和性质。被保险人违反本条保证条款，自违反之日起终止保险合同。"该条款第 21 条约定："被保险人及其代表应当严格遵守中华人民共和国法律、法规和政府管理部门制定的各项安全航行或作业的规则和制度，加强管理，按期做好保险标的的检验和修理，确保船舶的适航性……被保险人未遵守上述约定而导致保险事故的，保险人不承担赔偿责任……"

原告提出诉讼请求：判令被告向原告赔付保险金 140 万元，并由被告承担诉讼费用。

被告辩称：（1）保险单记载的第一受益人为"某银行股份有限公司石岛

支行”，原告诉讼主体不适格。（2）原告安排涉案船舶在休渔期内从事生产作业，进而发生涉案事故。根据保险条款第 4 条第 6 项“投保人、被保险人或其代表（包括船长）的故意行为或违法行为”的约定，被告无须承担任何责任。（3）据《海上交通安全法》第 2 条、第 6 条的规定，涉案船舶必须配备适格的船员，但根据被告在荣成市海洋与渔业执法大队调取的证据，涉案船舶配员不适格，涉案船舶不适航。根据保险条款第 8 条、第 21 条的约定，被告就原告违反船舶适航保证义务的行为有权要求解除合同，涉案保险合同自违反之日起终止。故，因原告违反法律、法规关于航行或作业的规则和制度而导致的事故不承担赔偿责任。（4）涉案保单“特别约定”第 6 条约定船舶全损按照保险金额扣除保单约定的免赔率后赔偿；但保险金额高于保险价值时，保险人按不超过出险时被保险船舶市场价值扣除保单约定的免赔率后计算赔偿。由于涉案保单仅约定了保险金额为 140 万元，对保险价值并无约定，即便涉案事故属于保险事故，也应当以上述特别约定为依据计算损失数额，即按照出险时的船舶市场价值扣除保险单约定的免赔率后计算赔偿。

【裁判说理】

争议焦点：（1）涉案事故造成的渔船全损是否属于保险事故；（2）被告是否有权依据约定或者法定的除外责任免除其赔偿责任；（3）保险赔偿数额的确定。

青岛海事法院认为：根据荣成市海洋与渔业执法大队关于“鲁荣渔 520××”渔船事故调查报告的推定，上述渔船于 2018 年 9 月 6 日被不明船舶碰撞导致沉没灭失，结合《海商法》第 245 条的规定，可以认定“鲁荣渔 520××”渔船已实际全损。而被告《沿海内河渔船保险条款》第 3 条约定，因碰撞事故导致沉没所造成的保险标的全损属于原告为其所属渔船在被告处投保的“沿海内河渔船一切险”承保范围，且沉没事故的发生时间亦处于保险期间，故“鲁荣渔 520××”渔船沉没事故应被认定为保险事故。

对于被告提出的原告诉讼主体不适格的抗辩，鉴于《海商法》第十二章“海上保险合同”和《保险法》第二章第三节“财产保险合同”均未对“受益人”或“第一受益人”的法律地位及权利、义务加以规定，仅在《保险法》关于“人身保险合同”的相应规定里加以阐述，被告以保险凭证中原告、被告关于第一受益人的约定进而否定原告保险赔偿请求权的抗辩，不仅没有法律依据，也与《海商法》第 237 条的规定相悖，本院不予支持。

涉案保险事故发生后，被告以原告或其代表（包括船长）的行为存在《沿海内河渔船保险条款》第 4 条、第 8 条、第 21 条约定的除外责任情形而拒绝赔付，那么审查保险合同约定的除外责任条款是否生效则是关键。根据《保险法》第 17 条的规定，保险人采用格式条款订立保险合同时，应当向投保人提供投保单所附格式条款，并就其中免除保险人责任条款向投保人进行提示和明确说明。但是，原告在庭审中主张被告未曾向其出具过投保单所附格式条款即《沿海内河渔船保险条款》，也未就《沿海内河渔船保险条款》中免除被告责任的相应条款向其进行说明。在此情况下，被告仅以“投保人声明”一栏的记载和原告在投保单上的签字来证明其已履行《保险法》第 17 条所规定的义务明显不足。首先，与投保单其他内容相比，该声明部分仅“投保人声明”五个字加粗显示，且投保单仅有一处“投保人（签章）”栏，原告在此处的签章并不能证明其是对投保险种、保险期间、保险金额等保险合同主要内容的认可还是对“投保人声明”的认可，事实上造成原告只要在“投保人（签章）”栏签字就被迫作出“投保人声明”的局面。其次，本案所涉《沿海内河渔船保险条款》并不包含在投保单中，而是独立印制，投保过程中被告是否向投保人出具过完整条款并对免除保险人责任条款进行过提示和明确说明亦无法确定；不能仅以内容笼统、形式亦不够突出的“投保人声明”来证明其已就免除保险人责任条款履行了提示和明确说明义务。故，根据《保险法》第 17 条第 2 款的规定，《沿海内河渔船保险条款》中免除保险人责任的相应条款对原告不产生效力，被告不能援引上述条款免除其赔偿责任。这里需要注意的是，《沿海内河渔船保险条款》第 8 条约定的合同终止情形，既无法律依据亦非当事人的约定，不属于《最高人民法院关于适用〈中华人民共和国保险法〉若干问题的解释（二）》第 9 条第 2 款的适用情形，其实质上属于免除保险人责任的条款；而被告在拒赔通知书中也未主张保险合同已经终止，而是基于《沿海内河渔船保险条款》第 4 条、第 21 条的约定主张不承担赔偿责任。因此，本院对被告提出保险合同已经终止的抗辩主张不予支持。同时，被告提出涉案渔船在事发时处于作业状态的主张，已被荣成市海洋与渔业执法大队于 2020 年 9 月出具的“鲁荣渔 520××”渔船沉没情况说明所否定，且被告未提交足以推翻渔船主管机关上述认定的相反证据，本院对被告提出的相应主张不予支持。

在审查约定的除外责任条款是否生效的同时，还要审查本案是否存在适用法定除外责任的情形。本案中，“鲁荣渔520××”渔船从鸿运渔港开航时，船上配备的6名船员中仅船长持有三级轮机长证书，其余船员均未持有船员证书，船员明显不适任，并构成未妥善配备船员的不适航，应适用《海商法》第244条的规定，免除保险人的相应赔偿责任。而是否能够据此免除被告的全部赔偿责任，还要看船员不适任所导致的船舶不适航是不是造成保险船舶损失的唯一原因。根据荣成市海洋与渔业执法大队关于不明船舶碰撞是涉案渔船沉没事故直接原因的认定，“不明船舶”对涉案渔船沉没负有过失。与此同时，涉案渔船就其自身存在的不适航情形，对碰撞事故亦负有过失。二者之间过失程度的比例，依据现有证据无法判定，根据《海商法》第169条第1款的规定，在两船过失程度比例无法判定的情况下，原告应就涉案渔船存在不适航的情形自行承担50%的赔偿责任。被告亦可据此免除对涉案渔船因碰撞沉没全损50%的赔偿责任，但仍须承担船舶全损情况下剩余50%的赔偿责任。

对于赔偿的具体数额，需要结合保险金额和免赔率两个方面予以确定。首先，原告、被告在保险合同中约定了保险金额为140万元，并约定船舶全损按照保险金额扣除保单约定的免赔率后赔偿，故保险金额140万元应作为计算具体赔偿数额的基础。对于被告提出的在保险金额高于保险价值时应以保险事故发生时涉案渔船的实际价值作为赔偿计算标准的抗辩，鉴于原告、被告在投保单和保险单中均未对保险价值进行约定，且被告未提交证据证明涉案渔船的保险金额是否高于保险价值，也未提交证据证明保险事故发生时该渔船的实际价值，应自行承担举证不能的法律后果；故，本院对被告提出的上述抗辩不予支持。其次，对于全损情况下的绝对免赔率，原告主张投保单和保险单关于绝对免赔率的记载属于减轻保险人责任的格式条款，而被告未向其进行提示和明确说明，因此对其不发生法律效力。该主张能否成立，关键在于投保单和保险单关于绝对免赔率的记载是否属于格式条款。格式条款是指一方当事人为了重复使用而预先拟定，并在订立合同时未与对方协商的条款。本案中，绝对免赔率的相关内容记载于投保单和保险单的“特别约定”一栏。该“特别约定”不仅包含绝对免赔率的内容，还包含诸如承保险别、第一受益人等内容，不是保险人印制的保险凭证中的固有内容，并非保险人单方面预先拟定、反复使用的保险合同文字表述，其特定性体现了投保人和保险人协商、合意的过程，属于非格式条款，不属于《最高人民法院关于适用〈中华人民共和国保险法〉若干问题的解释（二）》第 9 条规定的“免除保险人责任的条款”，保险人对非格式条款不具有提示和说明义务。故，原告的上述主张不能成立，涉案绝对免赔率条款对原告具有约束力。

同时需要注意的是关于全损绝对免赔率的具体数值，投保单记载为 10%，保险单记载为 20%。鉴于原告撤销其在起诉状中关于绝对免赔率自认的主张已被本院（2020）鲁 72 民初 1494 号民事裁定所准许，而被告未提交证据证明原告在投保时已与其约定绝对免赔率为 20%、投保单记载系笔误，也未提交证据证明投保单和保险单关于绝对免赔率记载不一致的情形系经保险人说明并经投保人同意，应自行承担举证不能的不利后果，本院对被告提出的上述抗辩主张不予支持。而根据《最高人民法院关于适用〈中华人民共和国保险法〉若干问题的解释（二）》第 14 条第 1 项的规定，在投保单与保险单关于绝对免赔率的记载不一致时，应以投保单为准，本案船舶全损情况下的绝对免赔率应为 10%。

故，以保险金额 140 万元为基础，扣除全损绝对免赔率 10%，再扣除被告因船舶不适航而免除的 50% 赔偿责任，被告就“鲁荣渔 520××”渔船沉没事故应向原告支付的保险赔偿数额为 63 万元。

青岛海事法院以判决方式结案。

被告上诉后，山东省高级人民法院二审驳回上诉，维持原判。

【法官后语】

本案是涉及海上保险合同约定除外责任条款和法定除外责任条款适用问题的典型案例。审理海上保险合同纠纷案件的核心问题在于保险人是否应当对特定事故承担保险责任以及承担保险赔偿责任的比例。对此，需要从三个层面进行递进式审查：首先，分析事故原因和承保范围，认定全部或者部分事故是否属于承保范围；其次，审查保险合同约定的除外责任条款是否生效以及是否存在法定除外责任适用的情形，认定保险人是否有权依据约定或者法定除外责任拒绝赔付；最后，根据保险承保风险在涉案事故中的影响程度（因果关系构成情况）确定保险人应当承担的保险赔偿责任比例。

本案的争议焦点在于保险合同约定的除外责任条款是否生效以及保险人

能否援引该条款免除其赔偿责任。在保险人将除外责任条款以格式条款的形式独立印刷而未在投保单上以足以引起投保人注意的形式予以载明的情况下，不能仅以内容笼统、形式亦不够突出的“投保人声明”来证明保险人已就除外责任条款履行了提示和明确说明义务。

此外，在审查是否存在除外责任情形时，不能局限于当事人关于约定除外责任条款是否生效的争议，还要审查涉案纠纷是否存在适用法定除外责任条款的情形，并结合该情形在保险事故中的原因力占比来确定保险人最终承担的赔偿责任比例。

【相关法条】

1.《中华人民共和国海商法》（1993 年 7 月 1 日施行）

第二百三十七条 发生保险事故造成损失后，保险人应当及时向被保险人支付保险赔偿。

第二百四十四条 除合同另有约定外，因下列原因之一造成保险船舶损失的，保险人不负赔偿责任：

（一）船舶开航时不适航，但是在船舶定期保险中被保险人不知道的除外；

（二）船舶自然磨损或者锈蚀。

运费保险比照适用本条的规定。

2.《最高人民法院关于适用〈中华人民共和国保险法〉若干问题的解释（二）》（2013 年 6 月 8 日施行）

第九条 保险人提供的格式合同文本中的责任免除条款、免赔额、免赔率、比例赔付或者给付等免除或者减轻保险人责任的条款，可以认定为保险法第十七条第二款规定的“免除保险人责任的条款”。

保险人因投保人、被保险人违反法定或者约定义务，享有解除合同权利的条款，不属于保险法第十七条第二款规定的“免除保险人责任的条款”。

第十四条 保险合同中记载的内容不一致的，按照下列规则认定：

（一）投保单与保险单或者其他保险凭证不一致的，以投保单为准。但不一致的情形系经保险人说明并经投保人同意的，以投保人签收的保险单或者其他保险凭证载明的内容为准；

（二）非格式条款与格式条款不一致的，以非格式条款为准；

（三）保险凭证记载的时间不同的，以形成时间在后的为准；

（四）保险凭证存在手写和打印两种方式的，以双方签字、盖章的手写部分的内容为准。

对应新法：

《最高人民法院关于适用〈中华人民共和国保险法〉若干问题的解释（二）》（2020年12月29日修正）

第九条 保险人提供的格式合同文本中的责任免除条款、免赔额、免赔率、比例赔付或者给付等免除或者减轻保险人责任的条款，可以认定为保险法第十七条第二款规定的“免除保险人责任的条款”。

保险人因投保人、被保险人违反法定或者约定义务，享有解除合同权利的条款，不属于保险法第十七条第二款规定的“免除保险人责任的条款”。

第十四条 保险合同中记载的内容不一致的，按照下列规则认定：

（一）投保单与保险单或者其他保险凭证不一致的，以投保单为准。但不一致的情形系经保险人说明并经投保人同意的，以投保人签收的保险单或者其他保险凭证载明的内容为准；

（二）非格式条款与格式条款不一致的，以非格式条款为准；

（三）保险凭证记载的时间不同的，以形成时间在后的为准；

（四）保险凭证存在手写和打印两种方式的，以双方签字、盖章的手写部分的内容为准。

承办人：秦　涛

编写人：秦　涛　刘文文

5. 金某发展有限公司诉诺亚某保险经纪（上海）有限公司、诺亚某保险经纪（上海）有限公司青岛分公司保险经纪合同纠纷案

——保险经纪合同下保险经纪人过错责任的认定

【合规提示】

本案为一艘外国籍船舶在从中国驶往菲律宾的航次过程中发生保险事故导致的索赔案，案涉船舶被美国财政部海外资产控制办公室列入制裁名单，船东委托中国青岛的保险经纪人为其购买保险，因保险经纪人未向保险公司披露美国制裁事宜，导致船舶出险后被拒赔，遂起诉保险经纪人存在过错给其造成损失。对保险经纪人而言，作为中介服务机构，应当基于其专业知识和经验优势，尽到勤勉义务，为投保人选择正确、合适的保险产品，同时还应当说明保险合同的责任范围、应当遵守的保险条件、免责情形等对合同具有重要影响的内容，架起投保人与保险人之间沟通的桥梁，消除投保人与保险人之间的信息不对称。为其设定的注意义务的标准应该比投保人更高，发生损失时承担的责任比例要大于投保人。对投保人而言，应当知道制裁限制和除外条款的法律后果，第一时间明确指示保险经纪人向保险人书面披露制裁事实，未能谨慎处理时，因存有过错亦应承担相应的责任。

【案件信息】

1. 裁判文书字号

（2019）鲁72民初824号、（2020）鲁民终772号

2. 当事人

原告：金某发展有限公司

被告：诺亚某保险经纪（上海）有限公司、诺亚某保险经纪（上海）有限公司青岛分公司

3. 关键词

民事　保险经纪合同　保险经纪人　投保人　过错责任

【裁判要旨】

1. 涉外航运保险经纪人与投保人之间的中介合同在性质上仍属有偿中介，从保险消费者保护的理念出发，使经纪人承担信义义务。

2. 判断保险经纪人的过错，根据其履行经纪人义务时要求达到的谨慎程度，一般须以合理之注意、勤勉与判断为标准。

3. 作为专业船东的投保人，应当知道制裁限制和除外条款的法律后果，应明确指示保险经纪人向保险人书面披露制裁事实，未能谨慎处理时，因存有过错亦应承担相应的责任。

4. 有偿服务的专业的航运保险经纪人，其注意义务的标准应该比投保人更高，发生损失时承担的责任比例要大于投保人。这种责任比例的分配，实现了保险消费者与经纪人两方面的利益平衡，从而适切地规范当事人之间的关系。

【基本案情】

原告金某发展有限公司（以下简称金某公司）诉称：自2011年起，原告委托两被告为其所有的三条船舶（包括“SHENG DA ×”轮）投保船舶保险（包括船壳险、保赔险和雇主责任险）。2016年3月，原告所有的“SHENG DA ×”轮先后被联合国安理会、美国财政部海外资产控制办公室（以下简称OFAC）以及欧盟列入朝鲜制裁名单，该轮的船壳险和保赔险也相继被终止。原告通过不懈努力将该轮从联合国安理会的朝鲜制裁名单中移除，但未能从OFAC制裁名单中移除，两被告也明知上述事实。中国某财产保险股份有限公司青岛市分公司（以下简称某保险青岛分公司）于2016年3月25日恢复对该轮船壳险的承保，原告为此向诺亚某保险经纪（上海）有限公司青岛分公司（以下简称诺亚青岛分公司）支付保险费24 273.29美元。2016年12月，某保险青岛分公司同意继续承保该轮船壳险。原告为此向诺亚青岛分公司支付保险费人民币175 000元。2017年2月18日，“SHENG DA ×”轮在从张家港驶往菲律宾的航次过程中，螺旋桨叶片严重损坏，某保险青岛分公司声称该轮仍在OFAC的朝鲜制裁名单中，作拒赔处理。原告诉至青岛海事法院，法院判决确认上述事故给原告造成损失人民币1 538 866.09元，但由于诺亚公司并未向某保险青岛分公司披露OFAC制裁事宜，根据“制裁限制与除外条款”的约定，某保险青岛分公司不承担赔偿责任。此外，“SHENG DA ×”轮在2016年8月4日还发生一次擦底事故，原告遭受损失为84 423美元。对此，某保险青岛分公司亦以受制裁为由作拒赔处理。原告认为，两被告在投保过程中，并未履行应尽的勤勉义务，并未向某保险青岛分公司如实披露OFAC制裁事实，存在重大过错，应对原告的损失承担全部赔偿责任。请求法院依法判令两被告赔偿原告经济损失人民币2 436 645.09元及相应利息。

被告诺亚某保险经纪（上海）有限公司（以下简称诺亚公司）、诺亚青岛分公司辩称：（1）金某公司的起诉文件不符合法律的规定，应裁定不予受理或依法驳回起诉。（2）金某公司与被告双方之间存在的是保险经纪合同关系，金某公司没有提供证据证明两被告在履行保险经纪合同中存在任何过错，两被告不应承担任何赔偿责任。（3）某保险青岛分公司不承担保险责任是因为金某公司违反了制裁限制与除外条款的保证义务，和两被告没有关系。（4）金某公司作为专业的船东，应当主动向某保险青岛分公司陈述受制裁的事实。（5）金某公司主张两被告未尽到勤勉义务，既无事实依据也无法律依据。（6）金某公司所遭受的保险拒赔的损失与两被告的行为无因果关系。（7）金某公司没有提供充足的证据证明保单项下所实际遭受的损失。

青岛海事法院经审理查明，自2011年起，金某公司委托诺亚青岛分公司为其所有的三条船舶（包括“SHENG DA ×”轮，原船名“JIN ×”轮）投保包括船壳险、保赔险在内的船舶保险。2016年1月，金某公司通过诺亚青岛分公司与某保险青岛分公司订立了2016年度的船舶保险合同，某保险青岛分公司承保金某公司所有的“SHENG DA ×”轮。

2016年3月4日，某保险青岛分公司得知“SHENG DA ×”轮被联合国列入制裁名单，通过诺亚青岛分公司通知金某公司，根据保险单特别约定的“制裁限制和除外条款”终止承保“SHENG DA ×”轮的船舶船壳险。

2016年3月24日，金某公司通过诺亚青岛分公司告知某保险青岛分公司“SHENG DA ×”轮于2016年3月21日从联合国制裁名单中移除，某保险青岛分公司随后恢复了“SHENG DA ×”轮的船舶船壳险，保险合同中有制裁限制和除外条款。2016年3月29日，诺亚公司、诺亚青岛分公司向金某公司出具账单，要求支付“SHENG DA ×”轮在2016年3月25日至12月

31日的船舶保险费24 723.29美元。金某公司于2016年4月26日、5月30日予以支付。

2016年3月29日，诺亚青岛分公司收到Navigator保赔协会的通知，“SHENG DA ×”轮仍在OFAC的制裁名单中，该协会无法为“SHENG DA ×”轮恢复保赔险保险。3月30日，诺亚青岛分公司将该情况通知了金某公司。诺亚青岛分公司又与各保赔协会联系为“SHENG DA ×”轮寻找保赔险的保险人，邮件显示联系了Navigators，QBE，Hanseatic，MM，Lodestar，Osprey，EOM等保赔险保险公司。在与各保险公司联系保赔险时，均将涉案船舶仍在OFAC名单中的事宜向保险人予以披露，Hanseatic、EOM等保险公司因为“SHENG DA ×”轮与“SHENG ×”轮两条船仍然在OFAC名单上，不能承保。最终RM保赔协会同意承保“SHENG DA ×”轮与“SHENG ×”轮的船舶保赔险。

2016年8月4日，“SHENG DA ×”轮发生擦底事故。金某公司于2016年9月12日向某保险青岛分公司出具索赔函，要求理赔84 423美元。某保险青岛分公司经审核认为理赔数额为202 757元。2017年9月8日，金某公司通知诺亚青岛分公司同意上述理赔数额。但某保险青岛分公司因金某公司违反制裁限制和除外条款最终未予赔付。

2016年12月22日，金某公司通过诺亚青岛分公司与某保险青岛分公司联系，为“SHENG DA ×”轮船壳险的续保事宜进行沟通，某保险青岛分公司同意继续承保涉案“SHENG DA ×”轮船壳险，并为此签发了《船舶保险保险单》，保单特别约定了“制裁限制与除外条款”。

2017年1月9日，诺亚青岛分公司向金某公司出具账单，要求支付“SHENG DA ×”轮在2017年1月1日至2018年1月1日的船舶保险费175 000元。金某公司于2017年6月5日向诺亚公司支付175 000元。

2017年2月18日，“SHENG DA ×”轮在从张家港驶往菲律宾的航次过程中，螺旋桨叶片严重损坏，需要立即修理，以安全地完成航程，为此“SHENG DA ×”轮前往舟山进行卸货修理。

2017年10月31日，诺亚青岛分公司向金某公司发邮件整理了其所有的“SHENG DA ×”轮与“SHENG ×”轮的过往赔付记录，该两艘船舶均在OFAC制裁名单上，“SHENG DA ×”轮于2017年3月28日出险，后获得保险人赔付14 965.12美元结案；“SHENG ×”轮于2016年5月28日出险，后船东收到净赔款3949.33美元结案。该笔款项赔付过程中，2016年12月7日，金某公司在通过邮件告知诺亚青岛分公司可接收的美元账户时，特别提醒为了防止因OFAC制裁名单被截留所打款项，请提醒保险人汇款时不要体现船名、船东名称等信息，仅仅注明伤病赔付就行了。诺亚青岛分公司邮件回复确认已收悉，已协助提供给保险人。2016年12月21日，金某公司邮件告知诺亚青岛分公司已收到赔付款项。

从2016年3月30日开始，诺亚青岛分公司与金某公司沟通将“SHENG DA ×”轮从OFAC中删除的事宜。2016年5月6日，诺亚青岛分公司向金某公司提供了办理OFAC删除的人的联系方式，并要求金某公司告知办理进度。2017年7月26日，诺亚青岛分公司通过邮件向金某公司发送联系国外律师的拟稿。2018年4月10日，诺亚青岛分公司为上述事宜发送过邮件，附带之前邮件发送过的美国律师与OFAC会谈的有关情况。

2018年11月22日，金某公司向本院提起诉讼，要求某保险青岛分公司赔偿“SHENG DA ×”轮在2017年2月18日因事故造成的损失1 478 866.09元。2019年3月6日，青岛海事法院作出（2018）鲁72民初1860号民事判决书，判决认定在金某公司及诺亚公司、诺亚青岛分公司并未向某保险青岛分公司披露过“SHENG DA ×”轮在美国OFAC制裁名单的情况下，根据《船舶保险保险单》特别约定清单“制裁限制与除外条款”的约定，某保险青岛分公司按照保险合同约定对金某公司因2017年2月18日事故产生的损失不应当承担赔偿责任，驳回金某公司的诉讼请求。但判决认定金某公司因涉案事故产生的损失数额为1 538 866.09元。该判决已经生效。

庭审中，诺亚公司、诺亚青岛分公司和金某公司均承认从来没有向某保险青岛分公司披露“SHENG DA ×”轮在OFAC的制裁名单中。

【裁判说理】

争议焦点：（1）金某公司的起诉及授权是否符合法律规定；（2）诺亚公司在订立保险合同过程中是否存在过错，是否因此承担责任；（3）一审认定的赔偿数额是否正确。

山东省高级人民法院认为：

一、金某公司的起诉及授权是否符合法律规定

金某公司系在英属维尔京群岛注册成立的公司，维尔京群岛的军事外交

均隶属于英国，因此，金某公司的相关手续经过公证后，由我国驻英国外交部门认证，符合法律规定。金某公司的起诉及委托手续合法，其提起本次诉讼及金某公司的委托代理人参加诉讼活动，本院予以认可。

二、诺亚公司在订立保险合同过程中是否存在过错，是否因此承担责任

《保险法》第 118 条规定：“保险经纪人是基于投保人的利益，为投保人与保险人订立保险合同提供中介服务，并依法收取佣金的机构。”第 128 条规定：“保险经纪人因过错给投保人、被保险人造成损失的，依法承担赔偿责任。”首先，从保险经纪公司性质上讲。保险经纪公司作为中介服务机构，其任务不仅仅限于撮合交易，而应当基于其专业知识和经验优势，尽到勤勉义务，其职责并非简单向投保人解释保险的含义，其应当切实了解投保人的投保需要，为投保人选择正确、合适的保险产品；同时还应当说明保险合同的责任范围、应当遵守的保险条件、免责情形等具有重要影响的内容，架起投保人与保险人之间沟通的桥梁，消除投保人与保险人之间的信息不对称。其次，从本案事实上看。诺亚青岛分公司作为金某公司的保险经纪人，其应当知道包括美国在内的制裁对于船舶保险合同的重要性以及由此产生的后果。诺亚青岛分公司在 2016 年 3 月知道 OFAC 制裁后，未向某保险青岛分公司进行披露，亦未向金某公司进行提示，反而强调支付保费；在续保 2017 年度保险时，仍然未向某保险青岛分公司披露 OFAC 制裁的情况。诺亚青岛分公司虽主张金某公司不希望将制裁的情况告知某保险青岛分公司，但没有提交有效证据予以证明。如诺亚青岛分公司如实披露制裁，即便某保险青岛分公司不予承保，金某公司还可以寻找其他保险公司投保，以避免船舶发生保险事故而不予理赔的情况。诺亚青岛分公司作为具有专业知识和经验优势的保险经纪公司，未从投保人的利益出发，在知道涉案船舶被 OFAC 制裁的情况下，不向保险公司进行披露，未尽到保险经纪公司的勤勉义务，具有重大过错。最后，从合同订立过程来说，涉案保险合同从最初询价选择保险人到保险理赔，均是由诺亚青岛分公司进行，金某公司未直接与保险人进行联系，即便金某公司意识到需要披露，亦应通过诺亚青岛分公司进行，在诺亚青岛分公司知晓存在制裁的情况下，出于保险经纪人职业要求，其亦应予以披露，未予据实披露存在过错。因诺亚青岛分公司系诺亚公司的分公司，不具有法人资格，由其过错导致的投保人的损失，应由诺亚公司承担赔偿责任。

三、一审认定的赔偿数额是否正确

金某公司的损失主要为2016年8月“SHENG DA ×”轮擦底和2017年2月“SHENG DA ×”轮螺旋桨损坏，该两次事故的损失未能从保险公司获得保险理赔款及相应利息。在2016年8月“SHENG DA ×”轮擦底事故中，保险公司审核确认了理赔数额，金某公司亦同意上述理赔数额；在2017年2月“SHENG DA ×”轮螺旋桨损坏事故中，已有生效判决确认了涉案事故的损失数额，对上述数额本院予以确认。诺亚青岛分公司在履行合同过程中存在过错，一审法院确定其承担70%的责任，并无不当。一审法院依据上述数额，按照当事双方损失的责任分担比例，并扣除免赔额后，计算得出的诺亚公司应承担的损失赔偿数额及相应利息，应予维持。

山东省高级人民法院判决驳回上诉，维持原判。

【法官后语】

本案为一艘外国籍船舶在从中国驶往菲律宾的航次过程中发生保险事故导致的索赔案，是一起具有“一带一路”因素的涉外保险经纪合同纠纷案。案涉船舶被OFAC列入制裁名单，船东委托中国青岛的保险经纪人为其购买保险，因保险经纪人未向保险公司披露美国制裁事宜，导致船舶出险后被拒赔，遂起诉保险经纪人存在过错给其造成损失。本案在以下几个方面具有典型的指导意义：

第一，关于保险经纪人的法律地位。现行《保险法》把保险经纪人界定为“基于投保人的利益，为投保人与保险人订立保险合同提供中介服务，并依法收取佣金的机构”。这表明保险经纪人与投保人、保险人之间是中介（居间）合同。[①] 依《民法典》第961条对中介合同的规定，中介合同是中介人向委托人报告订立合同的机会或者提供订立合同的媒介服务，委托人支付报酬的合同。根据中介人的工作任务、内容的不同，中介合同分为报告订立合同机会的报告中介合同与提供订立合同的媒介服务的媒介中介合同两种。《保险经纪人监管规定》第36条规定的保险经纪人可经营的业务范围颇广，绝不限于搜集信息并报告给投保人提供订立合同的机会而已，该条规定的第一项业务“为投保人拟定投保方案、选择保险公司以及办理投保手续”就可显示

① 参见张海棠主编：《保险合同纠纷》，法律出版社2010年版，第277页。

出保险经纪人为投保人、保险人双方订立合同居中斡旋、努力促成合同订立的作用。因此，保险经纪人更接近于媒介中介，[①]保险经纪合同类似于中介合同。此外，保险经纪人通常是向保险人收取佣金作为其报酬，但其佣金归根结底还是源于投保人所缴纳的保险费，所以，保险经纪人与投保人之间的中介合同在性质上仍属有偿中介。[②]因此，本案两审认定保险经纪人为中介人，通过收取投保人缴纳的保险费提供有偿中介服务。

第二，关于保险经纪人的义务。根据英美法上各类中介（intemediaries）所负义务的强度差异，大体可对中介的义务从低到高排列为三级：买者自慎（caveat emptor）、适当性（suitability）义务、信义义务。买者自慎适用于具有对等协商能力的当事人之间的常规交易关系，中介基本无甚义务可言。保险经纪人作为专业服务机构的角色决定了其不可能是这类中介，买者自慎不能用于解释保险经纪人的义务，自不待言。那保险经纪人所负的义务在强度上究竟是适当性义务还是信义义务？有观点认为，投保人与保险经纪人之间存在信任关系，保险经纪人对投保人负有信义义务。[③]也有观点认为，从保险经纪人所负义务的强度来看，该义务的性质原则上处于适当性义务的层阶。但当保险经纪人的业务行为使消费者产生了高度信赖时，其所负的义务才可例外被认定为信义义务。[④]还有观点认为，首先在适当性义务中，主要强化保险经纪人业务开展过程中的最高注意标准，需要始终坚持善意和信赖的原则，出于保护消费者的主要理念，让保险经纪人始终坚持对被保险人和投保人之间的较强信义义务。[⑤]对于本案而言，两审法院结合保险经纪人在多次为投保人的多条船舶提供保险信息、代交保费、代为理赔过程中的行为，判断使投保人产生了高度信赖，符合善意与信赖的要求。从保险消费者保护的理念出

---

① 有人认为，保险经纪人是民法上两种居间（报告居间与媒介居间）的结合。参见彭虹、豆景俊主编：《保险法》，中山大学出版社 2003 年版，第 261 页；李建国、曹叠云主编：《〈中华人民共和国保险法〉释义》，人民法院出版社 2002 年版，第 394 页。但从具体阐述中来看，似仍偏向媒介居间。

② 这一观点参见刘春堂：《民法债编各论（中）》（修订 2 版），我国台湾地区三民书局股份有限公司 2014 年版，第 156~157 页；邱聪智：《新订债法各论（中）》，2008 年自版，第 321~324 页。

③ 李敏：《互联网保险中介法律义务探析》，载《江西师范大学学报（哲学社会科学版）》2019 年第 3 期。

④ 李飞：《〈民法典〉时代保险经纪人的法律地位》，载《西北大学学报（哲学社会科学版）》2021 年第 2 期。

⑤ 闫少奇：《〈民法典〉时代保险经纪人的法律地位》，载《法制与社会》2021 年第 5 期。

发，使经纪人承担信义义务。

第三，关于司法实务中确定保险经纪人过错的判断要素。对此，就履行经纪人义务时要求达到的谨慎程度而言，保险经纪人一般须以合理之注意、勤勉与判断为标准（the reasonable care，diligence，and judgement）向投保人推荐适合的保险产品，即必须基于事实且合理地确信其所提出的建议适合于投保人。[①] 实际上，保险经纪人须达到的注意义务仍属高要求，如英国1964年的Hedley Byme诉Heller一案的判决书中，特地强调保险经纪人必须谨慎对待所提供的建议；再者，保险经纪人除了代表投保人进行具体和必要的行为外，还必须对其提供的建议有把握。对于本案而言，两审法院都按照合理之注意、勤勉与判断的客观标准，对诺亚青岛分公司在某保险青岛分公司的船壳险保险合同恢复及续保过程中的操作流程进行判断，认为诺亚青岛分公司作为一个具有专业经验和技能的保险经纪人，并未从投保人的利益出发，存在过错。

第四，关于作为专业船东的投保人过错的认定。制裁限制和除外条款是保险合同中的重要条款，作为保险合同的一方当事人，金某公司也应当知晓该条款的存在及其法律后果，特别是在发生了某保险青岛分公司终止保险后又恢复保险的情况后，金某公司在得知“SHENG DA ×”轮处于OFAC制裁名单后，虽然不能直接联系某保险青岛分公司，也应当主动询问诺亚青岛分公司制裁事实产生的法律后果，明确指示其应当向某保险青岛分公司书面披露制裁事实，但其并未谨慎处理，也具有过错。

第五，关于保险经纪人与投保人过错责任比例的划分。保险经纪人应当基于其所掌握的市场情况和专业技术知识，在与保险人商洽保险合同的条款、投保条件以及有关投保的技术细节后，选择条件更好的保险人和投保方案介绍给投保人，促使投保人与保险人之间订立保险合同。诺亚青岛分公司作为有偿服务的专业的保险经纪人，在与保险人洽商保险合同条款的过程中，应当维护投保人的利益，弥补投保人缺乏保险知识的弱点，达到以最佳条件使投保人获得保险保障的目的，其注意义务的标准应该比船东更高，故诺亚青岛分公司应当对损失承担主要责任，金某公司自行承担次要责任。两审法院均酌定保险经纪人与船东的责任比例为70%∶30%。这种责任比例的分配，

---

① 陈俊元：《论保险经纪人之义务》，载我国台湾地区《台大法学论丛》2020年第2期。

固然意在保护消费者的信赖，也是为了防止过度增加对保险经纪人的负担，通过个案实现保险消费者与经纪人两方面的利益平衡，从而适切地规范当事人之间的关系。

航运业是国际商业活动中非常重要的支柱产业，也是一种国际化和风险较大的行业，成熟的国际航运中心都有发达的海上保险业和保险经纪业。作为海洋服务业的重要组成部分，涉外保险经纪业对建设自贸试验区、上合示范区和海洋强省尤为重要。涉外保险经纪业对保险经纪公司的要求更高于国内公司，经纪人应当基于其专业知识和经验优势，尽到勤勉义务，切实了解投保人的投保需要，为投保人选择正确、合适的保险产品。本案坚持平等保护原则，准确认定投保人与保险经纪公司的过错，基于保险经纪公司的专业优势，确定其承担较高的责任比例。既在个案中维护了索赔权利人的合法权益，也发挥了司法裁判对保险经纪行为的引导功能，对促进跨境保险经纪业的规范操作和健康有序发展均具有积极意义。

【相关法条】

1.《中华人民共和国涉外民事关系法律适用法》（2011 年 4 月 1 日施行）

第四十一条 当事人可以协议选择合同适用的法律。当事人没有选择的，适用履行义务最能体现该合同特征的一方当事人经常居所地法律或者其他与该合同有最密切联系的法律。

2.《中华人民共和国保险法》（2015 年 4 月 24 日修正）

第一百一十八条 保险经纪人是基于投保人的利益，为投保人与保险人订立保险合同提供中介服务，并依法收取佣金的机构。

第一百二十八条 保险经纪人因过错给投保人、被保险人造成损失的，依法承担赔偿责任。

3.《中华人民共和国合同法》（2021 年 1 月 1 日废止）

第一百一十三条 当事人一方不履行合同义务或者履行合同义务不符合约定，给对方造成损失的，损失赔偿额应当相当于因违约所造成的损失，包括合同履行后可以获得的利益，但不得超过违反合同一方订立合同时预见到或者应当预见到的因违反合同可能造成的损失。

经营者对消费者提供商品或者服务有欺诈行为的，依照《中华人民共和国消费者权益保护法》的规定承担损害赔偿责任。

对应新法：

《中华人民共和国民法典》（2021 年 1 月 1 日施行）

第五百八十四条 当事人一方不履行合同义务或者履行合同义务不符合约定，造成对方损失的，损失赔偿额应当相当于因违约所造成的损失，包括合同履行后可以获得的利益；但是，不得超过违约一方订立合同时预见到或者应当预见到的因违约可能造成的损失。

4.《中华人民共和国公司法》（2018 年 10 月 26 日修正）

第十四条 公司可以设立分公司。设立分公司，应当向公司登记机关申请登记，领取营业执照。分公司不具有法人资格，其民事责任由公司承担。

公司可以设立子公司，子公司具有法人资格，依法独立承担民事责任。

对应新法：

《中华人民共和国公司法》（2023 年 12 月 29 日修订）

第十三条 公司可以设立子公司。子公司具有法人资格，依法独立承担民事责任。

公司可以设立分公司。分公司不具有法人资格，其民事责任由公司承担。

承办人：王爱玲

编写人：王爱玲

6. 中国某财产保险股份有限公司上海分公司诉宁波梅山保税港区泽天某投资合伙企业（有限合伙）海上保险合同纠纷案

——保险人行使财产保险法定解除权的溯及力认定

【合规提示】

本案系一起保险公司以被保险人违反如实告知义务、保险标的危险程度增加的通知义务和维护保险标的安全义务为由请求法院判令解除保险期限已经届满的船舶保险合同的案件，双方对保险人行使财产保险法定解除权的溯及力产生争议。在违反如实告知义务的情况下，合同解除原则上不具有溯及力。对保险人而言，应当在被保险人起诉保险人保险理赔的案件中，以被保险人违反安全保障义务等为由对其赔偿保险金的请求进行抗辩。对被保险人而言，应当按照合同约定及时通知保险人，取得保险人的同意，该项风险才能纳入保险范围。

【案件信息】

1. 裁判文书字号

（2019）鲁72民初1372号、（2020）鲁民终904号

2. 当事人

原告：中国某财产保险股份有限公司上海分公司

被告：宁波梅山保税港区泽天某投资合伙企业（有限合伙）

3. 关键词

民事　海上保险合同　法定解除权　溯及力

【裁判要旨】

财产保险合同属于继续性合同，其解除原则上不具有溯及力。保险人以投保人（被保险人）因重大过失违反如实告知义务、违反保险标的危险程度增加的通知义务或违反维护保险标的安全义务为由请求法院判令解除保险合同的，如果保险期间尚未届满，则保险人行使的合同解除仅对将来发生效力，如果保险期间已经届满，人民法院应驳回保险人的请求。

【基本案情】

帝某股份有限公司以涉案四轮为抵押物，向中国某银行汕头分行贷款31 252万元。后因帝某股份有限公司逾期还款，中国某银行汕头分行向广州海事法院起诉。2016年10月28日，广州海事法院作出（2016）粤72民初11-16号六份民事判决书，判令帝某股份有限公司向中国某银行汕头分行偿还借款本金共计31 252万元及利息，中国某银行汕头分行对涉案四轮有抵押权。该判决已生效。后中国某银行汕头分行将上述债权及抵押权进行了转让，2017年8月22日，宁波梅山保税港区泽天某投资合伙企业（有限合伙）(以

下简称泽天企业）受让了上述债权及抵押权。2018 年 5 月 15 日，广州海事法院作出执行裁定，对涉案四轮进行了扣押。

涉案四轮从 2016 年 1 月 7 日陆续抵达石岛避风锚地抛锚，后有多名船员解职离船，导致涉案四轮配员不足。威海海事局多次向相关方发函，称涉案四轮配员严重不足，船舶设备都存在不同程度的损坏，主机长时间未启动，船舶安全有极大隐患。

2017 年 8 月，泽天企业的保险经纪人就涉案四轮保险事宜与中国某财产保险股份有限公司上海分公司（以下简称某保险）进行沟通，告知投保人名称、原债权人、债权转让人以及涉案四轮的船名、吨位、船型、船龄、停靠区域，并称："该轮目前在法院打到二审，到立案实施扣押需要差不多一个月的时间。在这一个月时间里，债权人对船舶不能实施管理，不知是否会影响保险效力，如果贵司确认可以维持保险效力，船东基本上可以确认了。"同时，承诺对船舶实施扣押后投保人会委托管理公司或者自行安排船员上船进行维护。

2017 年 9 月 10 日，泽天企业向某保险出具四份以涉案四轮为保险标的的《沿海内河船舶保险投保单》，后某保险向泽天企业出具四份保险单，均载明：被保险人为泽天企业，船舶名称分别为涉案四轮，保险类别为沿海内河船舶一切险，保险期限从 2017 年 9 月 11 日至 2018 年 3 月 10 日。特别约定："1. 本保单对《沿海内河船舶保险条款》除外责任第三条'一、船舶不适航、不适拖（包括船舶技术状态、配员、装载等，拖船的拖带行为引起的被拖船舶的损失、责任和费用，非拖轮的拖带行为所引起的一切损失、责任和费用）；'不适用；一旦本船投入营运，上述除外责任第三条第一款自动生效。"

投保单和保险单均附《沿海内河船舶保险条款》。该条款第 1 条约定："由于下列原因造成保险船舶发生的全损，本保险负责赔偿。一、八级以上（含八级）大风、洪水、地震、海啸、雷击、崖崩、滑坡、泥石流、冰凌……"第 2 条约定："本保险承保第一条列举的六项原因所造成保险船舶的全损或部分损失以及所引起的下列责任和费用：一、碰撞、触碰责任；二、共同海损、救助及施救。"第 3 条约定："保险船舶由于下列情况所造成的损失、责任及费用，本保险不负责赔偿：一、船舶不适航、不适拖（包括船舶技术状态、配员、装载等，拖船的拖带行为引起的被拖船舶的损失、责任和费用，非拖轮的拖带行为所引起的一切损失、责任和费用）……”第15条约定：“被保险人应当遵守国家有关消防、安全、生产操作等方面的其他相关法律、法规及规定，维护保险船舶的安全……除经保险人同意并加收保费外，被保险人未遵守上述约定而导致保险事故的，保险人不承担赔偿责任；被保险人未遵守上述约定而导致损失扩大的，保险人对扩大部分的损失不承担赔偿责任。”第16条约定：“在保险期间内，被保险人应对其公司、保险船舶发生变化影响保险人利益的事件如实告知，对于保险船舶出售、船舶光租、变更航行区域或保险船舶所有人、管理人、经营人、名称、技术状况和用途的改变、被征购征用，应事先书面通知保险人，经保险人同意并办理批改手续后，保险合同继续有效，否则自上述情况出现时保险合同自动解除。”

后泽天企业与某保险协议将保险合同延期至2018年8月31日。

2018年8月20日，涉案四轮遭遇台风并发生事故，事发时共有两名船员值守，处于无动力状态。

原告某保险诉称：2017年9月，被告泽天企业为涉案四轮在原告某保险处投保沿海内河船舶一切险，某保险分别出具相应的《沿海内河船舶保险单》，保险期限均至2018年3月10日，后延期至2018年8月31日。合同订立前，泽天企业没有履行告知义务，在保险合同履行期间，船舶危险程度持续增加，没有履行通知义务。同时，泽天企业也没有遵守国家有关消防、安全、生产操作、劳动保护等方面的规定和合同约定，维护保险标的的安全。根据《保险法》的规定，某保险有权解除合同。某保险向法院提出诉讼请求：依法判令解除四份保险合同。

泽天企业辩称：（1）船舶危险程度并未持续增加。（2）即使危险程度增加也不构成显著增加。（3）泽天企业已经如实履行了告知义务。故某保险解除保险合同无任何事实和法律依据，应驳回某保险诉讼请求。

【裁判说理】

争议焦点：保险人行使财产保险法定解除权有无溯及力。

青岛海事法院认为：泽天企业在合同订立前将船名、吨位、船型、船龄、停靠区域、管理状态以及原债权人、债权转让人等其知道的或者在通常业务中应当知道的情况如实告知某保险，履行了告知义务。合同订立后发生的情况，不属于告知义务的范围，同时，保险标的危险程度显著增加的通知义务是以保险合同约定为依据，而涉案保险合同中没有相应约定，故被保险人没有通知义务。而且，涉案四轮在合同有效期内也没有发生例如用途改变、使用范围改变、所处环境变化、改装、使用人或者管理人改变等危险程度显著增加的情形。故泽天企业没有违反如实告知、通知义务。

根据法律规定和合同约定，泽天企业应当遵守国家相关规定，维护涉案四轮的安全。威海海事局多次向相关方发函，称涉案四轮配员严重不足，船舶设备都存在不同程度的损坏，表明涉案四轮在投保时至事故发生时明显不具备最低安全配员，故泽天企业没有遵守国家相关规定，维护涉案四轮的安全。

某保险起诉时保险合同有效期已经届满。根据合同法的原理，保险合同属于继续性合同，其解除原则上不具有溯及力。如果保险人的解除权具有溯及力，保险合同有效期届满后，保险人可以根据保险事故是否实际发生，为了不承担保险责任选择解除合同或者为了留取保险费选择不解除合同，势必造成保险人与被保险人之间权利的不平衡，违反保险合同的诚信原则和概率性、偶然性。故保险人因被保险人违反安全保障义务而取得的合同解除权没有溯及力，保险人行使该解除权的隐含条件是保险合同处于有效期内。本案中，某保险起诉时保险合同有效期已经届满，对解除保险合同的请求本院不予支持。

青岛海事法院于2020年1月22日作出（2019）鲁72民初1372号民事判决：驳回原告某保险的诉讼请求。

一审宣判后，某保险提出上诉。山东省高级人民法院于2020年5月27日作出（2020）鲁民终904号民事判决：驳回上诉，维持原判。

【法官后语】

对于财产保险合同纠纷，保险人通常是被告，通过事故不属于保险范围、属于除外责任等抗辩事由对抗被保险人的理赔请求。本案的保险人某保险另辟蹊径，主动起诉被保险人泽天企业，以其违反如实告知义务、保险标的危险程度增加的通知义务和维护保险标的安全义务为由请求法院判令解除保险期限已经届满的船舶保险合同，以期从根本上摆脱保险责任，起到釜底抽薪的效果。保险人行使法定解除权，解除是否具有溯及力是本案的争议焦点，也是在理论上、实践中争议较大的问题。本案一审、二审法院均认为解除不具有溯及力，驳回某保险的诉讼请求。但是，部分生效判决认为解除具有溯及力，这种观点是对保险法理论和法律规定的机械、片面理解，应当及时进行纠正，避免误导保险合同当事人，维护其合法权益。

一、保险人解除合同溯及力的法理分析

合同解除的效果是合同权利义务终止，其立法目的在于合同有效成立后，有时会因主观或客观情况的变化，而使合同履行成为不必要或者不可能，使当事人一方或双方的合同目的无法实现，如仍固守合同拘束力，不但于一方或双方当事人没有好处，于社会整体利益也没有任何增益，因而通过法律手段让合同提前终了，并处理善后事宜。合同解除后，尚未履行的，终止履行；已经履行的，根据履行情况和合同性质，当事人可以要求恢复原状、采取其他补救措施，并有权要求赔偿损失。合同解除的溯及力，需要根据履行情况和合同性质判定，若有溯及力，则合同视为自始未成立，发生恢复原状的法律后果；若无溯及力，则合同解除仅向将来发生法律效力，解除前的合同关系仍然有效。合同解除的溯及力问题，法律没有一般性规定，通说认为，继续性合同原则上无溯及力，非继续性合同原则上有溯及力。如租赁、承揽等继续性合同，其履行不能返还，无法恢复原状。

财产保险合同订立的目的在于在一段时间内补偿被保险人因保险事故发生而遭受的损失，保险费则是保险人承担责任的对价。对这类合同而言，保险人的法定解除权原则上无溯及力，合同解除后无法恢复原状。因为保险的根源在于风险，风险具有不确定性、不可预知性，时间流逝一分，风险则确定一分，时间不可逆，当事人的状态也不可恢复。既然没有溯及力，那么解除前的合同履行依然有效，保险人仍应承担保险责任，与此相对应，投保人仍应支付保险费。解除权是一种形成权，权利人仅凭其单方意思表示即可直接使合同关系归于消灭，所以对保险人的合同解除溯及力问题必须考虑双方当事人之间的利益平衡，溯及力不可过大，否则必然导致保险人滥用解除权而无法实现保险合同目的。

二、违反如实告知义务的解除溯及力

保险人行使法定解除权的情形主要包括违反告知义务、保险标的危险程度增加的通知义务和维护保险标的安全义务。

关于违反如实告知义务，《保险法》第16条规定："订立保险合同，保险人就保险标的或者被保险人的有关情况提出询问的，投保人应当如实告知。

投保人故意或者因重大过失未履行前款规定的如实告知义务，足以影响保险人决定是否同意承保或者提高保险费率的，保险人有权解除合同……投保人故意不履行如实告知义务的，保险人对于合同解除前发生的保险事故，不承担赔偿或者给付保险金的责任，并不退还保险费（第4款）。投保人因重大过失未履行如实告知义务，对保险事故的发生有严重影响的，保险人对于合同解除前发生的保险事故，不承担赔偿或者给付保险金的责任，但应当退还保险费（第5款）。"《海商法》第223条对于告知义务违反的构成要件和法律后果也有类似规定。上述规定里，没有对合同解除溯及力的明确规定，但可以通过法律解释的方法寻找。对第5款进行反面解释可得出如下结论：投保人因重大过失未履行如实告知义务，但对保险事故发生没有严重影响的，则保险人对于合同解除前发生的保险事故，仍然应当承担赔偿责任；根据对价平衡原则，此时保险人对保险合同解除前的保险费无须返还。由此可见，合同解除前保险人仍然负有保险责任，只是因为保险标的实际面临的风险比保险人预期的高，法律通过对风险进行一定的限制从而修正投保人和保险人之间的权利义务关系，故在此种情况下保险人行使法定解除权，合同解除不具有溯及力。

对合同解除与拒绝赔偿的关系进行分析，似乎可以得出相反的观点。《最高人民法院关于适用〈中华人民共和国保险法〉若干问题的解释（二）》第8条规定：保险人未行使合同解除权，直接以存在《保险法》第16条第4款、第5款规定的情形为由拒绝赔偿的，人民法院不予支持。这一规定表明保险人享有的拒绝赔偿权利以保险合同的解除为条件，解除合同后，才可以拒绝赔偿。在审判实践中，保险人通常是在保险事故发生后，投保人申请理赔时，才发现投保人在订立保险合同时违反如实告知义务。如果拒绝赔偿时保险期限已经届满，合同解除已经不能向将来发生效力，合同解除的效力只能溯及既往。其实这是对上述规定的机械理解，保险人只有在解除保险合同后才能拒赔并非没有例外。上述规定的立法目的，在于避免保险人躲在拒绝赔偿权利的后面观望，因为保险人拒绝赔偿后，保险人和投保人之间已经产生了纠纷，互信降至冰点，为了避免其他纠纷继续产生，将尚未届满的合同尽快解除对双方都是止损行为。显然，在保险期限届满后，该立法目的已无法实现，要求保险人解除合同既无必要也不可能，故应允许保险人直接拒赔。

上文已述，在违反如实告知义务的情况下，合同解除原则上不具有溯及力，但是在投保人故意不履行如实告知义务的情况下，因为投保人主观恶性较大，法律特别规定了合同解除具有溯及力，无论是否对保险事故的发生有严重影响，保险人对于合同解除前发生的保险事故都不承担赔偿责任，而且对于合同解除前和解除后的保险费都不退还。

三、违反维护安全义务、通知义务的解除溯及力

关于违反维护保险标的安全义务，《保险法》第 51 条第 1 款、第 3 款规定："被保险人应当遵守国家有关消防、安全、生产操作、劳动保护等方面的规定，维护保险标的的安全。投保人、被保险人未按照约定履行其对保险标的的安全应尽责任的，保险人有权要求增加保险费或者解除合同。"这一规定中没有合同解除溯及力的内容，连合同解除后保险责任的承担和保险费的退还也付之阙如。关于违反保险标的危险程度增加的通知义务，《保险法》第 52 条规定："在合同有效期内，保险标的的危险程度显著增加的，被保险人应当按照合同约定及时通知保险人，保险人可以按照合同约定增加保险费或者解除合同。保险人解除合同的，应当将已收取的保险费，按照合同约定扣除自保险责任开始之日起至合同解除之日止应收的部分后，退还投保人。被保险人未履行前款规定的通知义务的，因保险标的的危险程度显著增加而发生的保险事故，保险人不承担赔偿保险金的责任。"这一规定关于合同解除后果的内容与违反如实告知义务的基本一致，只是没有区分故意和重大过失，而且对退还的保险金范围进行了明确（仅退还合同解除后的保险金），其合同解除的溯及力与因重大过失违反如实告知义务时相同，理由同样可以通过反面解释得出。虽然法律对违反维护保险标的安全义务时的合同解除溯及力没有规定，但也应当做相同的理解。

以事故致因理论分析可以更清楚地了解不同合同解除情形的共性。在该理论中，各种理论对事故发生机理和模型的描述各不相同，但事故发生的要素都至少包含以下三类：物的属性、环境的状态和人的行为。保险事故属于事故的一种，保险人在承保前也都会考察保险标的的属性、环境和有关人的行为，以此评估风险，进而确定是否同意承保和保险费率。如实告知义务的意义在于确定保险合同订立时保险标的的属性、环境和有关人的行为；维护保险标的安全义务的意义在于确定保险合同订立后有关人的行为是否满足法律规定；危险程度增加的通知义务的意义在于确定保险合同订立后保险标的的属性、环境和有关人的行为是否发生变化，是否导致危险程度显著增加。

三项义务作用时间有先有后，指向的要素或互补或重叠，内容有针对保险标的的事实行为，也有针对保险人的信息传递，但根本目的都是矫正投保人（被保险人）和保险人之间的信息不对称，允许保险人测定风险的范围和程度，并在整个保险期间将之固定下来。一旦保险人发现因为投保人的原因导致风险测定不准，或因为被保险人的原因导致风险增加，保险人仍然可以仅对原来测定的风险进行保障（违反告知义务、维护保险标的安全义务对保险事故发生有严重影响的，或因保险标的的危险程度显著增加而发生保险事故的，保险人可以拒绝赔偿）或可免除将来的保险责任（解除合同）。三项义务具有相同的立法目的，故虽然部分条款略有差异，但应当解释为具有相同的法律后果，即合同解除原则上不具有溯及力。

既然有原则就有例外，例外情况即投保人（被保险人）具有较深的恶意，例如故意不履行如实告知义务、谎称发生了保险事故、故意制造保险事故等，合同解除具有溯及力，法律规定明确，实践亦无争议，本文不再赘述。

本案中，某保险在保险期间届满后，以违反告知义务、保险标的危险程度增加的通知义务和维护保险标的安全义务为由请求解除合同，尽管其证明了泽天企业存在违反维护保险标的安全义务的情形，但仍然因合同解除不具有溯及力而被驳回诉讼请求。需要说明的是，本案的败诉并不妨碍某保险在另案中以泽天企业违反安全保障义务为由对其赔偿保险金的请求进行抗辩。

【相关法条】

《中华人民共和国保险法》（2015 年 4 月 24 日修正）

第十六条 订立保险合同，保险人就保险标的或者被保险人的有关情况提出询问的，投保人应当如实告知。

投保人故意或者因重大过失未履行前款规定的如实告知义务，足以影响保险人决定是否同意承保或者提高保险费率的，保险人有权解除合同。

前款规定的合同解除权，自保险人知道有解除事由之日起，超过三十日不行使而消灭。自合同成立之日起超过二年的，保险人不得解除合同；发生保险事故的，保险人应当承担赔偿或者给付保险金的责任。

投保人故意不履行如实告知义务的，保险人对于合同解除前发生的保险事故，不承担赔偿或者给付保险金的责任，并不退还保险费。

投保人因重大过失未履行如实告知义务，对保险事故的发生有严重影响的，保险人对于合同解除前发生的保险事故，不承担赔偿或者给付保险金的责任，但应当退还保险费。

保险人在合同订立时已经知道投保人未如实告知的情况的，保险人不得解除合同；发生保险事故的，保险人应当承担赔偿或者给付保险金的责任。

保险事故是指保险合同约定的保险责任范围内的事故。

第五十一条 被保险人应当遵守国家有关消防、安全、生产操作、劳动保护等方面的规定，维护保险标的的安全。

保险人可以按照合同约定对保险标的的安全状况进行检查，及时向投保人、被保险人提出消除不安全因素和隐患的书面建议。

投保人、被保险人未按照约定履行其对保险标的的安全应尽责任的，保险人有权要求增加保险费或者解除合同。

保险人为维护保险标的的安全，经被保险人同意，可以采取安全预防措施。

第五十二条 在合同有效期内，保险标的的危险程度显著增加的，被保险人应当按照合同约定及时通知保险人，保险人可以按照合同约定增加保险费或者解除合同。保险人解除合同的，应当将已收取的保险费，按照合同约定扣除自保险责任开始之日起至合同解除之日止应收的部分后，退还投保人。

被保险人未履行前款规定的通知义务的，因保险标的的危险程度显著增加而发生的保险事故，保险人不承担赔偿保险金的责任。

承办人：李　伟

编写人：李　伟　匡　浩

7. 刘某某诉中国某财产保险股份有限公司威海市分公司海上保险合同纠纷案

——海上保险合同保险责任范围的认定

【合规提示】

本案系一起被保险人诉保险人海上保险合同纠纷案件，双方对于保险标的的范围产生了争议。审判人员根据涉案《舾装码头竣工图》及国家主管机关威海市港航管理局颁发的《码头经营许可证》《港口工程竣工验收证书》，认定防波堤属于码头的一部分，并根据我国相关法律规定和所加入的国际规则对“在航期间”作出了认定。对于保险人而言，其制定的保险合同条款应尽量做到语义明确、无歧义，尤其对保险标的、保险期间等关键部分的约定，应根据我国相关的法律规定和所加入的国际规则来约定。

【案件信息】

1. 裁判文书字号

（2018）鲁72民初1204号

2. 当事人

原告：刘某某

被告：中国某财产保险股份有限公司威海市分公司

3. 关键词

民事　海上保险合同　保险责任范围　防波堤　在航

【裁判要旨】

本案涉及保险责任范围认定的问题。防波堤是否属于码头的一部分，应依据国家主管机关颁发的证书及施工图纸等来确定。涉案事故是否发生于在航期间，应根据我国相关的法律规定和所加入的国际规则来认定。

【基本案情】

在刘某某诉中国某财产保险股份有限公司威海市分公司海上保险合同纠纷一案中，青岛海事法院查明案件事实如下：2016年，原告就其所属的“琼洋浦180××”轮向被告投保了沿海内河渔船一切险，保险期间自2016年9月14日至2017年9月13日。2017年2月19日，石岛地区风速达8级，原告所属的“琼洋浦180××”轮锚泊避风时因大风走锚触碰荣成市某船舶制造有限公司码头防波堤沉没，并导致该防波堤部分受损。2017年5月12日，原告、被告签署《赔偿协议确认书》，被告确认该轮因大风走锚触碰防波堤沉没属于保险事故，同意向原告赔偿船舶损失人民币688万元。因“琼洋浦180××”轮触碰导致荣成市某船舶制造有限公司码头防波堤受损，该公司要求原告承担赔偿责任。原告遂向被告交涉，被告于2017年5月26日给予原告书面回复：“1. 对于船壳损失我司已赔付，保险责任终止；2. 对于防波堤损失，我司认为不构成保险条款中碰撞责任的标的。因此双方产生异议。我公司于2017年5月12日签署的赔款协议中保险合同项下所有权利义务终止，只针对船壳全损责任。对于您所主张的向我司继续提出碰撞责任项下防波堤的损失索赔权利不受影响。”

另查，中国某财产保险股份有限公司沿海内河渔船保险条款（2009年版）第2条“一切险”中列明一切险包括“碰撞触碰责任：保险船舶在航行或捕捞作业中直接碰撞其他船舶或直接触碰码头、港口设备、航标，致使上述物体发生直接的损失和费用，包括被碰撞船舶上所载的货物的损失，依法应当由被保险人承担的经济赔偿责任，但保险人对每次碰撞、触碰责任仅负责被保险人应承担赔偿金额的四分之三，最高赔偿金额以不超过渔船的保险金额为限”。

荣成市某船舶制造有限公司为生产需要，建造了涉案舾装码头，在该码头竣工图（码头断面图）中明确体现了“安放5t扭王字块体（一层）”。即该码头为抗风浪等，在直接面向大海的部位垒砌了扭王字块防波堤护坡部分。国家主管机关威海市港航管理局颁发的《码头经营许可证》《港口工程竣工验收证书》皆认可了该码头建造的合法性。

原告诉称：原告就其所属的“琼洋浦180××”轮向被告投保了沿海内河渔船一切险，保险期间自2016年9月14日至2017年9月13日。2017年

2月19日，“琼洋浦180××”轮锚泊避风时因大风走锚触碰码头防波堤沉没，并导致该防波堤受损。2017年5月12日，原告、被告签署《赔偿协议确认书》，被告确认该轮因大风走锚触碰防波堤沉没属于保险事故，同意向原告赔偿船舶损失人民币688万元。因“琼洋浦180××”轮触碰导致防波堤受损，该公司要求原告承担赔偿责任。根据涉案保险单保险条款第2条第1款的约定，原告认为涉案防波堤显然是码头或港口设备的一部分，根据上述保险条款，该防波堤因“琼洋浦180××”轮触碰受损应属涉案保险单下的保险责任。因此，请求确认“琼洋浦180××”轮于2017年2月19日因大风走锚触碰码头防波堤导致的损失属于涉案保险单下的保险责任。

被告辩称：对“琼洋浦180××”轮于2017年2月19日因大风走锚触碰防波堤的基本事实认可。但原告诉称的防波堤损失不属于涉案保险单下的保险责任，理由是根据保险条款，构成碰撞触碰责任应当符合保险船舶在航行或捕捞作业中直接碰撞其他船舶或直接触碰码头、港口设备、航标，致使上述物体发生直接的损失和费用。本案中，涉案渔船是在锚泊的过程中被大风吹到岸边防波堤搁浅，不符合保险条款约定的船舶在航行或捕捞作业中发生触碰事故这一情形。另外，防波堤不管从定义还是功能的角度看，均与码头、港口设备、航标有着本质的区别，因此本案原告诉称的损失不构成保险责任。综上，请求依法判决驳回原告的诉讼请求。

【裁判说理】

争议焦点：（1）案涉防波堤是否属于码头的一部分；（2）涉案事故是否于在航期间发生。

青岛海事法院认为：根据涉案《舾装码头竣工图》，明显可以看出防波堤护坡属于涉案码头的一部分，在设计建造的时候便已规划，且早已竣工投入使用。国家主管机关威海市港航管理局颁发的《码头经营许可证》《港口工程竣工验收证书》皆认可了这种带有防波堤护坡的码头建造的合法性。被告于2017年5月26日给予原告的书面回复中明确认可原告提出碰撞责任项下防波堤的损失索赔权利不受影响。中国某财产保险股份有限公司沿海内河渔船保险条款（2009年版）第2条“一切险”中列明包括“碰撞触碰责任：保险船舶在航行或捕捞作业中直接碰撞其他船舶或直接触碰码头、港口设备、航标，致使上述物体发生直接的损失和费用……依法应当由被保险人承担的经济赔偿责任”，而本案属于上述列明责任之范围。综上，本案原告主张涉案事故属于被告保险责任有着相应的事实和法律依据，依法应予支持。

《1972 年国际海上避碰规则》第 3 条第 9 项明确指出：“在航”一词，指船舶不在锚泊、系岸或搁浅。中华人民共和国系该国际规则的批准国，该规则在我国应当优先适用。具体到本案，涉案“琼洋浦 180××”轮系在事故发生前因大风不得不锚泊避风，在大风推动下在走锚的过程中发生了触碰涉案码头防波堤部分的事故，属于上述国际规则中的“在航”。因此，上述事故在中国某财产保险股份有限公司沿海内河渔船保险条款（2009 年版）第 2 条“一切险”中列明的保险船舶在航行中直接触碰码头的范围之列。综上，被告主张涉案船舶没有在航行或捕捞作业中发生碰撞或触碰事故，按照保险条款的约定保险人不承担碰撞触碰责任的观点无事实和法律依据，依法不予支持。

青岛海事法院于 2018 年 12 月 18 日作出（2018）鲁 72 民初 1204 号民事判决，确认原告刘某某所属的“琼洋浦 180××”轮于 2017 年 2 月 19 日因大风走锚触碰荣成市某船舶制造有限公司码头防波堤部位导致的损失属于涉案保险单下的保险责任。该案宣判后，原告、被告皆未提起上诉或申请再审，该判决已发生法律效力。

【法官后语】

保险责任是指保险人依照保险合同对被保险人或者受益人承担的保险给付责任。通常来说，保险责任的范围由保险合同明确约定，但是因语言文字容易产生多义、歧义。因此，在现实生活中，保险人与被保险人、受益人经常会因所发生的事故是否属于保险范围而产生争议。本案就是因保险责任范围而引发的纠纷。

一般来说，码头和防波堤两者独立，通常不存在混淆或杂糅的情况，但现实中确实存在既作为码头使用，又为了防风浪而添附了一面“防波堤”结构的建筑物。对该建筑物属性的区分不应仅依据其语义或者通常的理解来进行认定，而应依据国家主管机关颁发的证书（行政审批）及施工图纸等来确定，更不能简单地看其外观表象长得像“防波堤”而认定之，以避免陷入形式上的“外观主义”。

另外，船舶因大风走锚是否属于法律上的“在航”？“在航”是否仅限于船舶航行？《1972 年国际海上避碰规则》第 3 条第 9 项明确指出：“在航”一词，指船舶不在锚泊、系岸或搁浅。中华人民共和国系该国际规则的批准国，该规则在我国应当优先适用。具体到本案，涉案“琼洋浦180××”轮系在事故发生前因大风不得不锚泊避风，在大风推动下，在走锚的过程中发生了触碰涉案码头防波堤部分的事故，应属于上述国际规则中的“在航”。因此，上述事故在中国某财产保险股份有限公司沿海内河渔船保险条款（2009年版）第2条“一切险”中列明的保险船舶在航行中直接触碰码头的范围之列。

【相关法条】

1.《中华人民共和国民法总则》（2021年1月1日废止）

第七条 民事主体从事民事活动，应当遵循诚信原则，秉持诚实，恪守承诺。

第一百七十六条 民事主体依照法律规定和当事人约定，履行民事义务，承担民事责任。

对应新法：

《中华人民共和国民法典》（2021年1月1日施行）

第七条 民事主体从事民事活动，应当遵循诚信原则，秉持诚实，恪守承诺。

第一百七十六条 民事主体依照法律规定或者按照当事人约定，履行民事义务，承担民事责任。

2.《中华人民共和国海商法》（1993年7月1日施行）

第二百一十六条 海上保险合同，是指保险人按照约定，对被保险人遭受保险事故造成保险标的的损失和产生的责任负责赔偿，而由被保险人支付保险费的合同。

前款所称保险事故，是指保险人与被保险人约定的任何海上事故，包括与海上航行有关的发生于内河或者陆上的事故。

承办人：丁启学

编写人：庄雪莉　王睿琦

8. 中国平某财产保险股份有限公司大连分公司诉津甲商事株式会社保险人代位求偿纠纷案

——保险合同相对性的法律关系认定

【合规提示】

本案系一起保险人诉第三人以代位行使赔偿请求权的保险人代位求偿纠纷。因第三人造成的保险事故发生后，保险人应该根据法律规定和合同约定及时履行其所负的赔付义务，同时，根据《海事诉讼特别程序法》第93条的规定，保险人向被保险人支付保险赔偿后，在保险赔偿范围内可以代位行使被保险人对第三人请求赔偿的权利。然而，保险人享有该代位求偿权的前提是被保险人享有对第三人请求赔偿的权利，换言之，若有权请求第三人赔偿者并非被保险人，则保险人的代位求偿权于法无据。

【案件信息】

1. 裁判文书字号

（2017）鲁72民初705号、（2017）鲁民终1904号

2. 当事人

原告：中国平某财产保险股份有限公司大连分公司

被告：津甲商事株式会社

3. 关键词

民事　海上保险合同　保险人代位求偿纠纷　合同相对性　代位请求权

【裁判要旨】

1. 对于保险人行使代位请求赔偿权利纠纷的案件，根据《最高人民法院关于审理海上保险纠纷案件若干问题的规定》，人民法院应当仅就造成保险事故的第三人与被保险人之间的法律关系进行审理。

2. 依据合同相对性原理，合同主要在特定的当事人之间产生法律约束力，

合同当事人一方只能基于合同向对方提出请求，而不能向与其无合同关系的第三人提出合同上的请求。

【基本案情】

在中国平某财产保险股份有限公司大连分公司（以下简称平某大连分公司）诉津甲商事株式会社（以下简称津甲株式会社）保险人代位求偿纠纷一案中，青岛海事法院查明案件事实如下：2012 年 11 月 5 日，津乙航运有限公司（以下简称津乙公司）与烟台鸿某船务有限公司（以下简称鸿某公司）签订《协议书》，津乙公司指定鸿某公司作为“HONG ×”轮的船舶管理人。

2012 年 12 月 17 日签发的船舶保险单载明：被保险人鸿某公司，船舶所有人津乙公司，船舶名称“HONG ×”，保险类别为船舶保险全损险，保险金额 300 万元，保险费 6 万元，本保险对全损每次事故绝对免赔率为损失金额的 15%，保险期间自 2013 年 1 月 1 日 0 时起至 2013 年 12 月 31 日 24 时止。该保险单签单公司为中国平某财产保险股份有限公司，签单地址为上海市浦东新区，平某大连分公司在该船舶保险单上加盖骑缝章。

后津乙公司（出租人）与津甲株式会社（承租人）签订《租船确认书》，该确认书显示，船名航次：“HONG ×”轮 1311 航次，货物：大约 1000 吨钢材废料，装货、卸货港：日本尼奇港一个安全泊位 / 中国石岛港一个安全泊位，受载期：2013 年 5 月 22~27 日，运费：37 000 美元，并约定：托运人、承租人、收货人应负责因核辐射、货物自燃而造成的损失。

2013 年 5 月 24 日货物装船后，津乙公司签发了 AS-1 号提单，记载：托运人津甲株式会社，收货人荣成恒某再生能源有限公司，船名“HONG ×”轮，装货港日本尼奇，卸货港中国石岛，货物为 827.9 吨混合废五金。该批货物已办理了日本海关的《出口许可通知书》；中国检验认证集团日本有限公司也作出《运往中国的废物原料装运前检验证书》，确认该批货物的环保状况符合中国国家标准。

2013 年 5 月 26 日，“HONG ×”轮在韩国海域航行时发生火灾。韩国 H 检验和公估公司接受中国平某财产保险股份有限公司上海分公司的委托，对“HONG ×”轮的船壳、机器和货物进行了检验，并作出检验报告，认为货舱火灾的原因如下：（1）大副推定船上货舱的火灾可能归因于货物自身的自燃（如电器短路、空调冷却器爆炸等），我们对大副的推定表示赞同；（2）根据目前我们的调查，除了货物自燃外，我们没有发现任何会引起火灾的事实。检验报告确认了相关费用：拖轮费 7200 万韩元、救助费 63 000 美元，并估算修理费约 80 万美元，还注明海岸警备队费用未知（因为在本报告作出期间，仍未见到发票的数额）。韩国 H 检验和公估公司持有如下证书：韩国土地、基础建设和运输部颁发的《港口运输业登记证书》，营业项目为索赔理算和评估；韩国税务局颁发的《企业纳税人登记证书》，经营项目为保险代理和损失公估。

2013 年 12 月 28 日，鸿某公司作为立书人、津乙公司作为受益人向平某大连分公司出具《赔付意向及权益转让书》，载明：兹有我单位鸿某公司投保的船舶保险全损险，保单号 1880708190007754××××，报案号 9880708190000064××××，于 2013 年 5 月 26 日发生于韩国木浦港附近货舱失火导致标的轮全损的事故。我单位同意 220 万元为该案最终赔付金额，并请求贵司将赔款转账至以下账户：李某，开户行：中国某银行烟台胜利路分理处，账号：955998026249377××××，立书人（被保险人）及受益人同意：（1）本赔款金额为本次事故的最终赔付金额，立书人不再就本次事故向前述保险人提出任何形式的索赔；（2）保险人支付以上金额的赔款后，受损保险标的的相应权利归于保险人，如保险事故是因第三方对保险标的的损害引起的，保险人自向立书人赔偿保险金之日起，在上述赔偿金额范围内依法取得代位求偿权，并可以保险人或立书人的名义向责任方追偿，立书人将提供一切必要的协助；（3）如果本保单存在受益人，则其授权上述列明账户开户人收取本次事故赔款，并且不再向保险人就本次事故主张任何索赔。2014 年 2 月 18 日，中国平某财产保险股份有限公司将 220 万元的赔款费用付至上述《赔付意向及权益转让书》中指定的个人账户内。

中国平某财产保险股份有限公司于 2017 年 9 月 5 日出具《情况说明》称：根据平某保险集团内部操作规范，各分支机构出具的保单签章均采用“中国平某财产保险股份有限公司保单专用章”，实际承保机构为各分支机构，案涉保单的实际承保机构为平某大连分公司；各保单下的保险赔款由中国平某财产保险股份有限公司先行支付，再与各分支机构进行内部核算，保险代位求偿权应由各分支机构享有并行使。

平某大连分公司提出诉讼请求：请求判令津甲株式会社赔偿平某大连分公司损失 220 万元及利息（按同期中国人民银行贷款利息计算）。

津甲株式会社辩称：（1）平某大连分公司主体不适格；（2）平某大连分

公司没有代位鸿某公司求偿的权利；（3）本案的证据不能证明津甲株式会社存在货物自燃的违约行为，也不能证明即使津甲株式会社有违约行为，违约行为与被保险人的损失之间存在因果关系；（4）即使津甲株式会社因为航次租船合同而承担违约责任，但合同中并没有约定支付赔偿金的时间，所以津甲株式会社不应当就可能的违约行为支付利息；（5）平某大连分公司既然主张代位航次租船合同当事方提起索赔，在本案事故原因不明的情况下，却始终拒不提供船舶适航方面的证据，因此，津甲株式会社请求法院驳回平某大连分公司的诉讼请求。

【裁判说理】

争议焦点：被保险人的识别。

青岛海事法院认为：本案系保险人代位求偿纠纷。《海事诉讼特别程序法》第93条规定："因第三人造成保险事故，保险人向被保险人支付保险赔偿后，在保险赔偿范围内可以代位行使被保险人对第三人请求赔偿的权利。"平某大连分公司主张津乙公司是保险合同的被保险人，其是代位津乙公司行使赔偿请求权；而津甲株式会社主张鸿某公司是被保险人。

案涉《船舶保险单》已明确记载鸿某公司为被保险人，另根据《赔付意向及权益转让书》的记载，案涉船舶保险由鸿某公司投保，且鸿某公司是有权向平某大连分公司提出索赔的立书人（被保险人），平某大连分公司支付保险赔偿金的个人账户也由鸿某公司指定，因此案涉保险合同的被保险人是鸿某公司。平某大连分公司关于津乙公司是被保险人的主张并无事实与法律依据，本院不予支持。

津乙公司作为《租船确认书》的出租人，享有对津甲株式会社的赔偿请求权。但津乙公司并非案涉保险合同的被保险人，故平某大连分公司无权代位行使津乙公司对津甲株式会社的赔偿请求权。

综上所述，平某大连分公司的诉讼请求缺乏事实与法律依据，不予支持。

一审宣判后，平某大连分公司提出上诉，山东省高级人民法院判决：驳回上诉，维持原判。

【法官后语】

对于保险人行使代位请求赔偿权利纠纷的案件，根据《最高人民法院关于审理海上保险纠纷案件若干问题的规定》，人民法院应当仅就造成保险事故的第三人与被保险人之间的法律关系进行审理。依据合同相对性原理，合同主要在特定的当事人之间发生法律约束力，合同当事人一方只能基于合同向对方提出请求，而不能向与其无合同关系的第三人提出合同上的请求。本案的审理对于维护保险市场的秩序，保障被保险人合法权益具有积极意义，有助于维护金融市场的公平与稳定。

【相关法条】

《中华人民共和国海事诉讼特别程序法》（2000 年 7 月 1 日施行）

第九十三条 因第三人造成保险事故，保险人向被保险人支付保险赔偿后，在保险赔偿范围内可以代位行使被保险人对第三人请求赔偿的权利。

承办人：李　华

编写人：李　华

9. 烟台市威某国际船舶管理有限公司诉中国某财产保险股份有限公司威海中心支公司海上保险合同纠纷案

——海上保险中被保险人的如实告知义务

【合规提示】

本案系一起海上保险合同纠纷，原告为投保人，被告为保险公司。保险船舶发生损害后，被告以原告在保险关系成立时未如实履行告知义务为由，认为双方之间的合同已经解除，进而无须理赔。保险合同成立之前，投保人和保险人会就保险标的进行详细沟通，根据法律规定，被保险人应当将相关的重要情况如实告知，但当被保险人如实告知后保险人未提出异议且收取保费的，视为保险人同意承保，一旦事故发生，保险人应尽到理赔义务，不能再以被保险人未如实告知重要情况为由请求解除合同。因此，作为投保人，应当严格按照法律的要求履行如实告知义务；作为保险人，在投保人已将重要情况告知且合同成立后，应严守契约精神，履行及时赔付义务，否则要承担违约的不利后果。

【案件信息】

1. 裁判文书字号

（2009）青海法海商初字第353号、（2011）鲁民四终字第32号

2. 当事人

原告：烟台市威某国际船舶管理有限公司

被告：中国某财产保险股份有限公司威海中心支公司

3. 关键词

民事　海上保险合同　保险利益　告知义务

【裁判要旨】

1. 在保险人与被保险人之间的保险合同合法有效的前提下，财产保险的被保险人在保险事故发生时，对保险标的具有保险利益，保险人应依照保险合同的约定按期履行赔付义务。

2. 海上保险合同订立前，被保险人应当将其知道的或者在通常业务中应当知道的有关影响保险人据以确定保险费率或者确定是否同意承保的重要情况如实告知保险人。保险人知道被保险人未如实告知重要情况，仍收取保险费或者支付保险赔偿，又以被保险人未如实告知重要情况为由请求解除合同的，人民法院不予支持。

3. 保险人未及时履行赔偿或支付保险金义务的，除支付保险金以外，还应当赔偿被保险人或投保人因此受到的损失。

【基本案情】

“润某”轮，钢质，远洋散货船，船旗国为柬埔寨，船舶所有人为鸿某船务有限公司，原告为该轮的船舶经营管理人。该轮《船舶国籍证书》载明其于1990年由中国福建闽东申某船舶工程有限公司建造。

2008年8月25日，原告就该轮向被告投保，在向被告递交《船舶保险投保单》的同时，提供了“润某”轮的《船舶国籍证书》。被告接受申请后

于当日签发《远洋船舶保险单》。被告当时对“润某”轮《船舶国籍证书》与《船舶保险投保单》记载的建造地点的不一致未提出异议。2009年4月19日，“润某”轮发生保险事故，青岛海沣某保险公估有限公司接受委托登船检查并作出损失核定报告，后经原告与被告协商，被告赔付原告人民币7万元。

2009年8月25日，上述保险合同到期，双方决定续保，续保时被告未要求原告填写投保单和提供相关证明材料。2009年8月24日，被告向原告签发《远洋船舶保险单》。

2009年9月11日16时，“润某”轮第0912航次自日本衣浦港装废钢2313吨开航，目的港韩国浦项。航行过程中，发生抛锚事故。原告随即向被告报案，9月17日10：25，被告委托的检验师登船检验，13：05离船。

原告烟台市威某国际船舶管理有限公司诉称：该事故属于被告签发的《远洋船舶保险单》中“远洋船舶一切险”的承保范围。但原告提出理赔要求后，被告无故拒绝赔偿。原告起诉请求被告赔偿其经济损失人民币200万元并承担本案诉讼费用。诉讼中，原告申请对事故原因和损失进行鉴定。2010年5月10日，原告依据鉴定报告申请变更诉讼请求，请求判令被告支付保险赔款5 716 063.81元及利息，并承担诉讼费用。

被告中国某财产保险股份有限公司威海中心支公司辩称：（1）原告在投保时未尽告知义务，原告告知被告该轮系日本制造，但据国际海事组织发布的取消“润某”轮IMO号的函件，“润某”轮建造年份及建造地不详，而且我们发现鉴定报告所附的船舶证书显示，船舶建造地是福建。因此，被告已经通知原告解除合同，对于合同解除前发生的保险事故无须承担责任。（2）本次事故完全是船舶不适航、原告管理混乱、船舶保养不周所致，不应由被告承担责任。（3）原告所主张的损失依据的鉴定报告，鉴定方法不全面，依据不充分，且存在大量的矛盾和错误，应予重新鉴定。（4）原告主张的损失数额存在大量没有依据的虚报和不属于保险责任内的损失，也未扣除免赔额。

【裁判说理】

争议焦点：（1）原告是否具有保险利益；（2）保险合同的效力及保险合同是否已解除；（3）本次事故是否属于保险责任范围；（4）损失的认定及被告应承担的赔偿数额。

青岛海事法院认为：

一、原告是否具有保险利益

根据原告与“润某”轮船舶所有人签订的船舶代管协议和经营管理协议，原告是该轮的船舶经营管理人。原告以自己的名义与被告签订了《远洋船舶保险单》，原告是投保人也是被保险人。依据《保险法》第12条的规定，原告是“润某”轮《代管协议书》和《经营管理协议书》项下的船舶经营管理人，是《远洋船舶保险单》的被保险人，依法对保险标的具有法律上承认的利益。因此，原告依法享有保险利益。

二、保险合同的效力及保险合同是否已解除

《海商法》第222条规定：“合同订立前，被保险人应当将其知道的或者在通常业务中应当知道的有关影响保险人据以确定保险费率或者确定是否同意承保的重要情况，如实告知保险人。保险人知道或者在通常业务中应当知道的情况，保险人没有询问的，被保险人无需告知。”2008年8月25日，原告第一次向被告投保时，原告毫无隐瞒地向被告提供了《船舶保险投保单》和《船舶国籍证书》，将被告提出的质疑点如实明确地书面展示给被告，原告没有隐瞒的故意。被告没有对建造地点提出任何异议，在第一个保险年度内，2009年4月19日“润某”轮发生保险事故，被告顺利给予赔付。2009年8月25日，在第二个保险年度原告续保时，被告未要求原告填写投保单和提供相应的附件并再次承保，并未提出质疑，而是顺利承保，原告与被告签订的《远洋船舶保险单》合法有效。上述情况足以说明被告对“润某”轮的情况是清楚的，对投保单和国籍证书上关于船舶建造地点的填写差异并无异议或认为不属于重要情况，应认定原告与被告签订的《远洋船舶保险单》合法有效。书面告知也是一种告知形式，对两者的差异被告没有提出异议，就证明被告没有异议，被告认为原告未履行告知义务的主张不成立，本院不予支持。

《最高人民法院关于审理海上保险纠纷案件若干问题的规定》第4条规定：“保险人知道被保险人未如实告知海商法第二百二十二条第一款规定的重要情况，仍收取保险费或者支付保险赔偿，保险人又以被保险人未如实告知重要情况为由请求解除合同的，人民法院不予支持。”被告于2008年8月25日承保“润某”轮并在出险后支付了保险赔款，2009年8月25日续保，本案事故发生在第二个保险年度内。因此，被告以原告未如实告知为由请求解除合同的理由不成立，本院不予支持。

三、本次事故是否属于保险责任范围

“润某”轮主机事故是专业技术性较强的船舶工程保险事故。正因如此，本院应原告的申请并征得被告同意，委托大某公司对“润某”轮事故的原因及损失进行司法鉴定，大某公司聘请了在轮机工程领域具有权威性的专家教授参与鉴定。鉴定意见中（1)(2）认定的事故原因证明，本次事故发生前主机运转是正常的，曲轴损坏属突发性机损事故，是难以预见的，不属于自然磨损或锈蚀造成的事故。经查看“润某”轮的船舶法定检验证书证明，所有证书合格有效，证明船舶是适航的。鉴定意见证明本次事故是船长、船员的疏忽行为导致的，依据原告和被告签订的远洋船舶保险合同约定，船员有意损害或疏忽行为造成被保险船舶损害的，保险人应当承担赔偿责任。本院认为，鉴定报告对事故的原因分析和事故的鉴定意见是科学、客观、合理的，应当作为本案事故原因和损失认定的依据。本次事故属于被告的承保范围。

依据《海商法》第 242 条、第 244 条的规定，保险人对被保险人故意造成的损失、船舶开航时不适航和船舶自然磨损或锈蚀造成的损失不负赔偿责任，本案被告不能证明被保险人和船舶存在上述问题，因此，被告不具有免除责任的法定事由，应当对原告的损失承担赔偿责任。

四、损失的认定及被告应承担的赔偿数额

1. 被告对鉴定报告中共同海损理算提出疑问，认为鉴定人不具有共同海损理算资格。大某公司的经营范围和鉴定人的执业范围证明，鉴定单位和鉴定人具有对保险标的出险后查勘、检验、估损及理算的职能。因此，大某公司和鉴定人具有对本次保险事故进行鉴定的资质和资格，也具有对本次事故损失进行检验、估损和理算的资格。

鉴定报告所列共同海损费用，主要是船舶遇险后发生的代理费、检验费和临时维修、维持等费用，该部分费用虽然在鉴定报告中被列为共同海损，但从费用内容看，是原告在事故发生地为防止或减少损失，对“润某”轮发生事故后进行临时检验、维修和防止、减少损失而付出的合理费用。鉴定人按照共同海损理算规则计算方法对上述各项费用进行计算，本质上是对保险事故损失数额的核算，认定的损失项目和数额明确，事实、理由讲述清楚，核算准确，证据充分，应予认定。原告与被告签订的《远洋船舶保险单》约定发生共同海损应当按照《中国国际贸易促进委员会共同海损理算暂行规则》或其他类似规则规定办理，并没有约定要由专门的理算机构理算，根据《中国国际贸易促进委员会共同海损理算暂行规则》第 8 条的规定，为了减少各方负担，提高工作效率，共同海损理算应尽量简化，避免烦琐的手续和计算，简明扼要，便于执行。对于案情简单的案件，可以作简易理算。本案鉴定人按照上述规定做出理算合法合理。被告的主张不成立。

2. 被告对施救费用提出疑问，认为原告单方决定将“润某”轮拖带回中国扩大了损失数额，且拖带费用过高。本院认为，“润某”轮在韩国发生事故后，失去自航能力，如果在韩国维修，维护费用和维修成本要高于在国内维修发生的费用。如聘请专业拖带公司进行拖带，烟台打捞局报价费用为人民币 120 万元，韩国拖船拖带费用更高，原告选择自有的“盛某”轮将“润某”轮拖带回国维修的决定符合当时的实际情况，也符合降低损失的基本原则。鉴定报告参考专业拖带公司的报价，考虑到非专业船舶拖带的风险，在正常消耗和收益之外再给船东在救助拖带期间增加净收益 5 倍的额外补偿人民币 283 175.7 元是客观合理的。被告质疑不成立。

3. 被告对维修费用提出疑问，认为鉴定人对曲轴等设备的价格核定应参考多家公司和二手市场的报价。本院认为，曲轴型号因船而异，新货需要预订加工，市场上很难找到同型号配套的二手货。更换的设备是特定厂家生产的，曲轴、主轴承和连杆是一整套设备，出现损坏需要整套更换，报价、购买和供货需整套提供。因此，鉴定人向该设备的生产厂家询价确定设备价格是正确的。

4. 被告认为维修费用不属于保险赔偿范围，维持期间 11 个月明显过长。本院认为，根据《保险法》第 23 条的规定，保险人未及时履行支付保险金义务的，除支付保险金以外，还应当赔偿被保险人或投保人因此受到的损失。本案被告没有按照保险合同的约定及时履行保险人的义务，并拒绝支付保险赔偿金，从而引起本案的诉讼、鉴定，导致船舶不能及时维修、长期处于停运状态，造成原告船期损失，根据法律规定被告应当对此项损失给予赔偿。关于 11 个月的船期损失，鉴定报告已释明得很清楚，本案的鉴定时间 5 个月；曲轴、主轴、连杆等备件没有现成配件，只能进行订货重新加工，根据鉴定人咨询日本某公司的报价，加工供货周期约需 4 个月；主机的曲轴更换需要上坞，对轻油舱壁开孔，机身和曲轴出舱、回舱及上坞等需要 2 个月左右。船舶投入营运前需由修理厂家试车、试航，初步试航正常后，还要邀请船舶检验的主管部门试航检验，试航合格，主管部门换发船舶检验证书后才能重新投入生产经营。因此本院认为，鉴定报告鉴定的船期损失 11 个月是实事求是的，也是严谨、慎重和合理的。

本院认为，大某公司做出的鉴定报告，经本院司法鉴定中心组织的对鉴定报告草稿的书面质证和经本院庭审时当事人对鉴定报告及附件和补充附件的质证、认证证明，大某公司是评估保险事故损失的专业机构，鉴定人根据本案的事实、证据和自己的经验，对事故的鉴定项目、产生过程、事故性质、损失由来、计算过程、认定的依据和理由，实事求是地作出了科学、详细、全面、客观、公正的论证、认定和说明。大某公司出具的鉴定报告应当作为认定本次事故的重要依据。被告虽然对鉴定报告提出了诸多疑问，但没有举证支持自己的主张和疑问，被告质疑鉴定报告的主张本院不予采纳。

本案在审理过程中，被告向本院提出重新鉴定申请，要求“润某”轮机损事故重新鉴定。本院认为，依据《最高人民法院关于民事诉讼证据的若干规定》第 27 条的规定，本院委托大某公司作出的鉴定报告，不存在重新鉴定的条件，被告也没有举证证明鉴定报告存在第 27 条规定的情形，被告提出重新鉴定的理由不成立，驳回被告重新鉴定的申请。

本案在审理过程中，被告向本院提出对《船舶月度维修保养卡》保养人的签字、《轮机日志》值班人的签字进行笔迹鉴定。本院认为，鉴定报告鉴定“润某”轮在本次事故前主机运行一切正常，曲轴损坏属突发机损事件，说明该轮在本次事故前的船舶维修和保养等一切工作是正常的。另外，依据原告和被告签订的船舶保险合同的约定，船员有意或疏忽行为造成船舶损害的，保险人应当承担赔偿责任，如果船舶维修保养人员和轮机值班人员签字出现错误，也属于船员的有意或疏忽行为造成，也应当由保险人负责赔偿，被告提出笔迹鉴定的理由不成立，驳回被告笔迹鉴定的申请。

2011 年 1 月 19 日，青岛海事法院作出（2009）青海法海商初字第 353 号民事判决书，判决：一、被告中国某财产保险股份有限公司威海中心支公司向原告烟台市威某国际船舶管理有限公司支付保险赔偿金人民币 5 144 673 元；二、驳回原告烟台市威某国际船舶管理有限公司的其他诉讼请求。

中国某财产保险股份有限公司威海中心支公司不服一审判决，向山东省高级人民法院提起上诉。经审理，山东省高级人民法院于 2011 年 6 月 24 日作出（2011）鲁民四终字第 32 号民事判决书，判决驳回上诉，维持原判。

【法官后语】

海上保险合同作为合同的一种，有着与其余合同一样的成立、生效、履行要件，但其射幸合同的性质，也决定了海上保险合同在上述过程中具有的特殊性。本案纠纷系因保险标的发生赔付事由而保险人拒不赔付形成，法院的审理过程，正揭示出了双方当事人在海上保险合同从“从生到死”的每一个节点所承担的关键义务，以及义务违反后招致的法律责任。

一、合同订立前被保险人的如实告知义务

诚信原则是我国民法领域的一项基本原则，海上保险合同由于其自身的特殊性，对诚信有着更高的要求。在海上保险法中，最大诚信原则是核心原则，是诚信原则在海上保险法领域内最具特色的体现。

海上保险的告知义务制度是最大诚信原则的具体体现，是被保险人在合同订立过程中应当履行的先合同义务。与之相对应的是保险人的说明义务。我国《海商法》第222条明确规定了被保险人的告知义务，即“合同订立前，被保险人应当将其知道的或者在通常业务中应当知道的有关影响保险人据以确定保险费率或者确定是否同意承保的重要情况，如实告知保险人。保险人知道或者在通常业务中应当知道的情况，保险人没有询问的，被保险人无需告知”。据此，海上保险的被保险人应在合同订立之前，将与保险人承保决策相关的重要情况如实告知。

既然是法定义务，那么不履行告知义务必会招致一定的法律后果。根据《海商法》第223条之规定，若被保险人系出于故意而未将重要情况如实告知，保险人有权解除合同，并不退还保险费。合同解除前发生保险事故造成损失的，保险人不负赔偿责任。若被保险人并非故意，保险人有权解除合同或者要求相应增加保险费。保险人解除合同的，对于合同解除前发生保险事故造成的损失，保险人应当负赔偿责任；但是，未告知或者错误告知的重要情况对保险事故的发生有影响的除外。此外，根据《最高人民法院关于审理海上保险纠纷案件若干问题的规定》第4条的规定，若保险人知道被保险人未如实告知重要情况，仍收取保险费或者支付保险赔偿，保险人又以被保险人未如实告知重要情况为由请求解除合同的，人民法院不予支持。

因此，保险人与被保险人在订立海上保险合同时，应当遵循诚信原则，按照法律规定如实履行告知或说明义务，保证合同效力。

二、合同履行中保险人的按时理赔义务

理赔义务是保险合同中的核心义务。无论是《保险法》第23条还是《海商法》第237条，都明确当保险事故发生时，保险人应当及时核定损失并向被保险人支付保险赔偿金。逾期支付的，应当承担违约责任，除向被保险人支付保险金外，应当赔偿被保险人或者受益人因此受到的损失。

本案中，作为被保险人的原告在第一次向被告投保时，已毫无隐瞒地向被告提供了《船舶保险投保单》和《船舶国籍证书》，将被告提出的质疑点如实明确地书面展示给被告，原告没有隐瞒的故意，可视为已经履行了法定告知义务。被告没有对船舶的建造地点提出任何异议并与原告签订保险合同，视为已经认可了原告船舶建造地点与国籍不一致的情况，因此被告无权以原告未履行告知义务为由解除合同。

【相关法条】

1.《中华人民共和国海商法》（1993年7月1日施行）

第二百二十二条 合同订立前，被保险人应当将其知道的或者在通常业务中应当知道的有关影响保险人据以确定保险费率或者确定是否同意承保的重要情况，如实告知保险人。

保险人知道或者在通常业务中应当知道的情况，保险人没有询问的，被保险人无需告知。

第二百三十七条 发生保险事故造成损失后，保险人应当及时向被保险人支付保险赔偿。

第二百四十二条 对于被保险人故意造成的损失，保险人不负赔偿责任。

第二百四十四条 除合同另有约定外，因下列原因之一造成保险船舶损失的，保险人不负赔偿责任：

（一）船舶开航时不适航，但是在船舶定期保险中被保险人不知道的除外；

（二）船舶自然磨损或者锈蚀。

运费保险比照适用本条的规定。

2.《中华人民共和国保险法》（2009年2月28日修订）

第十二条 人身保险的投保人在保险合同订立时，对被保险人应当具有保险利益。

财产保险的被保险人在保险事故发生时，对保险标的应当具有保险利益。

人身保险是以人的寿命和身体为保险标的的保险。

财产保险是以财产及其有关利益为保险标的的保险。

被保险人是指其财产或者人身受保险合同保障，享有保险金请求权的人。投保人可以为被保险人。

保险利益是指投保人或者被保险人对保险标的具有的法律上承认的利益。

第二十三条 保险人收到被保险人或者受益人的赔偿或者给付保险金的请求后，应当及时作出核定；情形复杂的，应当在三十日内作出核定，但合同另有约定的除外。保险人应当将核定结果通知被保险人或者受益人；对属于保险责任的，在与被保险人或者受益人达成赔偿或者给付保险金的协议后十日内，履行赔偿或者给付保险金义务。保险合同对赔偿或者给付保险金的期限有约定的，保险人应当按照约定履行赔偿或者给付保险金义务。

保险人未及时履行前款规定义务的，除支付保险金外，应当赔偿被保险人或者受益人因此受到的损失。

任何单位和个人不得非法干预保险人履行赔偿或者给付保险金的义务，也不得限制被保险人或者受益人取得保险金的权利。

对应新法：

《中华人民共和国保险法》（2015 年 4 月 24 日修正）

第十二条 人身保险的投保人在保险合同订立时，对被保险人应当具有保险利益。

财产保险的被保险人在保险事故发生时，对保险标的应当具有保险利益。

人身保险是以人的寿命和身体为保险标的的保险。

财产保险是以财产及其有关利益为保险标的的保险。

被保险人是指其财产或者人身受保险合同保障，享有保险金请求权的人。投保人可以为被保险人。

保险利益是指投保人或者被保险人对保险标的具有的法律上承认的利益。

第二十三条 保险人收到被保险人或者受益人的赔偿或者给付保险金的请求后，应当及时作出核定；情形复杂的，应当在三十日内作出核定，但合同另有约定的除外。保险人应当将核定结果通知被保险人或者受益人；对属于保险责任的，在与被保险人或者受益人达成赔偿或者给付保险金的协议后十日内，履行赔偿或者给付保险金义务。保险合同对赔偿或者给付保险金的期限有约定的，保险人应当按照约定履行赔偿或者给付保险金义务。

保险人未及时履行前款规定义务的，除支付保险金外，应当赔偿被保险人或者受益人因此受到的损失。

任何单位和个人不得非法干预保险人履行赔偿或者给付保险金的义务，也不得限制被保险人或者受益人取得保险金的权利。

3.《最高人民法院关于审理海上保险纠纷案件若干问题的规定》(2007年1月1日施行)

第四条 保险人知道被保险人未如实告知海商法第二百二十二条第一款规定的重要情况，仍收取保险费或者支付保险赔偿，保险人又以被保险人未如实告知重要情况为由请求解除合同的，人民法院不予支持。

对应新法：

《最高人民法院关于审理海上保险纠纷案件若干问题的规定》(2020年12月29日修正)

第四条 保险人知道被保险人未如实告知海商法第二百二十二条第一款规定的重要情况，仍收取保险费或者支付保险赔偿，保险人又以被保险人未如实告知重要情况为由请求解除合同的，人民法院不予支持。

承办人：潘心苏

编写人：刘　昭　葛晓琳

10. 中国船东互保协会诉中国某青岛公司海上保赔合同纠纷案

——船东与船东互保协会保险合同构成

【合规提示】

本案系一起海上保赔合同纠纷案件，船东与船东互保协会对合同内容产生纠纷。船东互保协会实行会员制。船东与协会之间的保险合同的构成，不仅是协会保险条款，还包括每年签署的入会证书，以及在续保前协会发出的续保通报。这些条款共同决定了船东入会的会费内容及数额。对于作为会员的船东而言，应当关注所有构成保险合同的文件和条款，这些文件影响着船东的会费计算等各项权益。

【案件信息】

1. 裁判文书字号

（2002）青海法海商初字第96号、（2003）鲁民四终字第6号

2. 当事人

原告：中国船东互保协会

被告：中国某青岛公司

3. 关键词

民事　海上保险合同　拖欠会费　保险条款理解

【裁判要旨】

船东与船东互保协会每年签署的入会证书、续保通报与协会保险条款，共同构成双方保险合同的约定内容。

【基本案情】

原告中国船东互保协会（以下简称互保协会）诉称：1996年4月26日，经被告申请并由原告核准后，被告成为协会会员。依据双方的协议，原告对被告所有的“青油 ×”“泰某”两艘船舶承担赔偿责任，同时，被告也应承担相应的交纳会费的义务。被告于2000年2月20日退会，根据互保协会章程规定，被告在1999年应当交纳58 003.45美元会费，但被告至今只交纳了31 692.57美元，尚欠“青油 ×”轮会费23 310.88美元未交纳。为此请求法院判令被告交纳拖欠的会费23 310.88美元及利息损失（利息按保险条款及董事会决议中的计算方法计算至2002年7月30日），并判令被告承担本案的诉讼费用。

被告中国某青岛公司（以下简称青岛公司）辩称：（1）“青油 ×”于1996年4月26日入会，于2000年2月20日退会，该轮的会费已交纳，不欠会费；（2）原告没有预先通知被告会费包括退会免责费，因此被告无须交

纳退会免责费；（3）原告的诉讼请求超过2年的时效；（4）原告的利息请求显失公平，利率过高，应予调整。

“青油 ×”系被告青岛公司所有，于1996年4月26日加入原告互保协会，原告向被告出具了入会证书，接纳被告为其会员。此后原告在1997年2月20日、1998年2月20日、1999年2月20日均向被告的入会船舶“青油 ×”出具入会证书。2000年2月20日“青油 ×”退出互保协会。入会证书载明该证书与协会现行保险条款组成原、被告之间的保险合同。根据协会保险条款，原告对被告的入会船舶承担赔偿责任，被告应向原告交纳会费，包括预付会费、追加会费、巨灾会费、退会免责会费。预付会费由协会经理部与投保人在船舶申请入会时，或在保险年度开始前，根据船舶登记总吨、船龄、船型、船舶技术状况、营运特点、保险险别以及历年保险赔付状况等因素商定。在每一保险年过后（但不得在保险年度关账以后），董事会可以决定对该保险年度向会员征收一次或数次追加会费。追加会费由董事会确定一个对净预付会费的百分比例来计算收取。董事会可在任意保险年度结束后的某天宣布该保险年度关账。协会经理部可以以自己的判断评估会员在退会停保时应付的退会免责费。会员应按经理部指定的日期、付款方式和费率交纳预付会费、追加会费和巨灾会费。如果会员在经理部指定的付费日期前未交纳应付的全部或部分保费或任何欠款，该会员应该向协会支付其应付而未付的款额的利息，利息的计算以董事会决定的利率从指定付费日期起（含该日）算至会费实际支付日。协会规定的保险期为一年，保险年度自2月20日12时起到翌年2月20日12时止。在保险年度中入会的船舶，保险期从入会证书上载明的入会时间开始至该保险年度结束时止。在任何保险年度中，经理部根据协会的赔付情况和国际保险状况可决定在下一保险年度中对所有加入本协会的船舶的会费费率普遍增长某个百分点。如果经理部在某保险年度的12月20日前，已将增长会费费率的决定通知了会员，那么保险期间以该确定的百分比变更入会船的会费费率条件直到下一保险年度，入会船舶的入会条款也应被视为随之作了变更。

1996年12月18日，协会经理部作出中船保保字［1996］第029号文件《关于1997/1998保险年度续保工作的通报》，通报载明：1997/1998保险年度普增率为5%，在普调的基础上再根据各会员公司近几年的赔付率调整1997/1998保险年度的预付会费费率。1997/1998保险年度协会退会免责费率为当年预付会费的30%。

1997年12月18日，协会经理部作出中船保保字［1997］第031号文件《关于1998/1999保险年度续保工作的通报》，通报载明：1998/1999保险年度预付会费普增率为0%，协会免责会费为当年预付会费的30%。

1998年12月18日，协会经理部作出中船保保字［1998］第048号文件《关于1999/2000保险年度续保工作的通报》，通报载明：1999/2000保险年度预付会费普增率为5%，免责会费比率为30%。

1999年11月29日协会经理部作出中船保保字［1999］第030号文件《关于宣布1996/1997保险年度追加会费的通知》，通知载明：1996/1997保险年度追加会费为15%，交费日期为2000年1月20日，保留该保险年度开账。交纳了以上会费的船舶退会时，还需交纳1996/1997年度的免责会费12%。

被告已就“青油×”足额交纳1996/1997保险年度预付会费16 637.67美元、1997/1998保险年度预付会费21 254.63美元、1998/1999保险年度预付会费21 254.63美元、1999/2000保险年度预付会费为20 242.50美元。依照上述通知及通报，1996/1997保险年度追加会费为3918.90美元，退会免责费为1996.52美元，1997/1998保险年度退会免责费为6376.39美元，1998/1999保险年度退会免责费为6376.39美元，1999/2000保险年度退会免责费为6072.75美元。

原告曾于2001年3月1日、2001年9月26日多次发传真向被告催交追加会费及免责会费。2002年2月7日，被告向原告发传真，确认：根据《关于宣布1996/1997保险年度追加会费的通知》，尚欠原告1996年追加会费3918.90美元；根据《关于1999/2000保险年度续保工作的通报》，尚欠原告退会免责会费6072.75美元。2002年2月9日，被告向原告发传真请求原告酌情减免全部或部分追加会费（免责会费），并作出了还款计划。2002年6月13日，被告再次向原告发传真提出还款方案和请求减免方案。协会三届三次董事会于1992年5月向各会员发出决议通函，要求自入会船申请入会获批准之日起三个月内会员必须交足保费，超期未付者，经理部有权终止其保险并令其补交退会免责费，或经经理部同意由其补交退会免责费及延付期间未交部分保费的银行利息（年利率为7%）。

【裁判说理】

争议焦点：船东与船东互保协会之间的保险合同约定的内容如何认定。

原告互保协会接纳被告青岛公司为会员，并为被告的“青油 ×”逐年签发了入会证书，则入会证书与协会现行保险条款，共同构成了原、被告间的保险合同，该保险合同是双方当事人间真实意思表示，应受法律保护。

协会保险条款中明确规定会员应向协会交纳入会船的预付会费、追加会费、退会免责会费。

协会经理部《关于宣布 1996/1997 保险年度追加会费的通知》中明确通知各协会会员，协会董事会决定的 1996/1997 保险年度追加会费为 15%，交费日期为 2000 年 1 月 20 日，且被告于 2002 年 2 月 7 日也向原告发传真确认欠付原告 1996/1997 保险年度追加会费 3918.90 美元。因此，被告应向原告支付追加会费 3918.90 美元。另据此通知，被告还需向原告交纳 1996/1997 保险年度退会免责费 1996.52 美元。

协会经理部《关于 1999/2000 保险年度续保工作的通报》中明确通知各协会会员退会免责费为 30%。则“青油 ×”1999/2000 保险年度预付会费的 30% 为 6072.75 美元，且被告于 2002 年 2 月 7 日也向原告发传真确认欠付原告该保险年度上述退会免责费。因此被告应向原告支付 1999/2000 保险年度退会免责费 6072.75 美元。

尽管被告声称交纳预付会费的依据是入会证书上所载明的船舶总吨与保费费率之积，但又承认只有交纳了预付会费后，原告才会给入会船签发入会证书的说法。因此，被告交纳预付会费的依据不可能是入会证书。原告主张其已将上述续保通报在每一年度被告续保之前通知了被告，被告予以否认，被告不能提供其按原告交费账单载明数额交纳预付会费的依据，因此本院认为，上述续保通报在被告每一年度续保之前均已收到，原告以上述续保通报为依据要求被告支付 1997/1998 保险年度、1998/1999 保险年度免责会费并无不当，原告应据此向被告支付上述两个保险年度的免责会费共计 12 752.78 美元。

就被告欠付的上述费用，原告曾于 2001 年 3 月 1 日、2001 年 9 月 26 日向被告发传真催交，被告于 2002 年 2 月 7 日确认了部分费用并同意付款，于 2002 年 2 月 9 日又要求原告酌情减免部分费用并作出了还款计划。因此原告的诉讼请求并未超过诉讼时效，被告有关原告的诉讼请求超过诉讼时效的主张不予支持。

保险条款中明确约定，会员若在指定的日期前未支付任何欠款，则应按董事会决定的利率来计算利息。此条款的规定实质上为逾期付款违约金的约定。而董事会决定的利率为 7%，则会员应按此交纳逾期付款违约金。原告有关利率过高应予降低的主张，本院不予支持。追加会费的应支付日期为 2000 年 1 月 20 日，所有的退会免责费的应支付日期为 2000 年 2 月 20 日，计算至原告主张的 2002 年 7 月 30 日止，逾期付款违约金应为 4053.61 美元。

2002 年 12 月 16 日，青岛海事法院作出（2002）青海法海商初字第 96 号民事判决书，判决被告向原告支付欠付会费 23 310.88 美元、逾期付款违约金 4053.61 美元。被告不服该判决，上诉到山东省高级人民法院，认为一审判决将原告关于利息的主张变更为逾期付款违约金超出了原告的诉讼请求范围；且原告保险条款约定的会费形式仅有预付会费、追加会费和巨灾会费，不包括退会免责会费，一审认定错误。

山东省高级人民法院经审理认为：一审判决被告缴纳退会免责会费有合同依据，但将原告主张的利息变更为逾期付款违约金没有依据，应予纠正。山东省高级人民法院于 2003 年 3 月 22 日作出（2003）鲁民四终字第 6 号民事判决书，纠正“逾期付款违约金 4053.61 美元”为“按银行同期利率支付利息”。

【法官后语】

本案具有较强的时代性，是一起拖欠会费纠纷，是当年才会有的贴切于案件主要争议内容的概括。此类案件也极少见。

船东互保协会实行会员制。船东与船东互保协会之间成立会员与协会之间的保险合同关系，船东入会需要被批准，并交纳会费。这区别于保险公司与保险相对人之间成立的商业保险合同关系，保险相对人交纳的为保险费。因此，拖欠会费是船东与协会之间所特有的纠纷。审理此类纠纷首先要认识到上述合同关系与商业保险合同关系之间的区别。

本案中，确认了船东与协会之间的保险合同内容的构成，不仅包括协会保险条款，还包括每年签署的入会证书，以及在续保前协会发出的续保通报。这些条款共同决定了船东入会的会费内容及数额。

【相关法条】

《中华人民共和国民法通则》（2021年1月1日废止）

第一百零六条 公民、法人违反合同或者不履行其他义务的，应当承担民事责任。

公民、法人由于过错侵害国家的、集体的财产，侵害他人财产、人身的，应当承担民事责任。

没有过错，但法律规定应当承担民事责任的，应当承担民事责任。

对应新法：

《中华人民共和国民法典》（2021年1月1日施行）

第一百七十六条 民事主体依照法律规定或者按照当事人约定，履行民事义务，承担民事责任。

承办人：刘小娜

编写人：郭俊莉

11. 中国某研究所诉某财产保险有限公司青岛市市北区第二支公司海上保险合同纠纷案

——保险单记载与投保意思表示不一致时海上保险合同标的之认定

【合规提示】

本案系一起海上保险合同纠纷案件，保险公司与投保人就保险合同标的产生纠纷。本案中保险单系根据投保单制作，投保单系保险公司业务员根据投保人投保要求填写，但填写错误。本案认定：虽然保险单与投保单记载一致，但与投保意思表示不一致时，海上保险合同标的应以投保意思表示为准。对于保险公司而言，应当严格培训保险业务人员代填投保单等相关业务，因保险业务人员的疏忽造成的后果都将由保险公司承担。对于投保人而言，在保险业务人员代填投保单后，应当认真审查，因审查不力造成填写错误将会引发不必要的诉讼并产生额外的负担和损失。

【案件信息】

1. 裁判文书字号

（1999）青海法海商初字第52号

2. 当事人

原告：中国某研究所

被告：某财产保险有限公司青岛市市北区第二支公司

3. 关键词

民事　海上保险合同　标的认定

【裁判要旨】

虽然保险单与投保单记载一致，但与投保人的投保意思表示不一致时，海上保险合同标的应以投保意思表示为准。

【基本案情】

为完成南海季风考察项目，原告于1998年4月6日向被告提出投保要求，原告已表明原告所要投保的是“温、盐、深探头及采水系统一套”，这套仪器包括CTD探头和ROSSETE一套，CTD探头编号为SBE9P/US S/N91941，ROSSETE编号为S/N09P8364-0334，在书写ROSSETE时将T写成了“十”，且表明了保险期为1998年4月28日至7月1日，保险金额为52万元。被告收到了原告投保要求后，被告业务员卫某以另一业务员胡某红的名义于1998年4月30日即填写了一份沿海内河船舶保险的投保单，该投保单即将“科学×号”作为保险标的，保险金额为52万元，将原告投保的仪器填写在保险条件中，将ROSSETE写成了“Rossefe”，保险期间为1998年5月1日0时至7月30日24时，该投保单由原告加盖了“中国某研究所船务处”印章。1998年4月30日由被告依据前述投保单出具了一份沿海内河船舶保险的保险单，编号为0000136。该保险单表明的是“科学×号”为保险标的，把原告所要求投保的仪器名称、编号填写在应当填具保险责任范围的保险条件栏目内容中，原告收到了由被告签发的保险单，原告即向被告交清了保险费

9759.75 元。

原告所属“科学 × 号”已在某财产保险有限公司青岛分公司（被告上级单位）投保，某财产保险有限公司青岛分公司对“科学 × 号”是按中国人民保险公司船舶保险条款（1986 年 1 月 1 日）中的一切险进行承保的。被告递交的代理词中主张原告对仪器的投保是船舶保险后加保仪器，仪器的保险应适用船舶保险条款。

原告于 1998 年 8 月 28 日以投保仪器因不明物而丢失向被告提出索赔请求，被告于 1998 年 9 月 9 日以原告投保险种为沿海内河船舶险而仪器丢失不构成保险事故，因此拒绝赔偿。

原告诉称：原告所属“科学 × 号”上的船舶测量仪器 CTD 和 ROSETTE（后更正为 ROSSETE），于 1998 年 4 月由被告承保，保险金额为人民币 52 万元整。1998 年 7 月 8 日“科学 × 号”在执行海上考察项目过程中，因水下不明物使船舶测量仪器 CTD 和 ROSETTE（后更正为 ROSEETE）在被挂断钢缆后掉入海中，原告随即向被告提出索赔，但被告无理拒绝，请求判令被告支付原告保险赔偿金人民币 52 万元及相应利息，并要求被告承担本案诉讼费用。

被告辩称：1998 年 4 月 30 日原告同被告就“科学 × 号”船（包括船上 CTD 及 ROSSETE 测量仪器各一套）订立海上保险合同，约定《沿海、内河船舶保险条款（1996 年 7 月）》及保单载明的条件为合同内容。原告诉讼中所称“CTD”及“ROSETTE”两仪器均非保险合同约定的保险标的范围，原告诉称灭失的 CTD 和 ROSETTE 两套仪器均非保险合同约定的保险事故所致，被告不负赔偿责任。

【裁判说理】

争议焦点：保险单记载与投保意思表示不一致时海上保险合同标的之认定。

青岛海事法院认为：原告在提出投保要求时已明确了投保的标的是“温、盐、深探头及采水系统一套”，投保期间也是明确的，保险金额是确定的，即 52 万元人民币，对原告上述投保要求被告在接受时因已迟于原告保险要求保险期间起始日两日，保险期间也就相应缩短了两天，被告对已接受的原告投保要求的一致内容即构成保险合同的主要内容。原告在书面表明对仪器投保要求时虽未写明投保的保险责任范围，但原告所投保仪器是“科学 × 号”的随船仪器，原告对“科学 × 号”随船仪器在同一保险人处进行加保，被告作为保险人是在明知“科学 × 号”船舶保险情况基础上同意接受该船随船仪器的加保，在无相反证据条件下，对加保仪器的保险责任视为按船舶（“科学 × 号”）保险合同中相应的保险责任条件所确定的保险责任范围，即被告对原告所投保的仪器的保险责任应按中国人民保险公司船舶保险条款（1986 年 1 月 1 日）的一切险来确定，这一内容是构成保险合同的重要内容。被告作为保险人接受原告所提出保险要求时意思表示一致，保险合同成立的主要内容和条件已具备，据此本院认为原、被告之间就仪器加保保险合同成立。

被告接受原告投保要求时已知原告所投保的标的是“科学 × 号”船舶的随船仪器，却出具一份将“科学 × 号”船舶作为标的物的沿海内河船舶保险单，该保险单原告虽已收到，但该保险单载明内容与原告和被告之间真实意思表示相差甚远，是不一致的，据该保险单保险人可以收取保险费，却不需承担任何责任和风险，因此该保险单载明内容因未能表达原告和被告作为保险合同双方当事人真实意思，即不具备保险合同凭证的功能。

原告在要求投保仪器时已写明仪器是“温、盐、深探头及采水系统一套”，即已表明投保标的是一套与温、盐、深三项指标有关的采水仪器，这一名称本身即说明了投保仪器性能和工作特点，对此被告作为保险人应予知晓，原告不存在不履行被保险人告知义务之故意，原告与被告之间就仪器进行加保的保险合同是有效的，双方应按约定内容履行。原告按约定交付给被告相应保险费，被告即应按保险合同承担保险标的保险事故之风险和责任。

原告所投保仪器在海上进行正常采水工作时，因触及水下不明物而导致仪器丢失，该事故属于按中国人民保险公司船舶保险条款（1986 年 1 月 1 日）一切险中的保险事故，仪器丢失的损失应由被告来承担。

【法官后语】

本案是一起海上保险合同纠纷，主要涉及保险单记载与投保意思表示不一致时海上保险合同标的之认定。

海上保险合同标的的认定在本案中是双方当事人争论的焦点。本案原告于 1998 年 4 月 6 日向被告提出投保要求，表明其所要投保的是 CTD 和 ROSSETE 两套随船仪器。被告的一业务员收到原告投保要求后，因被告单位只有一种“沿海内河船舶保险”的保险单，在明知原告投保标的的真实意思的情况下，填写了一份以“科学 × 号”轮为保险标的的“沿海内河船舶保险”的保险单，随后签发了相应的保险单。当原告船舶因触碰水下不明物导致超负荷使钢丝绳破断，而致两套仪器丢失向被告索赔时，被告却以原告投保险种为“沿海内河船舶保险”而仪器丢失不构成保险事故为由拒绝赔偿。

此保险合同内容应如何认定，在本案中应从以下几点考虑：

1. 海上保险合同，是指保险人按照约定，对被保险人遭受保险事故造成保险标的的损失和产生责任负责赔偿，而由被保险人支付保险费的合同。海上保险合同记载的应是保险人和被保险人达成一致的合同条款及相关内容。保险单是由保险人出具给被保险人的，表明双方订有保险合同的书面凭证，是保险人与被保险人权利义务的依据。保险单应是在被保险人填写投保单的真实意思基础上开立的。而在本案中，被告在明知原告的真实意思的情况下受现实条件的限制，代为填写了与其意思表示不一致的投保单，并以此为据出具了保险单。此保险单不能反映双方所达成一致的合同内容，也不能表达双方当事人的真实意思，所以不具备保险合同凭证的功能。

2. 海上保险合同的解释。保险合同是一种附意合同，即格式合同，其保险条款一般是保险人单方拟就和预先印备的，因此，当保险条款的含义不明或发生歧义时，应作对被保险人有利的解释。我国《保险法》第 30 条也作了相应规定。本案中，双方最后的保险合同之所以会成为“沿海内河船舶险”，保险标的成为“科学 × 号”轮均因被告方即保险人没有适于原告提出的随船仪器的投保内容的投保单所致，被告保险人应对此后果承担责任。而对此份未表明双方真实意思的保险合同内容的确定，应作出对被保险人有利的解释，即对此保险合同不予采信，而以当事人真实意思表示为依据对合同加以善意解释。

3. 对于此保险合同保险责任的认定涉及补充合同问题。补充合同，即一份合同成立后，为明确另外事项而补充订立的合同，后者为前者的当然组成部分。其未尽事项应以前合同为准。本案中被保险人先对其“科学 × 号”轮在保险人处投保，两套随船仪器是在此基础上在同一保险人即本案被告处进行加保的，被告对此明知且予以同意。故在无相反证据条件下，对加保仪器的保险责任视为按“科学 × 号”保险合同中相应的保险责任来加以确定，即为“一切险”。

另外，本案中有在保险合同的填写中出现拼写错误问题。这一问题虽在本案中未引起争议，但因此而引起诉讼的也不乏其例。这也应据双方当事人的真实意思表示加以认定，但又会有保险欺诈之嫌，故填写投保单、开立保险单时应极力避免拼写错误的发生。

【相关法条】

《中华人民共和国海商法》（1993 年 7 月 1 日施行）

第二百三十七条 发生保险事故造成损失后，保险人应当及时向被保险人支付保险赔偿。

承办人：崔方力

编写人：郭俊莉

12. 巴拿马浮某航运有限公司诉中国某保险公司青岛市分公司海上保险合同纠纷案

——保险人应对船舶间接碰撞导致的损害承担理赔责任

【合规提示】

本案系一起海上保险合同纠纷，双方就保险人是否应对船舶因间接碰撞产生的损失承担理赔义务存在争议，原告为涉案事故船舶的所有人，亦是投保人，被告为保险公司。船舶碰撞造成的损失一般为保险人理赔的责任事由之一，当投保人与保险人之间的保险合同条款未对间接碰撞作出明确约定时，法院一般会根据《保险法》的规定，作出不利于保险人的解释，即视保险条款中的碰撞包含我国《海商法》第 170 条规定的间接碰撞，保险人对此造成的损失需承担责任。因此，在签订保险合同时，投保人应仔细查看保险人提供的格式合同，明确自身的权利义务；保险人作为合同提供方，应当及时关注法律的相关规定，更新合同的条款设置，在保险条款载明的事故发生后，及时履行理赔义务。

【案件信息】

1. 裁判文书字号

（1999）青海法海商初字第180号、（2001）鲁经终字第314号

2. 当事人

原告：巴拿马浮某航运有限公司

被告：中国某保险公司青岛市分公司

3. 关键词

民事　海上保险合同　间接碰撞　理赔

【裁判要旨】

船舶间的接触并非我国法律规定的船舶碰撞的必要构成条件。根据《海商法》第165条第1款“船舶碰撞，是指船舶在海上或者与海相通的可航水域发生接触造成损害的事故”及第170条“船舶因操纵不当或者不遵守航行规章，虽然实际上没有同其他船舶发生碰撞，但是使其他船舶以及船上的人员、货物或者其他财产遭受损失的，适用本章的规定”之规定，避碰、浪损等形式的间接碰撞与直接碰撞构成我国海商法完整意义上的船舶碰撞。若保险合同的承保事项包含船舶碰撞，且并未对船舶碰撞的含义进行界定时，保险人依法应承担包括间接碰撞在内的船舶碰撞理赔责任。

【基本案情】

1997年1月1日，原告巴拿马浮某航运有限公司（以下简称浮某公司）所属“浮某”轮的经营管理人青岛某船务公司向被告中国某保险公司青岛市分公司（以下简称青岛某保）为“浮某”轮投保“一切险加战争险”，被告同日出具编号为00997××××的船舶保险单。该保险单规定的保险期限为自1997年1月1日北京时间0时起至1997年3月31日北京时间24时止，保险条件为根据本公司船舶保险条款（1986年1月1日）承保，保险险别为一切险加战争险，保险金额为100万美元，保险船舶为“浮某”轮，免赔金额为2500美元，保险费为按约定费率计算，付费办法为按季平均交费。1996年1月1日中国某保险公司“船舶保险条款”第1条“责任范围”第2款“一切险”内容如下：“本保险承保上述原因所造成被保险船舶的全损和部分

损失以及下列责任和费用：1、碰撞责任①本保险负责因被保险船舶与其他船舶碰撞或触碰任何固定的、浮动的物体或其他物体而引起被保险人应负的法律赔偿责任……”

青岛海上安全监督局给交通部安全监督局《关于“S”轮搁浅事故的调查报告》称，1997年6月3日，塞浦路斯尼科西亚某公司所属“S”轮在进入青岛港时，在青岛港检疫锚地东南约0.3海里处搁浅。青岛海监局认为，此次事故发生的原因是由于“S”轮避让“浮某”轮后，顾此失彼，没有充分考虑到向左转向后，重载船受横流作用，被压到浅滩而造成搁浅。由于搁浅位置海底是泥沙，所以船体并未造成损坏，经初步检验，只是在5舱处船底有一点轻微凹陷。

原告浮某公司诉称：为维护原告的合法权益，特向法院提出诉讼，要求被告赔偿原告人民币406万元及其利息和法律费用。

被告青岛某保对保险合同的有效性没有异议，但辩称：（1）不论“浮某”轮与“S”轮是否发生碰撞，不论原告是否对“S”轮负有责任，本案事故都不属于保险合同中船舶碰撞险的承保范围；（2）在保险合同条款措辞清晰、明确的情况下，对争议不应作不利于保险人的解释；（3）船舶碰撞的概念本身并不包括浪损或间接碰撞，原告试图通过错误解释来扩大保险公司的保险责任，没有法律依据；（4）我国《海商法》第170条属于立法上的准许适用条款，该条规定并非指船舶碰撞，只是可以适用船舶碰撞的规定予以处理。船舶没有接触不能构成我国《海商法》中的船舶碰撞。综上，被告青岛某保认为其依法不应承担船舶保险责任，请求驳回原告的诉讼请求。

【裁判说理】

争议焦点：本案原告所遭受的损失是否属于被告保险单上记明的保险范围，即原告所属“浮某”轮与“S”轮之间所形成的间接碰撞是否属于保险单上所约定的“碰撞”含义之内。

青岛海事法院认为，我国《海商法》第八章第165条第1款规定：“船舶碰撞，是指船舶在海上或者与海相通的可航水域发生接触造成损害的事故。”同时又在第170条规定：“船舶因操纵不当或者不遵守航行规章，虽然实际上没有同其他船舶发生碰撞，但是使其他船舶以及船上的人员、货物或者其他财产遭受损失的，适用本章的规定。”这说明，我国《海商法》对船舶直接接触的碰撞损害（学理上称为直接碰撞）与尽管没有发生接触但同样造成的损害（学理上称为间接碰撞）的法律处理结果是完全相同的，二者的责任基础、构成要件、损害赔偿范围的确定与计算等均完全相同。所以我国《海商法》实际上已将间接碰撞纳入了“船舶碰撞”范围内。而在《最高人民法院关于审理船舶碰撞和触碰案件财产损害赔偿的规定》中，则已将船舶碰撞界定为“在海上或者与海相通的可航水域，两艘或者两艘以上的船舶之间发生接触或者没有直接接触，造成财产损害的事故”。本章所涉保单保险条款虽约定对船舶碰撞造成的损失予以赔偿，但却未给船舶碰撞下一个明确的定义，亦未在免责条款中列明本案的间接碰撞属于被告的免赔范围，以致发生争议。根据保险法的规定，应作不利于保险人的解释，故本案保单保险条款中的船舶碰撞，应包括我国《海商法》第 170 条规定的情况。本案中，“浮某”轮因操纵不当，致使“S”轮搁浅而发生损失，此种情况属于间接碰撞，应属于被告的保险范围。

青岛海事法院还认为，原告方支付的律师费和咨询费，系原告在新加坡法院产生的司法费用，不属于被告按照保单的约定应该支付的费用，故对原告的此项诉讼请求不予支持。关于原告请求被告赔偿其已支付给“S”轮船舶间接碰撞损失的请求，理由正当，证据充分，应予支持，但要按照保单约定扣除免赔额 2500 美元。被告的答辩理由缺乏法律依据，本院不予采信。

2000 年 12 月 15 日，青岛海事法院作出（1999）青海法海商初字第 180 号民事判决书，判决：一、被告青岛某保赔偿原告浮某公司保险金 347 500 美元及利息（利息自 2000 年 2 月 5 日起至本判决生效之日止按我国银行同期存款利率计算）。二、驳回原告浮某公司的其他诉讼请求。

青岛某保与浮某公司均不服一审判决，向山东省高级人民法院提起上诉。山东省高级人民法院认为，原审法院对船舶碰撞的界定是正确的，即间接碰撞已纳入船舶碰撞的范围，间接碰撞应属于青岛某保的船舶碰撞险承保范围。依据是我国《海商法》第 165 条、第 170 条及《最高人民法院关于审理船舶碰撞和触碰案件财产损害赔偿的规定》。另外，《1910 年统一船舶碰撞某些法律规定的国际公约》(以下简称《1910 年船舶碰撞公约》）第 13 条规定：“本公约的规定扩及一艘船舶对另一艘船舶造成损害的赔偿案件，而不论这种损害是由于执行或不执行某项操纵，或是由于不遵守某项规章所造成的，即使未曾发生碰撞，也是如此。”根据以上法律法规以及参照国际公约的规定，可以确定本案船舶保险条款所指碰撞应当包含无接触碰撞。而且，保险合同的除外责任也未说明对间接碰撞不负赔偿责任。所以青岛某保对浮某公司船舶间接碰撞所造成的损失承担保险赔偿责任。浮某公司在诉讼过程中，与对方达成和解协议前，曾征求过青岛某保的意见，青岛某保未予理会。青岛某保辩称浮某公司主动和解是损害其利益的行为，但未能举证证明。相反，浮某公司的和解行为是出于减少损失的目的的，是为了维护青岛某保的利益。另外，原审法院认为浮某公司支付的司法费用不属于保单约定所必须支付的费用的观点不当，应予纠正。但浮某公司支付的咨询费不是必要的法律费用，不应由保险人负担。综上，山东省高级人民法院于2000年4月9日作出（2001）鲁经终字第314号判决，判决维持原审判决第一项，增判青岛某保赔偿浮某公司律师费新加坡币144 322.7元或人民币665 830.2元及利息，驳回浮某公司对青岛某保支付咨询费的诉讼请求。

【法官后语】

船舶碰撞是海事侵权纠纷中较普遍、专业性较强、审理难度较大的一类案件。国际公约和各国海商法都毫无例外地对船舶碰撞问题专门作出规定，我国《海商法》第八章亦是如此。

船舶碰撞的传统概念要求必须在船舶之间发生了实质性的或直接的触碰，即两船或多船的某个部位同时占据了同一空间而产生力学上的作用和反作用对抗的物理状态，包括一船和作为他船组成部分的船舶属具，否则就不能归结为碰撞事故。我国《海商法》第165条第1款“船舶碰撞，是指船舶在海上或者与海相通的可航水域发生接触造成损害的事故”之规定，指向的就是传统意义上的船舶直接碰撞。

随着航运事业的发展，传统意义上的碰撞概念已经不能涵盖实践中所有的碰撞情况。对此，《1910年船舶碰撞公约》第13条“本公约的规定扩及一艘船舶对另一艘船舶造成损害的赔偿案件，而不论这种损害是由于执行或不执行某项操纵，或是由于不遵守某项规章所造成的，即使未曾发生碰撞，也是如此”以及《船舶碰撞损害赔偿国际公约草案》(以下简称《里斯本公约》)第1条“船舶碰撞系指船舶间，即使没有实际接触，发生的造成灭失或损害的任何事故。船舶碰撞系指一船或几船的过失造成两船或多船间的相互作用所引起的灭失或损害，而不论船舶间是否发生接触”之规定，均将船舶碰撞的范围加以扩大，把船舶之间未发生实质碰撞的情况纳入其中，实践中一般称为“间接碰撞”。

我国《海商法》第170条“船舶因操纵不当或者不遵守航行规章，虽然实际上没有同其他船舶发生碰撞，但是使其他船舶以及船上的人员、货物或者其他财产遭受损失的，适用本章的规定”之规定，就是对间接碰撞含义的诠释。此外，《最高人民法院关于审理船舶碰撞和触碰案件财产损害赔偿的规定》第16条规定：“‘船舶碰撞’是指在海上或者与海相通的可航水域，两艘或者两艘以上的船舶之间发生接触或者没有直接接触，造成财产损害的事故。”由此可以看出，我国对船舶碰撞的认识在传统概念之上，又吸收了《1910年船舶碰撞公约》及《里斯本公约》的相关规定，将船舶碰撞分为直接碰撞与间接碰撞两种类型。

回归到本案，争议的来源为浮某公司与青岛某保对承保事项中的“船舶碰撞”存在含义上的分歧。如上所述，无论是国际公约还是我国的法律法规，均将间接碰撞纳入船舶碰撞的情形之中，因此法院判决青岛某保承担理赔责任于法有据。

【相关法条】

1.《中华人民共和国民法通则》（2021年1月1日废止）

第一百零六条 公民、法人违反合同或者不履行其他义务的，应当承担民事责任。

公民、法人由于过错侵害国家的、集体的财产，侵害他人财产、人身的，应当承担民事责任。

没有过错，但法律规定应当承担民事责任的，应当承担民事责任。

第一百一十一条 当事人一方不履行合同义务或者履行合同义务不符合约定条件的，另一方有权要求履行或者采取补救措施，并有权要求赔偿损失。

对应新法：

《中华人民共和国民法典》（2021年1月1日施行）

第五百七十七条 当事人一方不履行合同义务或者履行合同义务不符合约定的，应当承担继续履行、采取补救措施或者赔偿损失等违约责任。

第五百八十三条 当事人一方不履行合同义务或者履行合同义务不符合约定的，在履行义务或者采取补救措施后，对方还有其他损失的，应当赔偿损失。

第一千一百六十五条 行为人因过错侵害他人民事权益造成损害的，应当承担侵权责任。

依照法律规定推定行为人有过错，其不能证明自己没有过错的，应当承担侵权责任。

2.《中华人民共和国保险法》（1995 年 10 月 1 日施行）

第三十条 对于保险合同的条款，保险人与投保人、被保险人或者受益人有争议时，人民法院或者仲裁机关应当作有利于被保险人和受益人的解释。

第一百四十七条 海上保险适用海商法的有关规定；海商法未作规定的，适用本法的有关规定。

对应新法：

《中华人民共和国保险法》（2015 年 4 月 24 日修正）

第三十条 采用保险人提供的格式条款订立的保险合同，保险人与投保人、被保险人或者受益人对合同条款有争议的，应当按照通常理解予以解释。对合同条款有两种以上解释的，人民法院或者仲裁机构应当作出有利于被保险人和受益人的解释。

第一百八十二条 海上保险适用《中华人民共和国海商法》的有关规定；《中华人民共和国海商法》未规定的，适用本法的有关规定。

3.《中华人民共和国海商法》（1993 年 7 月 1 日施行）

第一百六十五条 船舶碰撞，是指船舶在海上或者与海相通的可航水域发生接触造成损害的事故。

前款所称船舶，包括与本法第三条所指船舶碰撞的任何其他非用于军事的或者政府公务的船艇。

第一百七十条 船舶因操纵不当或者不遵守航行规章，虽然实际上没有同其他船舶发生碰撞，但是使其他船舶以及船上的人员、货物或者其他财产遭受损失的，适用本章的规定。

4.《最高人民法院关于审理船舶碰撞和触碰案件财产损害赔偿的规定》（1995 年 8 月 18 日施行）

第十六条第三项 “船舶碰撞”是指在海上或者与海相通的可航水域，两艘或者两艘以上的船舶之间发生接触或者没有直接接触，造成财产损害的事故。

对应新法：

《最高人民法院关于审理船舶碰撞和触碰案件财产损害赔偿的规定》（2020 年 12 月 29 日修正）

第十六条第三项 “船舶碰撞”是指在海上或者与海相通的可航水域，两艘或者两艘以上的船舶之间发生接触或者没有直接接触，造成财产损害的事故。

承办人：孙立国

编写人：刘　昭　范峻恺

13. 潍坊鸿某海运有限公司诉中国某保险公司潍坊分公司海上保险合同纠纷案

——保险合同除外责任的认定

【合规提示】

本案系一起在承运人指挥船舶靠港期间发生碰撞事故，承运人要求保险公司依保险合同约定赔偿其损失的海上保险合同纠纷案件。本案是因承运人在日常保养维护中所无法发现的原因造成保险事故的典型案件。对保险人来说，合同除外责任限于保险人与投保人、被保险人在合同约定事项外能够在日常维护保养中合理预见到，但未载明于保险合同条款中的情形，若事发原因属于承运人对船舶做日常保养维护后仍无法预见到的，则不属于保险合同除外责任的范畴，保险人应当依照保险合同约定予以赔偿。对承运人来说，投保保险合同并不代表任何形式的事故都将获得保险赔付，因此承运人亦应当在其日常经营中做好对船舶的日常保养与维护、检修，及时排除可能发生的各种潜在问题，以减少事故发生的风险。

【案件信息】

1. 裁判文书字号

（1997）青海法海商初字第 371 号、（1998）鲁经终字第 639 号

2. 当事人

原告（反诉被告）：潍坊鸿某海运有限公司

被告（反诉原告）：中国某保险公司潍坊分公司

3. 关键词

民事　海上保险合同　除外责任　责任免除　保险责任

【裁判要旨】

除外责任，又称“责任免除”，是指保险人依据法律规定或保险合同约定，依法对保险事项引起的损失不予赔偿的制度。作为保险人承担保险责任原则的例外情形，对于保险人提出的除外责任抗辩应当进行严格的形式与实质要件审查，既要解决保险合同当事人对保险合同除外责任条款的约定方式、适用情形与法律效力产生的争议，又要审查是否具备法定责任免除情形，综合认定保险人是否应当承担保险责任及其承担的责任比例。

【基本案情】

在原告潍坊鸿某海运有限公司（以下简称鸿某公司）诉中国某保险公司潍坊分公司（以下简称某保险）以及某保险反诉鸿某公司海上保险合同纠纷一案中，鸿某公司提出诉讼请求：（1）判令某保险赔付“潍某”轮在济州港因船身受损所发生的修船费 440 910.00 元和延误放船的运费损失；（2）判令某保险承担“潍某”轮在济州港碰撞码头韩国方索赔的有关损失；（3）退还鸿某公司的“潍某”轮抵押权证；（4）本案诉讼费用由某保险承担。

某保险辩称：济州港无引水，且拖轮已坏，属不安全港，不具备靠码头条件，“潍某”轮首次到该港，船长也不愿靠码头，鸿某公司强行要求船长靠码头，结果导致船撞码头。正是鸿某公司的这种故意行为导致了船碰码头，因此根据船舶保险条款之约定，该船碰撞码头属保险条款中的除外责任，不属保险赔偿责任范围。

某保险提出反诉请求：（1）判令鸿某公司返还某保险已支付的码头修理

费 90 730 美元，修船费人民币 5 万元及相应的利息；（2）解除某保险提供的 25 万美元之担保；（3）本案诉讼费用由鸿某公司负担。

经审理查明：1996 年 12 月 9 日，鸿某公司对从海南某船务公司光船租赁的船舶“潍某”轮在某保险处投保。某保险于同日签发了被保险人为鸿某公司，保险单号为 WF037/96H×××× 的船舶保险单，该保单注明的保险险别为船舶一切险，保险金额为 80 万美元（折合人民币 664 万元），人民币 5 万元以下无免赔额，5 万元以上免赔额为 15%，保险期限自 1996 年 12 月 10 日 0 时起至 1997 年 12 月 9 日 24 时止。1997 年 7 月 19 日，“潍某”轮第 4 航次从福州马尾港装黄沙 6350 吨抵达韩国济州港。7 月 22 日上午，该轮在锚地得到港方通知准备进港，10 时机舱开始备车，并对主机进行了正倒车试验；正常后通知驾驶台主机备妥，10 时 45 分起锚；10 时 55 分锚离底，降锚球动车进港。因济州港无引水，由船长王某良亲自操船靠泊，11 时 15 分停车，11 时 16 分抛右锚一节落水刹住，准备左舷靠码头，11 时 19 分 30 秒时艏碰撞码头，造成“潍某”轮艏和济州港 5 号码头损坏。事后查明，该次碰撞事故的直接原因是减压阀失灵，导致主机不能按船长的命令操作。还查明，济州港拥有可容纳 20 艘万吨级船舶或总吨 12 000 吨船舶的装卸泊位，该港无引水，所有靠泊济州港的船舶均自行靠泊。根据该港口规定，总登记吨在 1000 吨以上的船舶进港即强制使用拖轮，该港口备有一只 2000 马力拖轮，船号为“NO.× WangTong”。7 月 22 日，“潍某”轮靠泊济州港 5 号码头时，该拖轮已坏，正在韩国釜山港修理，由港口当局指派两艘军用拖轮协助“潍某”轮靠泊。碰撞事故发生后，济州港主管当局传真要求鸿某公司提供对码头毁坏部分进行重建的赔款证明，否则将对“潍某”轮采取强制措施。鸿某公司经与某保险交涉，由某保险在收取鸿某公司“潍某”轮抵押权证和潍坊市某商业公司的保函后，以某保险的名义给济州港当局出具了 25 万美元的担保函，并于 1997 年 10 月 28 日赔付了部分码头修复费用 82 500 000 韩币（计 95 038 美元）。1997 年 8 月 6 日，“潍某”轮进青岛某船厂对该轮艏被撞坏部分进行修理，8 月 16 日“潍某”轮修理完毕出厂，共产生修理费人民币 440 910 元。1997 年 8 月 7 日，由某保险委托青岛某船舶技术咨询有限公司的验船师登上“潍某”轮对船体的损坏程度进行检验，并对待修部分进行评估，经验船师综合评估，此次海损修理的合理费用应为人民币 250 044.00 元。1997 年 8 月 14 日，由鸿某公司提出申请，某保险预借赔款人民币 5 万元给鸿某公司作为部分修船费用。1997 年 11 月 14 日，某保险向鸿某公司发出拒赔通知和索赔通知，认为此次碰撞事故不属于保险责任范围内事故，某保险对此次碰撞事故所造成的一切损失和责任不予负责，并正式向鸿某公司提出索赔，要求鸿某公司偿还已支付给韩方的 90 730 美元和“潍某”轮修理费 5 万元人民币。

【裁判说理】

争议焦点：案涉事故是否属于保险合同的理赔范围，保险人主张的保险合同责任免除抗辩是否具有事实和法律依据。

青岛海事法院认为：某保险于 1996 年 12 月 9 日签发的编号为 WF037/96H×××× 的船舶保险单合法有效，原告与某保险之间的保险合同法律关系依法成立。某保险作为保险人，在收取了鸿某公司保险费并签署了船舶保险单后，对鸿某公司投保的“潍某”轮在保险责任范围内发生的碰撞事故所造成船舶自身的损失和对第三者的损失应予赔偿。鸿某公司“潍某”轮在济州港碰撞码头的直接原因是减压阀失灵，且此减压阀故障在船舶正常维护保养中是不能发现的。此碰撞事故属于保险范围内的责任事故，某保险作为保险人应按照保险单的约定予以赔偿，但对“潍某”轮修理费的赔偿数额应以船舶检验人青岛某船舶技术咨询有限公司所作的鉴定报告为准，并应扣除免赔额及某保险已预先赔付的 5 万元人民币。鸿某公司关于“潍某”轮在济州港碰撞码头造成的损失属于对第三者的碰撞责任，按保险单约定应由保险人即某保险予以赔偿的理由正当，证据充分，予以支持。因本次碰撞属于保险责任事故，故鸿某公司为使某保险向济州港务当局出具担保而向某保险提供的“潍某”轮抵押权证应予退还。鸿某公司要求某保险赔偿延误放船的运费损失的诉讼请求，没有法律依据，且未提供相关证据，不予支持。某保险不服，提出上诉。山东省高级人民法院二审驳回上诉，维持原判。

【法官后语】

审理海上保险合同纠纷案件的核心问题在于保险人是否应当对特定事故承担保险责任以及承担保险赔偿责任的比例。对此，需要从三个层面进行递进式审查：首先，分析事故原因和保险范围，认定全部或者部分事故是否属于保险理赔范围；其次，审查保险合同约定的除外责任条款是否生效以及是否存在法定除外责任适用的情形，认定保险人是否有权依据约定或者法定除外责任情形拒绝赔付；最后，根据保险承保风险在涉案事故中的影响程度（因果关系构成情况）确定保险人应当承担的保险赔偿责任比例。

其中，保险合同双方当事人对于约定的除外责任条款是否生效以及保险人能否援引该条款免除其赔偿责任的问题往往争议最大，该问题也是确定保险人是否应当承担保险责任的前提和关键。在保险人将除外责任条款以格式条款的形式独立印刷而未在投保单上以足以引起投保人注意的形式予以载明的情况下，不能仅以内容笼统、形式亦不够突出的“投保人声明”来证明保险人已就除外责任条款履行了提示和明确说明义务。此外，在审查海上保险合同纠纷是否存在除外责任适用情形时，不能仅局限于当事人关于约定除外责任条款是否生效的争议，还要依职权审查涉案纠纷是否存在适用法定除外责任的情形，最终综合判断保险人是否承担保险责任，以及上述情形是否对保险人承担赔偿责任的比例产生影响。

【相关法条】

1.《中华人民共和国海商法》（1993 年 7 月 1 日施行）

第二百二十三条　由于被保险人的故意，未将本法第二百二十二条第一款规定的重要情况如实告知保险人的，保险人有权解除合同，并不退还保险费。合同解除前发生保险事故造成损失的，保险人不负赔偿责任。

不是由于被保险人的故意，未将本法第二百二十二条第一款规定的重要情况如实告知保险人的，保险人有权解除合同或者要求相应增加保险费。保险人解除合同的，对于合同解除前发生保险事故造成的损失，保险人应当负赔偿责任；但是，未告知或者错误告知的重要情况对保险事故的发生有影响的除外。

第二百三十七条　发生保险事故造成损失后，保险人应当及时向被保险人支付保险赔偿。

第二百四十二条　对于被保险人故意造成的损失，保险人不负赔偿责任。

第二百四十三条　除合同另有约定外，因下列原因之一造成货物损失的，保险人不负赔偿责任：

（一）航行迟延、交货迟延或者行市变化；

（二）货物的自然损耗、本身的缺陷和自然特性；

（三）包装不当。

第二百四十四条　除合同另有约定外，因下列原因之一造成保险船舶损失的，保险人不负赔偿责任：

（一）船舶开航时不适航，但是在船舶定期保险中被保险人不知道的除外；

（二）船舶自然磨损或者锈蚀。

运费保险比照适用本条的规定。

2.《中华人民共和国保险法》（1995 年 10 月 1 日施行）

第十七条　保险合同中规定有关于保险人责任免除条款的，保险人在订立保险合同时应当向投保人明确说明，未明确说明的，该条款不产生效力。

对应新法：

《中华人民共和国保险法》（2015 年 4 月 24 日修正）

第十七条第二款　对保险合同中免除保险人责任的条款，保险人在订立合同时应当在投保单、保险单或者其他保险凭证上作出足以引起投保人注意的提示，并对该条款的内容以书面或者口头形式向投保人作出明确说明；未作提示或者明确说明的，该条款不产生效力。

3.《中华人民共和国民法通则》（2021 年 1 月 1 日废止）

第一百零六条　公民、法人违反合同或者不履行其他义务的，应当承担民事责任。

公民、法人由于过错侵害国家的、集体的财产，侵害他人财产、人身的，应当承担民事责任。

没有过错，但法律规定应当承担民事责任的，应当承担民事责任。

对应新法：

《中华人民共和国民法典》（2021 年 1 月 1 日施行）

第一百七十六条　民事主体依照法律规定或者按照当事人约定，履行民事义务，承担民事责任。

承办人：孙立国

编写人：郭郑超　赵忆雪　张　静

14. 青岛荣某船舶租赁有限公司诉中国某保险公司青岛分公司海上保险合同纠纷案

——海上保险合同效力的判定规则及保险利益归属

【合规提示】

本案是一起海上保险合同纠纷案件，主要涉及海上保险合同效力的判定规则及保险利益归属问题。对于投保方而言，保险利益的归属问题至关重要。一般情况下，对船舶享有所有权的一方应认定其对船舶享有保险利益。但是，实践中，是否对船舶享有所有权的判定受到多种因素的影响。常见的比如联营关系。为了保障自身的合法权益，对船舶享有所有权的一方应当注意各类合作的法律性质以及对自身保险利益归属的影响。如果涉及所有权变动的情况，则要高度注意，避免保险利益兑现受到影响。同时，对于表面上可能产生所有权变化，而实质上仍为所有权人的情况，就要注意保留好相关证据，并在实际经营中加强对船舶的实际控制、管理和使用，避免被认定为与实际情况不符的情况。同时，为了依法实现保险合同的利益，应当及时全面向保险人履行告知义务，特别是影响保险合同效力、保费标准的事项。此外，还要认真阅读保险合同条款，避免发生纠纷时利益受损。

【案件信息】

1. 裁判文书字号

（1996）青海法海商初字第 15 号、（1999）鲁经监字第 190 号

2. 当事人

原告：青岛荣某船舶租赁有限公司

被告：中国某保险公司青岛分公司

3. 关键词

民事　海上保险合同　告知义务　合同效力　保险利益　保险价值

【裁判要旨】

一般情况下，对船舶享有所有权的一方应认定其对船舶享有保险利益。船舶相关登记证书、光船承租等情况已由船舶实际所有权人告知，保险人收到相关情况材料并签发保险单的，保险合同关系依法成立。未按期缴纳保险费依照双方的约定只承担银行贷款罚息，并不影响合同双方的权利义务关系，也不能导致合同无效。在存在连续损失的情形下，即使两次损失的金额总和超过保险金额，保险人也应赔偿。

【基本案情】

原告青岛荣某船舶租赁有限公司（以下简称青岛荣某）因与被告中国某保险公司青岛分公司（以下简称青岛某保）海上保险合同纠纷诉至法院。原告起诉称：青岛荣某对“荣某”轮向被告青岛某保国际业务部投保一切险，青岛某保签发了保单。青岛荣某交纳保险费。“荣某”轮由青岛开往日本八代港途中，由于船员的过失，左主机发生严重机损事故。由于上述机损事故的发生，已产生修理费、船检费、备件费 550 余万元，且损失仍在扩大中。后原告增加诉讼请求称：船回到青岛，原告、被告各自向船检申请检验，船检报告表明机损是船员操作不当所致，属被告的理赔范围。两次机损发生后，被告仅预付和借支 164 万元人民币。原告要求被告立即支付第一次保险事故修理等费用 3 115 238.64 元及第二次机损事故导致船舶推定全损 900 万元的保险金额及施救等费用，共计 14 059 347.92 元人民币及相应利息。

被告答辩并反诉称：青岛荣某到青岛某保国际业务部对“荣某”轮投保，青岛某保签发保险单。“荣某”轮后发生事故，青岛荣某以保险合同纠纷为由在青岛海事法院起诉。考虑到青岛荣某的实际情况，青岛某保在原因不明的前提下支付 163 万余元。诉讼过程中发现，“荣某”轮的登记证书上列明的船舶所有人为海南某船务公司，且该轮被光船承租于香港某船务公司，青岛荣某并没有告知本保险人，也没有得到本保险人的书面同意或认可。基于上述事实，要求青岛荣某返还已支付的赔偿款。

经审理查明，1994 年 10 月 20 日，青岛荣某就“荣某”轮船舶保险向青岛某保呈递投保单，青岛某保于 10 月 24 日签发 94H××××号船舶保单。该保单载明：被保险人为青岛荣某；船名“荣某”轮；保险价值和保险金额均为900万元人民币等。船舶投保后，青岛荣某于1995年3月15日交保费人民币18万元。

“荣某”轮原名“恒某”，系青岛荣某以900万元人民币全资购入。青岛荣某因无经营海运的资格，此前与海南某船务公司订有联营协议，约定青岛荣某全额出资购买“恒某”轮后，负责该轮的经营管理，承担所有经营利润及风险、责任，海南某船务公司负责共同办理有关船检、注册、登记、营运手续等，该轮注册在海南某船务公司名下。依据该协议，“恒某”轮更名为“荣某”轮，由海南某船务公司以船舶所有人身份向海南港务监督办理船舶登记并取得船舶国籍证书。后该轮由海南某船务公司光船租赁给香港某船务公司，改挂方便旗，并取得登记证书。青岛荣某以此证书及提供的船舶规范向青岛某保投保该轮一切险，青岛某保签发前述保单。该轮投保后，一直由青岛荣某管理和经营。

“荣某”轮自青岛开航驶往日本。航行途中，该轮左主机发生故障，失去运转能力。机损事故发生后，青岛荣某及时通知了青岛某保，并申请了青岛船检进行检验。青岛汇某海上安全技术咨询服务公司验船师出具了《检验报告》，报告认为，事故原因系轮机长及轮机员在检修左主机时所更换的N0.4主轴与曲轴配合间隙过大，未能形成足够的润滑。后“荣某”轮在山海关船厂由山海关尉某船舶机电有限公司对左轮主机进行修理，秦皇岛某安全技术服务公司验船师应青岛荣某的申请，为确定该轮左主机损坏的原因、范围、程度以及损坏修理进行了检验，并出具了检验报告。最终确定本次机损事故产生的费用合计2 460 978.11元。

“荣某”轮主机修复后，再次由青岛驶往日本志布志港。航行途中，该轮左主机又一次发生故障。青岛荣某及时通知青岛某保。后青岛荣某多次就主机的修理检验等事宜与青岛某保联系，但青岛某保迟迟不予答复，且对主机的修理问题未提出任何指示或建议，1996年1月23日才书面传真青岛荣某称因出险原因尚待确定，因此无法确认保险责任。

青岛荣某就故障相关更换及修理向国内外有关厂家进行了询价，鉴于该轮修复费用将超过保险金额900万元人民币，青岛荣某向青岛某保发出委付通知书，青岛某保收到该通知书，但未明确表示是否接受委付。“荣某”轮两次发生机损事故，青岛某保曾分别两次向青岛荣某赔付80万元人民币及借支10万美元，合计人民币163万元。

【裁判说理】

争议焦点：（1）青岛荣某是否享有保险利益；（2）涉案保险合同是否成立有效。

青岛海事法院认为：青岛荣某就“荣某”轮船舶一切险向青岛某保投保，青岛某保签发了船舶保险单，并明确约定了合同内容，双方船舶保险合同关系依法成立，对双方均具有约束力。

“荣某”轮系青岛荣某全资购得，因其无运输许可证而挂靠海南某船务公司，海南某船务公司于1994年8月3日取得该轮的船舶国籍证书，又于1994年9月7日光船租赁给香港某船务公司，改挂方便旗，并于1994年10月19日取得圣文森特和格林纳达颁发的登记证书。青岛荣某依此于1994年10月20日向青岛某保投保一切险，青岛某保于10月24日签发了保单，保单记载的有关事项与登记证书相符。由此可见，青岛荣某在投保时已履行了如实告知的义务，并不存在保单签发后青岛荣某又将该轮光船出租的事实，青岛某保主张保险合同已自动中止的观点，显不能成立，本院不予采信。青岛荣某一直负责“荣某”轮的经营管理，并承担全部风险与责任，根据原《财产保险合同条例》第3条规定以及对海上保险可保利益的通常理解，青岛荣某对该轮具有保险利益。青岛某保接受被保险人青岛荣某对该轮的投保，并收取其保险费，却在保险事故发生后以被保险人不是该轮船东而不具保险利益为由，提出不负任何赔偿责任的答辩，无事实和法律依据，本院不予支持，其已支付的赔款及预借的款项不应返还。

“荣某”轮在保险期限内两次发生机损事故，均系轮机员的过错所致，根据《中国人民保险公司船舶保险条款（1986年1月1日）》的规定，均属于保险责任范围内的保险事故。青岛荣某作为被保险人在事故发生后，已履行了其应尽义务和责任。因此，青岛某保应对由此而造成的船舶部分损失或船舶全损及产生的有关合理费用向青岛荣某承担赔偿责任，且对两次事故应单独计算赔偿额。

“荣某”轮第二次机损事故（1996年10月11日）发生后已发生的临时修理费等有关费用及进行永久性修理所需费用的总和已超过保险合同约定的保险价值，且被保险人青岛荣某已向保险人青岛某保发出委付通知，根据上述保险条款第10条第2款第3项的约定，应视为推定全损，青岛某保应按保险金额900万元进行赔付。对于青岛荣某超出保险金额的索赔请求，因无法律或合同根据，本院不予支持。

青岛海事法院以判决方式结案，判决青岛某保支付给青岛荣某保险赔偿费人民币9 760 978.11元及银行同期存款利息，驳回青岛某保的反诉请求。本案经过二审，山东省高级人民法院维持一审判决。后青岛某保又与青岛荣某达成了调解协议，山东省高级人民法院出具了民事调解书。再后，山东省高级人民法院以调解协议损害第三人合法权益撤销了上述民事调解书。

【法官后语】

本案焦点问题是青岛荣某是否享有保险利益以及涉案保险合同是否成立有效。实际上，该两个焦点问题直接指向的是对涉案保险合同成立与否以及是否存在影响合同效力因素的判定。对此，应明确以下几个法律问题：

一是青岛荣某是否具有保险利益。所谓保险利益，指保险事故发生时，投保人对保险标的具有的法律上承认的利益。保险利益是构成保险合同的主要条件，投保人对保险标的不具有保险利益的，保险合同无效。本案中，青岛荣某对“荣某”轮的法律地位决定其是否具有保险利益，即“荣某”轮的所有权问题是关键。海南某船务公司出卖运力指标是本案争议产生的根源。运力指标是国家交通运输部门根据审批权限，依法审查航运企业资质能力，考虑社会运力、运量综合平衡情况而批准经营的船舶吨位，属国家行政管理的范畴。本案“荣某”轮是青岛荣某全资购买的，为取得航运经营权，用20万元人民币向海南某船务公司购买运力指标，并将船挂靠登记于海南某船务公司名下。青岛荣某自始至终在同海南某船务公司的联营协议下，对船舶实际管理、控制和使用，通过占有、使用和经营而取得经济效益，且承担所有经营风险、责任。由此可知，青岛荣某是“荣某”轮事实上的船东。两者的联营协议名为联营，实为挂靠，并未实际改变船舶所有权的性质。法院坚持实事求是原则，依法查明青岛荣某为“荣某”轮的所有权人，确认青岛荣某对“荣某”轮具有保险利益，符合实际情况和法律规定。

二是能否判定青岛荣某履行了告知义务。保险合同中，被保险人依法履行告知义务是非常重要的一点，因未履行告知义务或者履行告知义务有瑕疵，可能导致保险合同无效或者效力瑕疵。在海上保险合同订立前，被保险人应将其实际知道的或者在其通常业务中应当知道的有关影响保险人据以确定保险费率或者确定是否同意承保的重要情况，如实告知保险人，即所谓“无限（客观）告知义务”，比普通法中的告知义务要严格。本案中，对“荣某”轮是否已光船承租给香港某船务公司以及其是否适航与安全等情形的告知是争议所在。对此由青岛荣某进行举证，事实查明“荣某”轮的登记证书中载明已光船租赁给香港某船务公司，而青岛某保签发的保单记载的有关事项与登记证书相符，从“荣某”轮从事远洋运输的各种手续看是齐全的、适航的。因此，根据“保险人知道或者在通常业务中应当知道的情况，保险人没有询问的，被保险人无需告知”的规定，推定青岛某保已知，青岛荣某履行了告知义务。

三是青岛荣某未及时交纳保险费是否影响合同效力。《海商法》第 234 条规定，除合同另有约定外，被保险人应当在合同订立后立即支付保险费。由此可见，对于保险费的交纳贯彻当事人意思自治原则，当事人之间有约定的，优先适用当事人的约定。本案中双方约定，如不按期交费，将按银行贷款逾期罚息。根据该约定，对于第一次机损事故，青岛荣某只承担逾期交纳保费的同期银行利率的罚息责任，并不能免除双方当事人的合同责任义务，自然也不能导致保险合同无效。

【相关法条】

1.《中华人民共和国海商法》（1993 年 7 月 1 日施行）

第二百三十四条　除合同另有约定外，被保险人应当在合同订立后立即支付保险费；被保险人支付保险费前，保险人可以拒绝签发保险单证。

第二百三十七条　发生保险事故造成损失后，保险人应当及时向被保险人支付保险赔偿。

第二百三十八条　保险人赔偿保险事故造成的损失，以保险金额为限。保险金额低于保险价值的，在保险标的发生部分损失时，保险人按照保险金额与保险价值的比例负赔偿责任。

第二百三十九条　保险标的在保险期间发生几次保险事故所造成的损失，即使损失金额的总和超过保险金额，保险人也应当赔偿。但是，对发生部分损失后未经修复又发生全部损失的，保险人按照全部损失赔偿。

2.《中华人民共和国财产保险合同条例》（1995 年 10 月 1 日废止）

第三条　财产保险的投保方（在保险单或保险凭证中称被保险人），应当是被保险财产的所有人或者经营管理人或者是对保险标的有保险利益的人。投保方向保险方申请订立保险合同，负有交纳保险费的义务。

对应新法：

《**中华人民共和国保险法**》（2015年4月24日修正）

第十条 保险合同是投保人与保险人约定保险权利义务关系的协议。

投保人是指与保险人订立保险合同，并按照合同约定负有支付保险费义务的人。

保险人是指与投保人订立保险合同，并按照合同约定承担赔偿或者给付保险金责任的保险公司。

第十一条 订立保险合同，应当协商一致，遵循公平原则确定各方的权利和义务。

除法律、行政法规规定必须保险的外，保险合同自愿订立。

第十二条 人身保险的投保人在保险合同订立时，对被保险人应当具有保险利益。

财产保险的被保险人在保险事故发生时，对保险标的应当具有保险利益。

人身保险是以人的寿命和身体为保险标的的保险。

财产保险是以财产及其有关利益为保险标的的保险。

被保险人是指其财产或者人身受保险合同保障，享有保险金请求权的人。投保人可以为被保险人。

保险利益是指投保人或者被保险人对保险标的具有的法律上承认的利益。

第十三条 投保人提出保险要求，经保险人同意承保，保险合同成立。保险人应当及时向投保人签发保险单或者其他保险凭证。

保险单或者其他保险凭证应当载明当事人双方约定的合同内容。当事人也可以约定采用其他书面形式载明合同内容。

依法成立的保险合同，自成立时生效。投保人和保险人可以对合同的效力约定附条件或者附期限。

第十四条 保险合同成立后，投保人按照约定交付保险费，保险人按照约定的时间开始承担保险责任。

承办人：孙立国

编写人：余晓龙

运输保险

15. 中国某财产保险股份有限公司莱芜中心支公司诉青岛某航运有限公司、富某运输有限公司、日本船主责任相互保险组合保险人代位求偿纠纷案

——多重法律关系下民事责任与法律适用的审查认定

【合规提示】

本案系一起复杂的保险人代位求偿纠纷案，中国保险人向国际海上货物运输合同下的货方赔付货物灭失损失后，代位向中国承运人、中国香港实际承运人及其日本船舶保赔险保险公司索赔。

对于代位索赔的保险公司而言，需要注意严格依照海上货物运输保险合同约定进行审查，特别注意审查被保险人作为买方时是否遭受实际损失，是否有对卖方付款或者抵扣货款的事实，保险公司对外付款时应当符合法律规定的付款方式。对于承运人而言，需要证明货损事由是否符合海商法规定的免责事由，当存在航次租船合同时出租人应当承担承运人的法律责任。在签发提单情形下，实际承运人应当接受提单法律关系的约束。对于船舶保赔险下的保险人而言，需要视其公司是否具有营利属性而定。本案中，保险人系日本公司，故对其民事行为能力及其公司属性的认定需要适用日本法的规定，法院查明日船保是非营利法人。对于船舶保赔险保险合同因合同双方未达成适用日本法的合意，应适用中国法，不能适用调整商业保险公司的中国保险法，而适用中国合同法的有关规定，得出原告不能直接起诉日船保的结论，该结论与日船保主张适用日本法的结论是完全一致的。因此，对于中国保险公司而言，在直接向保赔险保险人索赔时，应当注意该公司是否具有营利属性，以及应当适用的法律，这对实体权利的实现具有很重要的影响。

【案件信息】

1. 裁判文书字号

（2022）鲁72民初11号、（2023）鲁民终703号

2. 当事人

原告：中国某财产保险股份有限公司莱芜中心支公司

被告：青岛某航运有限公司、富某运输有限公司、日本船主责任相互保险组合

3. 关键词

民事　海上保险合同　航次租船合同　提单关系　免责事由　法律适用　非营利法人

【裁判要旨】

1. 实际承运人并非航次租船合同法律关系的当事方，如果按照航次租船合同法律关系审查，不能突破合同相对性原则。

2. 在提单证明的海上货物运输法律关系中，法律规定承运人的责任扩大适用于非合同当事方的实际承运人，但实际承运人是接受海上货物运输承运人的委托，实际承运人及其法定责任限定在提单的法律关系中。

3. 日本船主责任相互保险组合的民事行为能力的认定应当以日本法为准据法，经日本法查明其是非营利法人，不是商业保险公司，不受中国《保险法》调整，应当适用《合同法》。根据合同的相对性原则，原告无权直接起诉该公司。

【基本案情】

原告中国某财产保险股份有限公司莱芜中心支公司（以下简称某保险公司）向本院提出诉讼请求：（1）判令三被告共同赔偿原告经济损失1 450 000美元（折合人民币约10 064 305元）及自保险金赔付之日2018年10月26日计至被告实际支付款项之日的逾期付款利息（按照中国人民银行同期贷款利率暂计至2019年4月19日，约为人民币214 034元）；上述诉讼请求本金合计约为人民币10 064 305元，暂计利息合计约为人民币214 034元，共计约为人民币10 278 339元。（2）判令三被告共同承担本案诉讼费及律师费。

被告青岛某航运有限公司（以下简称某航运公司）答辩称：（1）某航运公司不是适格被告。（2）某保险公司没有提供充分证据证明其已支付保险赔偿款。（3）退一万步讲，就算认定某航运公司与唐某公司之间存在租船合同关系，唐某公司系托运人，那么作为合同相对方的某航运公司也完全符合承运人的概念。

被告富某运输有限公司（以下简称富某公司）答辩称：请求驳回某保险公司对富某公司的全部诉讼请求。（1）本案的法律关系应以被保险人和第三方的法律关系来认定。（2）某保险公司和船东富某公司亦不成立由提单证明的海上货物运输合同关系。（3）退一步说，仅就本案货物灭失而言，其原因属于可以免责的事由，富某公司依法不承担赔偿责任。（4）本案某保险公司所提供的材料，并没有货物的货款支付凭证，也并没有任何证据证明山某投资公司因本次事故遭受任何损失。（5）本案事故发生之后，富某公司已经及时通知了有关货物利益方，包括救助的情况。（6）退一万步讲，如果法院认定富某公司需要赔偿货物损失（仅为假设），因“盛某”轮已加入保赔协会，富某公司所对货物承担的运输责任，由协会承担。

被告日本船主责任相互保险组合（以下简称日船保）答辩称：某保险公司对日船保的索赔没有事实和法律依据，请求法院依法驳回其起诉或诉讼请求。（1）关于法律适用，“盛某”轮的《入会证明》文首明确约定“本保险合同应按照日本法解释并受日本法管辖”。（2）某保险公司无权向富某公司提出索赔。（3）富某公司对本案货损免责。（4）某保险公司无权向日船保直接提出索赔。

2018年1月24日，唐某公司与某航运公司签订租船合同，合同约定：货物描述为“32毫米以下铁矿”；货物数量为“6万吨（+/–10%）”；航次为“1”；船名、船期和IMO的号为“M.V.S After the completion on OGV××a.s.a.p.”；船舶状态为“在塞拉利昂佩佩尔港”；装运港为“1个塞拉利昂佩佩尔装运码头和1个安全锚地”；卸货港为“青岛或日照或烟台中的一个安全港口的1~2个安全泊位”；运费“28美元/吨，基于青岛或日照或烟台1个卸货港口，6万吨+/–10%由船方选择”。承租人在货物到达卸货港卸货一半时，凭借双方确认的文件支付运费50%余额。

2018年1月30日，山某投资公司和山某钢铁香港资源有限公司（以下简称山某资源公司）作为买方与卖方唐某公司签订铁矿石销售合同，约定山某投资公司和山某资源公司向唐某公司购买32mm内铁矿石，贸易术语为CFR到中国主要港口，装货港佩佩尔港，数量“60.000湿公吨，每船数量允许10%以内的浮动”，运输方式“卖方负担成本加运费，买方负担卸货费用，运至中国主要港口”。合同的价格条款约定：“3.1价格计算（a）参考CFR价格：合同项下铁矿石价格的计算应当参照发布在‘普式能源资讯网’上的‘普式58%铁矿石价格指数CFR至中国北部’指数价格；（b）临时价格：34.404美元/每干公吨CFR FO青岛港或日照港；（c）最终CFR基础价：发票价格应当按照船舶第一次在买方指定卸货港递交船舶准备就绪通知书后（不含当日）连续30个日历日的CFR58%平均价格，再减去12%的折扣和每干公吨0.18美元；（d）最终干公吨价格=船舶第一次在买方指定卸货港递交船舶就绪通知书后连续30个日历日的CFR58%平均价格，再减去12%的折扣和每干公吨0.18美元，减去同期干基货物的波罗的海平均C3指数，最后除以58……9.保险：货物的保险由买方按照全部货值的110%投保以对抗一切风险……12.所有权及风险：本票货物全部铁矿石的风险在装货港装船完毕时全部转移给买方；本票货物全部铁矿石的所有权在按照《国际贸易术语解释通则2010》的CFR FO手续完成或者合同价款确认收款时转移，二者都存在的情况下以较晚的为准……”

就涉案货物运输事宜，山某投资公司于2018年2月2日向某保险公司投保货物运输保险，某保险公司签发了25690011220001××××号保单，保单载明：承保险别一切险，承保货物为54 591吨32mm内铁矿石，保险金额为1 807 830.6美元，装载运输工具为“盛某”轮。

2018年2月19日，澳大利亚某有限公司作为“盛某”轮船长孙某兴的代理人签发了编号为1和2的两张提单，两张提单记载的托运人为唐某公司，收货人及通知方均为“凭指示”，承运船舶为“盛某”轮，装货港为塞拉利昂佩佩尔港，卸货港为中国主要港口，承运的货物为32mm内铁矿石，承运的重量均为27 295.50吨，合计为54 591吨。之后，该两份提单为山某投资公司所持有，提单上加盖山某投资公司的公章。

2018年3月30日，“盛某”轮从塞拉利昂弗里敦港出发。

2018年4月23日，唐某公司就前述铁矿石销售合同向山某投资公司出具临时发票，总体价格记载“普式58%铁矿石价格指数CFR至中国北部的均值：$39.300；临时CFR基准价：$34.4040；临时CFR总价（100%）：

$1 634 928.50”。

2018年4月24日，山某投资公司经理王某向某航运公司陈某立发送的邮件记载，“因艉轴破坏，船舱进水，船东宣布共损，船东通知船舶将于4月25日抵达开普敦进行维修，将对货物进行减载操作”。2018年5月7日，山某投资公司经理王某向“盛某”轮船舶代理发送的邮件记载，“租船合同请联系某航运公司提供。邮件信息已知悉，为减少双方损失，请贵司采取一切可行的措施，保存货物。包括和不限于请求船东保险公司先行出具保函，保证船舶先完成靠港，保证货物安全”。

2018年5月11日，富某公司向“盛某”轮船载货物货主、收货人、货物保险人发出的《关于“盛某”轮船载货物自行处理的通知》记载：“我们很遗憾地通知各位，根据港口当局签发的第3号指令，因各保险方均无法提供港口当局要求的担保，船舶已无法进港，当局决定将船舶近期拖往公海。我司已无力处理船上货物，请货物相关利益方动用各自资源，自行处理货物以避免损失扩大。同时我司保留向各方追索或要求分摊救助及施救费用的权利。由于本次事故给各方造成的不便，我司表示遗憾！我司将继续协调各方做好善后工作。”

2018年5月22日，富某公司向某航运公司、某保险公司、日船保、中国某财产保险股份有限公司航运保险运营中心、中国某财产保险股份有限公司广东分公司发出关于“S”轮弃船的通知。

南非共和国环境事务部于2018年6月11日出具的《紧急许可01/2018》载明，允许南非海事安全局对停靠在指定地点的满载铁矿石的“盛某”轮（船舶识别号：9109×××）进行凿沉处理。

2018年6月30日，山某投资公司向某航运公司和富某公司发出索赔函，称其作为货主对运输途中将货物随同“盛某”轮沉没而致全损，提出180.783 06万美元索赔。

2018年10月26日，某保险公司向山某投资公司支付145万美元赔偿款，山某投资公司于2018年10月29日签署了权益转让书，将涉案货物索赔权转让给某保险公司。2018年10月26日，美元兑人民币汇率中间价为6.9510。

另查明，2018年10月16日，本院受理孙某兴起诉青岛某国际船舶管理有限公司、某航运公司船员劳务合同纠纷一案，该案一审与二审认定，2018

年 2 月至 5 月，孙某兴与某航运公司建立雇佣关系。2019 年 11 月 8 日，本院受理富某公司起诉某航运公司、蓝某控股有限公司航次租船合同纠纷一案，该案一审与二审认定富某公司主张其与某航运公司、蓝某控股有限公司之间存在航次租船合同的证据不足，富某公司请求支付运费的依据不充分，驳回富某公司的全部诉讼请求。2019 年 2 月 20 日，上海海事法院受理中国某财产保险股份有限公司航运保险运营中心、第三人诺亚某保险经纪（上海）有限公司海上保险合同纠纷一案，该案一审与二审认定，富某公司关于涉案事故原因为船舶机件或船壳的潜在缺陷以及船长、船员的疏忽行为的主张，法院不予支持，驳回富某公司的全部诉讼请求。

原告公司诉请三被告共同赔偿货物损失 145 万美元及利息。

【裁判说理】

争议焦点：（1）某保险公司的代位求偿权是否成立；（2）某航运公司在本案中的法律地位；（3）富某公司在本案中的法律地位；（4）本案货损原因是否构成免责事由；（5）三被告是否应当承担赔偿责任。

青岛海事法院认为：

第一，某保险公司的代位求偿权是否成立。本案为保险人代位求偿纠纷，主要审查的是被代位人山某投资公司对货损是否具有诉权以及是否存在损失。山某投资公司作为提单的合法持有人，发生货损后，当然有权提起索赔。涉案两票货物均因“盛某”轮沉没而致全损，山某投资公司对该两票货物存在损失。山某投资公司作为涉案货物的买方向某保险公司购买货物运输保险，某保险公司接受并出具保险单，双方之间形成了海上货物保险合同关系，某保险公司系保险人，山某投资公司系被保险人。货物发生货损后，某保险公司作为保险人，中国某财产保险股份有限公司代其分支机构支付保险金，符合法律规定。某保险公司支付了保险赔偿金并取得山某投资公司出具的权益转让书，依法取得代位求偿权，有权向货损事故责任人提出索赔。

第二，某航运公司在本案中的法律地位。唐某公司与某航运公司之间存在航次租船合同关系，《海商法》将航次租船合同作为特别的海上货物运输合同予以规定，因此航次租船合同当事人的权利义务主要源于合同的约定，在航次租船合同有明确约定的情形下，出租人应当按照航次租船合同的约定履行义务，并履行《海商法》第 47 条、第 49 条规定的义务。在航次租船合同没有约定或者没有不同约定时，出租人和承租人之间的权利义务适用《海商法》第四章的规定，但并非第四章所有规定均适用于航次租船合同的当事人，所应适用的仅为海上货物运输合同的当事人即承运人和托运人之间的权利义务规定。实际承运人并非航次租船合同法律关系的当事方，如果按照航次租船合同法律关系审查，不能突破合同相对性原则。

第三，富某公司在本案中的法律地位。在提单证明的海上货物运输法律关系中，法律规定承运人的责任扩大适用于非合同当事方的实际承运人，但实际承运人是接受海上货物运输承运人的委托，实际承运人及其法定责任限定在提单的法律关系中。本案的事实在于富某公司不能认定为接受某航运公司的委托而从事涉案货物运输。其不能被认定为《海商法》规定的实际承运人。

第四，本案货损原因是否构成“政府或者主管部门的行为、检疫限制或者司法扣押”的免责事由。南非港口当局作出的指令系基于“盛某”轮违反巴拿马海事部门单航次许可限制装载货物所致，“盛某”轮因尾轴破坏，船舱进水，希望抵达开普敦维修，对货物进行减载操作，但未能提交港口当局要求的担保，而被拒绝进港，在富某公司发出弃船声明后被拖往公海，故货损并非南非政府的行为所致，而是船公司违反船舶适航义务的后果，故本院对该抗辩主张不予支持。

第五，三被告是否应当承担赔偿责任。本案货损原因不构成免责事由，某航运公司作为承运人，应当承担赔偿责任。富某公司因不能被认定为涉案货物运输的实际承运人，不承担连带责任。日船保是非营利法人，不是商业保险公司，不受中国《保险法》调整，应当适用《合同法》。根据合同的相对性原则，原告无权直接起诉日船保。

综上，判决某航运公司赔偿原告人民币 7 742 543.48 元及利息，驳回原告对富某公司、日船保的诉讼请求。

一审判决后原告不服，向山东省高级人民法院提起上诉，山东省高级人民法院判决驳回上诉，维持原判。

【法官后语】

本案系兼具涉外、涉港因素的保险人代位求偿纠纷，涉及多重法律关系。本案历经一审、二审发回重审、重审一审、二审等多重审判程序，当事人争议大。案件涉及“一带一路”共建国家南非、塞拉利昂，还涉及日本保险公司、中国香港特别行政区船东，运输标的物为国家战略性矿产资源铁矿石，涉及中国在非洲国家的战略投资，原告为中国保险公司，案件影响重大。案件焦点涉及海上货物运输保险合同、航次租船合同、提单关系和船舶保赔保险合同、日本保险公司的民事行为能力等多重法律关系的认定。本案在审理过程中，案涉当事人在不同法院提起多起诉讼，依据不同合同主张不同权利，但均与本案所涉事实有所关联，导致本案的事实认定必须基于关联案件生效裁判，也给案件审理带来了难度。

本案诉因首先源于航次租船合同，《海商法》将航次租船合同作为特别的海上货物运输合同予以规定，因此航次租船合同当事人的权利义务主要源于合同的约定，而非法律规定。实际承运人并非航次租船合同法律关系的当事方，如果按照航次租船合同法律关系审查，不能突破合同相对性原则。但本案原告在庭审中明确其代位求偿权的基础法律关系为提单法律关系而非航次租船合同关系，而原告代位求偿的被保险人为案涉提单持有人，并非租船合同下的承租人，因此，法院依据民事诉讼不告不理的原则，结合原告的诉讼请求，对案涉提单法律关系下各方当事人的法律地位进行了分析认定，这是本案不同于普通海上货物合同纠纷之处，涉及租船合同与提单法律关系，本案的裁判为此类案件如何厘清法律责任主体提供了裁判指引。

本案货损原因系南非海事安全局对“盛某”轮进行凿沉处理，被告据此主张构成“政府或者主管部门的行为”的免责事由。法院查明被告的该抗辩事由并不符合本案事实情况。南非港口当局作出的指令系基于“盛某”轮违反巴拿马海事部门单航次许可限制装载货物所致，要求其提供担保，“盛某”轮未能提供担保而被拒绝进港，在富某公司发出弃船声明后被拖往公海，故货损并非南非政府的行为所致，而是船公司违反船舶适航义务的后果，法院的该审查认定充分还原了事实，因案涉标的物为中国在非洲投资的全资公司所托运，该案对免责事由的充分审查认定也免除了不利的涉外影响，为维护我国“一带一路”倡议提供了有力的司法服务。

本案还有一个典型之处在于识别多重法律关系适用法律。对日本保险公司民事主体民事行为能力的法律适用，因其注册地系日本，按照《涉外民事关系法律适用法》第14条的规定，以日本法为准据法。对于日本法的查明，日船保提供了日本东京都山口法律事务所合伙人出具的法律意见书，该法律意见书证明，根据《日本公司法》和《日本船主相互保险组合法》的规定，日船保是以协会的形式依据日本《船主相互保险组合法》注册成立的法人，日船保成立的目的是向其会员提供相互保险服务，而非获取利润。因此，日船保应为非营利性组织，而非商业保险公司，故对其不能适用调整商业保险公司的保险法，而适用中国合同法的有关规定，得出原告不能直接起诉日船保的结论，该结论与日船保主张适用日本法的结论是完全一致的。

本案对于海上货物运输保险合同、航次租船合同、船舶保赔保险合同及提单法律关系，充分尊重当事人意思自治原则，结合最密切联系原则适用中国法。海事法院在同一个案件中正确识别多重法律关系，同时适用了中国和日本两个国家的法律进行裁判，有效发挥了海事法院外国法查明与适用的机制优势，充分尊重了当事人处理涉外商事海事纠纷的意思自治，及时、平等、全面地维护了各方当事人的权利，也充分彰显了社会主义司法制度的开放包容，展现了国际化、法治化的营商环境。

【相关法条】

1.《中华人民共和国海商法》（1993 年 7 月 1 日施行）

第四十二条 本章下列用语的含义：

（一）“承运人”，是指本人或者委托他人以本人名义与托运人订立海上货物运输合同的人。

（二）“实际承运人”，是指接受承运人委托，从事货物运输或者部分运输的人，包括接受转委托从事此项运输的其他人。

（三）“托运人”，是指：

1. 本人或者委托他人以本人名义或者委托他人为本人与承运人订立海上货物运输合同的人；

2. 本人或者委托他人以本人名义或者委托他人为本人将货物交给与海上货物运输合同有关的承运人的人。

（四）“收货人”，是指有权提取货物的人。

（五）“货物”，包括活动物和由托运人提供的用于集装货物的集装箱、货盘或者类似的装运器具。

第四十六条 承运人对集装箱装运的货物的责任期间，是指从装货港接收货物时起至卸货港交付货物时止，货物处于承运人掌管之下的全部期间。承运人对非集装箱装运的货物的责任期间，是指从货物装上船时起至卸下船时止，货物处于承运人掌管之下的全部期间。在承运人的责任期间，货物发生灭失或者损坏，除本节另有规定外，承运人应当负赔偿责任。

前款规定，不影响承运人就非集装箱装运的货物，在装船前和卸船后所承担的责任，达成任何协议。

第五十一条 在责任期间货物发生的灭失或者损坏是由于下列原因之一造成的，承运人不负赔偿责任：

（一）船长、船员、引航员或者承运人的其他受雇人在驾驶船舶或者管理船舶中的过失；

（二）火灾，但是由于承运人本人的过失所造成的除外；

（三）天灾，海上或者其他可航水域的危险或者意外事故；

（四）战争或者武装冲突；

（五）政府或者主管部门的行为、检疫限制或者司法扣押；

（六）罢工、停工或者劳动受到限制；

（七）在海上救助或者企图救助人命或者财产；

（八）托运人、货物所有人或者他们的代理人的行为；

（九）货物的自然特性或者固有缺陷；

（十）货物包装不良或者标志欠缺、不清；

（十一）经谨慎处理仍未发现的船舶潜在缺陷；

（十二）非由于承运人或者承运人的受雇人、代理人的过失造成的其他原因。

承运人依照前款规定免除赔偿责任的，除第（二）项规定的原因外，应当负举证责任。

第五十五条 货物灭失的赔偿额，按照货物的实际价值计算；货物损坏的赔偿额，按照货物受损前后实际价值的差额或者货物的修复费用计算。

货物的实际价值，按照货物装船时的价值加保险费加运费计算。

前款规定的货物实际价值，赔偿时应当减去因货物灭失或者损坏而少付或者免付的有关费用。

第七十二条 货物由承运人接收或者装船后，应托运人的要求，承运人应当签发提单。

提单可以由承运人授权的人签发。提单由载货船舶的船长签发的，视为代表承运人签发。

第九十四条 本法第四十七条和第四十九条的规定，适用于航次租船合同的出租人。

本章其他有关合同当事人之间的权利、义务的规定，仅在航次租船合同没有约定或者没有不同约定时，适用于航次租船合同的出租人和承租人。

第二百六十九条 合同当事人可以选择合同适用的法律，法律另有规定的除外。合同当事人没有选择的，适用与合同有最密切联系的国家的法律。

2.《中华人民共和国公司法》（2018年10月26日修正）

第十四条 公司可以设立分公司。设立分公司，应当向公司登记机关申请登记，领取营业执照。分公司不具有法人资格，其民事责任由公司承担。

公司可以设立子公司，子公司具有法人资格，依法独立承担民事责任。

对应新法：

《中华人民共和国公司法》（2023年12月29日修订）

第十三条 公司可以设立子公司。子公司具有法人资格，依法独立承担民事责任。

公司可以设立分公司。分公司不具有法人资格，其民事责任由公司承担。

3.《中华人民共和国保险法》（2015年4月24日修正）

第二条 本法所称保险，是指投保人根据合同约定，向保险人支付保险费，保险人对于合同约定的可能发生的事故因其发生所造成的财产损失承担赔偿保险金责任，或者当被保险人死亡、伤残、疾病或者达到合同约定的年龄、期限等条件时承担给付保险金责任的商业保险行为。

4.《中华人民共和国涉外民事关系法律适用法》（2011年4月1日施行）

第十四条 法人及其分支机构的民事权利能力、民事行为能力、组织机构、股东权利义务等事项，适用登记地法律。

法人的主营业地与登记地不一致的，可以适用主营业地法律。法人的经常居所地，为其主营业地。

5.《最高人民法院关于审理海上保险纠纷案件若干问题的规定》（2020年12月29日修正）

第十四条 受理保险人行使代位请求赔偿权利纠纷案件的人民法院应当仅就造成保险事故的第三人与被保险人之间的法律关系进行审理。

承办人：王爱玲

编写人：王爱玲

16. 中国某财产保险股份有限公司济宁市分公司诉济宁市某航运有限公司、张某保险人代位求偿纠纷案

——保险人的诉权审查标准

【合规提示】

本案系一起水路货物运输合同下保险人代位求偿货损纠纷案，保险人向并非货主的物流公司赔付后，代位向承运人追索损失，涉及对保险公司的诉权审查。对于保险公司而言，要注意对保险利益的理解，接受货运保险和出险赔付时充分审查投保人是否具有保险利益，区分财产险与责任险并应规范操作。对于被挂靠企业而言，要注意挂靠船舶因侵权行为造成他人损害，其要与挂靠船舶的实际所有人承担连带赔偿责任，不能以未实际管理船舶而免责。对实际所有人而言，要注意作为船舶实际管理人，对船舶的侵权行为应当承担法律责任。

【案件信息】

1. 裁判文书字号

（2020）鲁72民初1706号、（2021）鲁民终137号

2. 当事人

原告：中国某财产保险股份有限公司济宁市分公司

被告：济宁市某航运有限公司、张某

3. 关键词

民事　海上保险合同　海上货物运输合同　货损　诉权　保险利益

【裁判要旨】

物流公司向货主赔偿货物损失后，因涉案货损事故而受损，与保险标的具有利益关系，享有保险利益，具有损失赔偿请求权，保险人赔付后享有代位求偿权。

【基本案情】

原告中国某财产保险股份有限公司济宁市分公司（以下简称保险公司）向本院提出诉讼请求：（1）请求判令两被告连带赔偿原告135万元人民币款项，及以135万元为基数自2020年5月11日起至实际支付之日止按全国银行间同业拆借中心公布的贷款市场报价利率计算的相关利息。（2）请求判令被告承担本案案件受理费、保全费及其他相关费用。

被告济宁市某航运有限公司（以下简称航运公司）辩称：（1）原告主体不适格；（2）本案实际损失不清；（3）航运公司不应承担责任。

被告张某辩称：（1）原告主体不适格；（2）各方之间法律关系不同；（3）各方承担责任不同；（4）本案实际损失不清。

2013年6月11日，航运公司与张某签订挂靠协议，约定张某新造钢质货船一艘，船号为“鲁济宁货54××”轮，自愿挂靠在航运公司。协议中确认该船舶所有权实为张某所有，船舶国籍证书载明船舶所有人为航运公司。

2019年7月2日，某煤矿委托某物流公司为其运输一批焦精煤。9月13日，某物流公司委托“鲁济宁货54××”轮承运该批焦精煤，张某在水路货物运输合同经办人处签字。之后，某物流公司为该次运输向保险公司购买了水路货物运输保险，保险公司向其出具了保单，保单载明投保人与被保险人均为某物流公司。10月3日，船舶触碰航道整治工程后沉没，造成货物灭失，事故调查报告认定该船对本次事故负全部责任。某物流公司就涉案货物运输在原告处投保了水路货物运输保险。货物出险后，保险公司赔付某物流公司135万元，在赔偿金额范围内代位行使某物流公司对两被告请求赔偿的权利。

【裁判说理】

争议焦点：（1）原告保险公司是否享有诉权；（2）两被告是否应当承担责任；（3）损失范围如何认定。

青岛海事法院认为：

一、原告保险公司是否享有诉权

两被告抗辩某物流公司作为货物的承运人，并非货主，并未遭受物质损失，其即使作为投保人也不享有财产保险项下的保险利益，无权主张财产保险项下的权利。原告未能查清保险利益事项，无权追偿。对此本院认为，《保险法》第12条第2款规定："财产保险的被保险人在保险事故发生时，对保险标的应当具有保险利益。"第6款规定："保险利益是指投保人或者被保险人对保险标的具有的法律上承认的利益。"所谓保险利益，又称可保利益，是指投保人或被保险人对于保险标的所具有的利害关系，即投保人或被保险人因保险事故的发生而受损以及因保险事故不发生而受益的损益关系。财产保险的保险利益，包括现有利益以及现有利益产生的责任利益、期待利益等法律上承认的利益。本案中，货方某煤矿委托某物流公司运输煤炭，并签订《运输合同》，之后某物流公司又以自己公司的名义与"鲁济宁货54××"轮签订《水路货物运输合同》，由"鲁济宁货54××"轮实际运输，因"鲁济宁货54××"轮发生触碰事故，造成船上货物产生经济损失。按照合同的相对性原则，某煤矿向某物流公司索赔货物损失，某物流公司同意赔付后因涉案事故发生而受损，与保险标的具有利益关系，虽然其并非货主，但仍享有保险利益。同时，某物流公司在保险公司处投保水路货物运输保险，保险公司系保险人，某物流公司系被保险人。某物流公司遭受损失后，也有权依据该保险合同向保险公司提起保险索赔。

退一步讲，不管某物流公司是否对涉案货物具有保险利益，本案应仅就某物流公司与两被告之间的法律关系进行审理。根据《最高人民法院关于审理海上保险纠纷案件若干问题的规定》第14条规定，"受理保险人行使代位请求赔偿权利纠纷案件的人民法院应当仅就造成保险事故的第三人与被保险人之间的法律关系进行审理"。因此，被保险人某物流公司是否具有保险利益，保险公司是否应当进行理赔并不是本案审理范围，本案应当仅就某物流公司与两被告之间的法律关系进行审理。

因"鲁济宁货54××"轮触碰造成货损，某物流公司赔偿货方损失后，有权向两被告主张权利。《海商法》第252条第1款规定："保险标的发生保险责任范围内的损失是由第三人造成的，被保险人向第三人要求赔偿的权利，自保险人支付赔偿之日起，相应转移给保险人。"《海事诉讼特别程序法》第93条规定："因第三人造成保险事故，保险人向被保险人支付保险赔偿后，在保险赔偿范围内可以代位行使被保险人对第三人请求赔偿的权利。"根据上述规定，保险公司对某物流公司支付保险赔偿后，在保险赔偿范围内可以代位行使被保险人对第三人请求赔偿的权利。因此，保险公司已合法取得代位求偿权，有权提起本案诉讼。

二、两被告是否应当承担责任

根据黄石港区海事处所出具的《内河交通事故调查结论书》，事故原因如下：（1）当班驾驶员对牯牛沙水道道士袱水域不熟悉，航路选择错误；（2）临危措施不力。责任认定：“鲁济宁货 54××”轮负本次事故的全部责任。原告主张按侵权关系行使诉权，本案事故的发生完全是由于“鲁济宁货 54××”船方的过错所导致的，且该事故与某物流公司的经济损失有因果关系，构成侵权责任要件。根据《侵权责任法》第 6 条规定，“行为人因过错侵害他人民事权益，应当承担侵权责任”，“鲁济宁货 54××”轮实际所有人和经营人张某应承担本次事故全部责任。

因“鲁济宁货 54××”轮登记挂靠在航运公司名下经营，挂靠期间因侵权行为造成他人财产损害，根据《最高人民法院关于国内水路货物运输纠纷案件法律问题的指导意见》第 12 条规定，“挂靠船舶因侵权行为造成他人财产、人身损害，依据民法通则、侵权责任法、海商法和有关司法解释的规定，挂靠船舶的实际所有人和被挂靠企业应当承担连带赔偿责任”，航运公司作为被挂靠企业，应对涉案货损与张某承担连带赔偿责任。

三、损失范围如何认定

两被告抗辩其与某物流公司的运输合同中并未约定货物为 1/3 焦精煤，没有申明货物价值，保险公司赔偿的金额超出其签订合同时可以预见的范围，应当以普通煤炭价格认定损失。对此本院认为，水路货物运输合同中约定货物品名为精煤，1/3 焦精煤属于精煤的范围，显然不能以普通煤炭价格为依据认定货物损失，两被告的该抗辩主张不能成立。

两被告还抗辩，原告仅提供了某煤矿与某物流公司之间的协议，并未提供买卖合同、付款凭证、发票之类的证据，同样也没有货损鉴定报告等，某煤矿与某物流公司双方确定的损失金额不具有客观性。对此，本院认为，原告已经提交了某煤矿与某物流公司的协议、海事救捞协议、打捞情况确认书、权益转让书、银行电子回单、收款确认书及公估报告，均系原件，可以相互印证，某物流公司对其真实性没有异议，且以运费冲抵方式支付货款并各自记账处理符合商业惯例，可以证明原告已经支付了相应货损的赔偿款项。两被告若有异议，按照“谁主张，谁举证”的原则，有责任对其抗辩提交证据予以证明，但其未予证明，应承担举证不能的法律后果。

一审判决后，两被告不服提起上诉。二审判决：驳回上诉，维持原判。

【法官后语】

本案系一起水路货物运输合同下保险人代位求偿货损纠纷案，涉及对保险人的诉权审查，具有较强的指导意义。

在对保险人的诉权审查中，涉及两个层次：第一层为被保险人与两被告之间的法律关系；第二层为保险人与被保险人之间的保险合同法律关系。关于第一层次，根据最高人民法院的司法解释，法院仅需审理造成保险事故的涉案船舶与被保险人之间的法律关系，某物流公司向货主赔偿货物损失后，因涉案货损事故而受损，与保险标的具有利益关系，享有保险利益，具有损失赔偿请求权，保险人赔付后享有代位求偿权。关于第二层次，本案被保险人系某物流公司，并非货主，两被告抗辩某物流公司作为货物的承运人，并未遭受物质损失，其即使作为投保人也不享有财产保险项下的保险利益，无权主张财产保险项下的权利。原告未能查清保险利益事项，无权追偿。对此法院认为，所谓保险利益，又称可保利益，是指投保人或被保险人对于保险标的所具有的利害关系，即投保人或被保险人因保险事故的发生而受损以及因保险事故不发生而受益的损益关系。财产保险的保险利益，包括现有利益以及现有利益产生的责任利益、期待利益等法律上承认的利益，应当对财产保险的保险利益进行较宽泛的解释。本案某物流公司因船舶沉没造成货损已经向货主协商赔偿，因涉案货损事故而受损，与保险标的具有利益关系，享有保险利益，具有损失赔偿请求权。

需要强调的是，在沿海、内河货运保险中，承运人（特别是规模较大的货代公司）为自己承运的货物投保货运险的情况非常普遍。虽然保险公司纷纷推出了承运人责任险，由于责任险保费较高，出于对经营成本的考虑，很多承运人选择购买保费较低的货运险。同时，有些保险公司在承运人投保当时明知其不是货物的所有人，考虑到市场竞争因素，也接受了承运人投保货物险的要求，并向被保险人签发了货物险保单，对于本案而言，就属于此类货运险而非责任险。对于货运险，保险人进行赔付的前提是承运人确实遭受了实际损失，这是认定并非货主的承运人是否享有保险利益的根本。

【相关法条】

1.《**中华人民共和国保险法**》(2015年4月24日修正)

第十二条 人身保险的投保人在保险合同订立时，对被保险人应当具有保险利益。

财产保险的被保险人在保险事故发生时，对保险标的应当具有保险利益。

人身保险是以人的寿命和身体为保险标的的保险。

财产保险是以财产及其有关利益为保险标的的保险。

被保险人是指其财产或者人身受保险合同保障，享有保险金请求权的人。投保人可以为被保险人。

保险利益是指投保人或者被保险人对保险标的具有的法律上承认的利益。

2.《**中华人民共和国海商法**》(1993年7月1日施行)

第二百五十二条 保险标的发生保险责任范围内的损失是由第三人造成的，被保险人向第三人要求赔偿的权利，自保险人支付赔偿之日起，相应转移给保险人。

被保险人应当向保险人提供必要的文件和其所需要知道的情况，并尽力协助保险人向第三人追偿。

3.《**中华人民共和国海事诉讼特别程序法**》(2000年7月1日施行)

第九十三条 因第三人造成保险事故，保险人向被保险人支付保险赔偿后，在保险赔偿范围内可以代位行使被保险人对第三人请求赔偿的权利。

4.《**中华人民共和国侵权责任法**》(2021年1月1日废止)

第六条 行为人因过错侵害他人民事权益，应当承担侵权责任。

根据法律规定推定行为人有过错，行为人不能证明自己没有过错的，应当承担侵权责任。

对应新法：

《**中华人民共和国民法典**》(2021年1月1日施行)

第一千一百六十五条 行为人因过错侵害他人民事权益造成损害的，应当承担侵权责任。

依照法律规定推定行为人有过错，其不能证明自己没有过错的，应当承担侵权责任。

5.《中华人民共和国民事诉讼法》（2017年6月27日修正）

第六十四条 当事人对自己提出的主张，有责任提供证据。

当事人及其诉讼代理人因客观原因不能自行收集的证据，或者人民法院认为审理案件需要的证据，人民法院应当调查收集。

人民法院应当按照法定程序，全面地、客观地审查核实证据。

对应新法：

《中华人民共和国民事诉讼法》（2023年9月1日修正）

第六十七条 当事人对自己提出的主张，有责任提供证据。

当事人及其诉讼代理人因客观原因不能自行收集的证据，或者人民法院认为审理案件需要的证据，人民法院应当调查收集。

人民法院应当按照法定程序，全面地、客观地审查核实证据。

承办人：王爱玲

编写人：王爱玲

17. 中国航空港某赤道几内亚公司诉中国某财产保险股份有限公司济宁市分公司海上保险合同纠纷案

——“一切险”的承保范围

【合规提示】

本案是一起被保险人诉保险人要求保险人赔偿保险损失的案件。双方对于本案中货物事实状态是否属于一切险所承保的范围产生争议。海上运输合同中，投保的“一切险”并非承保一切风险。对“一切险”中“一切”的理解，主要是立足合同条款的具体约定来确定“一切”的范围。从国际海运货物保险实践看，一切险是有限制的，除了从风险的基本内涵和本质特征出发排除所有既定或者确定因素之外，不同保险条款均有自己的承保范围，承保的可能性因素可能有所不同。相关企业在投保时应仔细查阅承保范围。

【案件信息】

1. 裁判文书字号

（2019）鲁 72 民初 1004 号、（2020）鲁民终 726 号、（2020）最高法民申 6732 号

2. 当事人

原告：中国航空港某赤道几内亚公司

被告：中国某财产保险股份有限公司济宁市分公司

3. 关键词

民事　海上保险合同　一切险　承保范围

【裁判要旨】

货物运输险保险条款中的“一切险”是列明风险，并非承保一切风险。一切险中所指的外来风险，一般指运输途中“外来原因”导致的风险。货物被政府扣押不属于货物在运输途中遭遇的风险，且货物被扣押情形下，货物并非发生物理性损失，不属于货物运输险一切险所列明的风险。

【基本案情】

原告诉请：（1）请求被告保险赔偿损失 224 400 欧元（约合人民币 1 705 000 元）；（2）被告承担本案诉讼费。

被告辩称：（1）货物在运输中因为外来原因导致货物损失，原告首先应证明其已遭受损失。（2）根据保险条款第 4 条第 1 款，原告在货物到达目的港后应及时提货，原告并没有提交向船方或相关部门要求提货的证明。（3）根据保单和保险条款的约定，当发现被保险货物遭受损失时，应及时通知保险人。本案中，原告在其诉称的货损发生后长达一年多的时间均未向保险人报案。根据《保险法》第 21 条的规定，保险人不承担损害赔偿责任。（4）货物的 CIF 价值为 204 000 欧元（合同及发票价值），而货物的保险金额为 224 400 欧元，即使本案构成保险事故，鉴于保额超过了保险价值。对于超过部分，原告无权索赔。（5）涉案两台推土机被赤道几内亚政府扣押，系由原告企图用欺诈的方式享受免税政策造成，属于原告故意造成的损失，而非意外的和偶然的风险造成的，保险人不负保险赔偿责任。

经审理查明，2017 年 10 月 17 日，中国航空港某赤道几内亚公司（以下简称几内亚公司）与山某公司签订了一份货物买卖合同，购买两台推土机。涉案出口货物运输所涉正本提单由上海某船代代船东签发，装船日期 2017 年 12 月 5 日，运费预付。上述运输所涉货物已由山某公司向中国某财产保险股份有限公司济宁市分公司（以下简称某保险公司）投保货物运输险，签单日期 2017 年 12 月 4 日。2018 年 1 月中旬，涉案出口货物运抵目的港赤道几内亚巴塔港。货物被卸至目的港码头后，被赤道几内亚政府查封，不予放行。查封原因未知。

【裁判说理】

争议焦点：本案查明的货物事实状态是否属于一切险所承保的范围。

青岛海事法院认为：本案中，原告主张的损失不属于一切险的责任风险。理由如下：其一，如前所述，被告主张原告的损失系被保险人的故意行为或过失所造成的损失的事实，因证据不足，本院不予认可，被告无权援引保险人的除外责任拒绝赔付。其二，本案中，就双方争议的保险条款的理解，首先，涉案货物至今仍旧堆存在目的港码头，并未发生物理性损失事故。其次，一切险并非承保一切风险。根据《保险法》第 30 条的规定，保险人与被保险人对保险条款有争议的，应当按照通常理解予以解释。对合同条款有两种以上解释的，才涉及有利于被保险人的保险条款解释原则。就涉案保险条款一切险中所指明的“外来原因”，应按照通常理解解释为“普通风险”，排除任何政治的、社会的、与货运习惯抵触的风险。据此，货物被政府扣押不属于涉案保险条款所约定的货物在运输途中遭遇损失的“外来原因”。简言之，涉案货物被政府扣押后一直存放于目的港码头，货物并未发生物理性损失，原告主张的损失不属于一切险的责任范围，被告作为保险人并无赔偿义务。

一审法院认为，原告主张的其损失属于一切险的责任范围缺乏法律依据与合同依据，不予支持，判决驳回原告诉讼请求。原告几内亚公司不服一审判决，提起上诉，山东省高级人民法院判决：驳回上诉，维持原判。最高人民法院裁定驳回再审申请。

【法官后语】

对海洋运输货物“一切险”（all risks）的理解，第一，要正确理解“风险"（risks）的通常含义。所谓风险，就是可能出现的危险，具有意外性或偶然性特征，是一种可能性，而不是确定性。凡是具有确定性的不可能发生、必然发生、已经发生的不利情况，均不能成为风险，因此，无论保险合同，还是法律规范，一般均将保险标的物的本质缺陷、自然耗损以及保险责任开始前已经发生的损失作为除外责任予以约定或者规定。就货物保险而言，货物内在缺陷必然造成的损失，其本身不能成为一种风险，只有货物外在原因可能造成的损失，才能成为风险。第二，对"一切险"中"一切"的理解，主要是立足合同条款的具体约定来确定"一切"的范围。从国际海运货物保险实践看，一切险是有限制的，除了从风险的基本内涵和本质特征出发排除所有既定或者确定因素之外，不同保险条款均有自己的承保范围，承保的可能性因素可能有所不同。第三，关于"一切险"的性质是否为非列明风险，是海上保险中长期关注的问题。之所以受到如此关注，关键在于非列明风险与列明风险在法律上最主要的区别之一在于举证责任的不同。在列明风险下，由于遵循"列举（部分）就意味排除（其他）"的解释规则，承保风险被严格限定于合同所列明的风险项目中，被保险人提出保险索赔应当具体证明损失是由其中哪一项或者哪几项列明风险所致。而诸如《协会货物保险（A）条款》约定"一切险"采用广泛的"一切风险+列明除外"的方式，就是最为典型的非列明风险。由于该"一切险"承保风险非常宽泛，被保险人就被免除了列明风险下证明具体风险的举证责任，但被保险人并非不承担举证责任，只不过要求承担较轻的举证责任，仅需要证明保险事故系某些意外所致即可，而没有必要证明损失系某类具体危险所致，不必证明造成损失的确切原因；在被保险人完成上述初步举证后，如果保险人不能举证证明损失系由约定或者法定保险除外责任所致，法院就应当认定损失系承保风险所致。

【相关法条】

《中华人民共和国海商法》（1993年7月1日施行）

第七十一条 提单，是指用以证明海上货物运输合同和货物已经由承运人接收或者装船，以及承运人保证据以交付货物的单证。提单中载明的向记名人交付货物，或者按照指示人的指示交付货物，或者向提单持有人交付货物的条款，构成承运人据以交付货物的保证。

第二百一十六条 海上保险合同，是指保险人按照约定，对被保险人遭受保险事故造成保险标的的损失和产生的责任负责赔偿，而由被保险人支付保险费的合同。

前款所称保险事故，是指保险人与被保险人约定的任何海上事故，包括与海上航行有关的发生于内河或者陆上的事故。

第二百二十九条 海上货物运输保险合同可以由被保险人背书或者以其他方式转让，合同的权利、义务随之转移。合同转让时尚未支付保险费的，被保险人和合同受让人负连带支付责任。

承办人：周黛娜

编写人：原浩洋

18. 中国某财产保险股份有限公司青岛分公司诉以某综合航运（中国）有限公司、以某综合航运公司保险人代位求偿纠纷案

——保险代位求偿权的行使

【合规提示】

本案系一起保险人诉承运人的保险人代位求偿纠纷案。保险事故发生后，保险人已向投保人支付理赔款，保险人和承运人对代位求偿权的行使产生争议。对保险人而言，在订立合同时应详细了解保险标的，谨慎核实货物装载运输情况，支付理赔款，搜集和保存承运人不可免责的相关证据，及时向承运人追偿。对承运人而言，在接收货物并签发提单时，应详细标记货物状态，搜集、保存责任期间内可免责的证据。

【案件信息】

1. 裁判文书字号

（2018）鲁72民初1568号

2. 当事人

原告：中国某财产保险股份有限公司青岛分公司

被告：以某综合航运（中国）有限公司、以某综合航运公司

3. 关键词

民事　海上保险合同　海上货物运输合同　货损　代位求偿权

【裁判要旨】

1. 保险代位求偿权的行使须满足前提条件和实质条件。前提条件指被保险人因保险事故对第三人有损害赔偿请求权，即第三人对保险标的发生的属于保险事故的损害负有责任，这是保险人行使代位求偿权的前提，直接关系到代位求偿权的行使。实质条件指保险人须已经向被保险人实际给付保险金。保险事故发生后，被保险人于保险人赔付保险金之前，仍具有对第三人的损害赔偿请求权。依据我国保险代位求偿权属法定代位的性质，保险人自向被保险人赔付保险金之日起，即当然取得代位求偿权，但同样保险人也只有向被保险人赔偿保险金之后，才得行使代位求偿权。

2. 海上货物运输保险合同中的“一切险”，除包括平安险和水渍险的各项责任外，还包括被保险货物在运输途中由于外来原因所致的全部或部分损失。在被保险人不存在故意或者过失的情况下，由相关保险合同中除外责任条款所列明情形之外的其他原因造成被保险货物损失的，可以认定属于导致被保险货物损失的“外来原因”，保险人应当承担运输途中由该外来原因所致的一切损失。

3. 承运人对集装箱装运的货物的责任期间，是从装货港接收货物时起至卸货港交付货物时止，货物处于承运人掌管之下的全部期间。若当事人主张货物损失发生在承运人责任期间内，按照“谁主张，谁举证”的原则，该当事人应当对此承担举证责任。

【基本案情】

在中国某财产保险股份有限公司青岛分公司（以下简称某保险公司或原告）诉以某综合航运（中国）有限公司（以下简称第一被告）、以某综合航运公司（以下简称以某公司或第二被告）保险人代位求偿纠纷一案中，青岛海事法院查明案件事实如下：

2017 年 8 月 10 日，原告签发货物运输保险单，载明承保人为中国某财产保险股份有限公司，被保险人为济宁某食品有限公司，保险货物为 2017 年收获的正常白色大蒜，保险金额为 38 341 美元，运输路线为自金乡经中国青岛至苏里南帕拉马里博，承保险别为涵盖一切险。

2017 年 8 月 20 日，第一被告代表承运人第二被告签发三份正本提单，提单记载发货人为济宁某食品有限公司，还载明了收货人和通知方、船名、航次、货物为普通大蒜、数量及集装箱号。提单还记载，到达码头时货物温度为 33 摄氏度，承运人对接收货物时的温度与设置温度不符导致的任何损失免责。

2017 年 10 月 25 日，苏里南共和国农业畜牧业和渔业部保护和质量检验司向收货人出具文件，载明本文件描述的产品因温度波动造成了温室损害，不再适合销售，并要求销毁。责令销毁日期为 2017 年 10 月 24 日。

2018 年 2 月 6 日，韦伯某有限公司通过特快专递向某保险公司理赔部寄交函件，同日代表某保险公司向收货人寄交函件。两份函件能够证明，就涉案货物损失及保险理赔问题，原告通过韦伯某有限公司与收货人进行了沟通。

2018 年 3 月 21 日，收货人向济宁某食品有限公司出具授权声明，授权济宁某食品有限公司就涉案货物的损失，全权代表收货人向原告提出保险索赔，并收取保险理赔款，以及签署任何必要的和适当的文件。

济宁某食品有限公司向原告出具《收据及权益转让书》，确认收到原告货物运输保险单项下索赔案的全部损失 37 574.18 美元。

以某公司致收货人的复函原件显示，以某公司承认收到了收货人的索赔通知，并要求索赔时提交相关证据材料。但是，该函件没有加盖以某公司印章，亦无任何人签名。

原告提出诉讼请求：（1）被告赔偿货物损失理赔款 37 574.18 美元以及自 2018 年 4 月 9 日起至给付之日止按中国人民银行公布的金融机构同期贷款利率计算的利息，暂计算至起诉之日赔款及利息共计人民币 262 597 元；（2）本案诉讼费及检验代理费等由被告承担。

第一被告辩称：该公司不是本案承运人，与原告不存在海上货物运输合同关系，因此没有承担责任的法律依据。

两被告共同辩称：（1）原告提交的证据尚不能证明本案货物全损的事实，也没有证明货损的原因以及是否发生在承运人责任期间。（2）即使货损发生在承运人责任期间，货损也是托运人对货物包装以及装箱不当引起的，承运人依法可以免责。（3）原告提供的证据不足以证明原告已经取得了代位求偿权。（4）原告诉讼请求的金额没有事实和法律依据。

【裁判说理】

争议焦点：二被告应否就涉案货损向原告承担赔偿责任。

青岛海事法院认为：济宁某食品有限公司就涉案货物向某保险公司投保后，作为发货人将货物交付以某公司，以某公司签发了涉案提单，将货物运至苏里南帕拉马里博港，收货人N进出口公司发现货物损坏后，其有权向货物保险人要求赔偿。在就涉案货物损失及保险理赔问题通过韦伯某有限公司与货物保险人某保险公司进行沟通未果后，收货人N进出口公司向济宁某食品有限公司出具授权书，授权济宁某食品有限公司作为收货人的全权代表，就涉案货物损失向保险人提出索赔。在济宁某食品有限公司代表收货人向保险人索赔的情况下，保险人某保险公司理赔后，有权就其认为的由承运人造成的保险标的损失向承运人主张权利，行使代位求偿权。

《海商法》第46条第1款规定："承运人对集装箱装运的货物的责任期间，是指从装货港接收货物时起至卸货港交付货物时止，货物处于承运人掌管之下的全部期间……"原告主张涉案货物损失发生的原因是运输过程中集装箱温度大幅上升，应当对此承担举证责任，但其提交的证明该主张的陈述报告并非原件，被告不予认可，不予采信，故原告应承担举证不能的法律后果。另外，承运人在接收货物并签发涉案提单时，就货物到达码头时温度高达33摄氏度作出批注，并声明对接收货物时的温度与设置温度不符导致的任何损失免责，故不能排除承运人接收货物前货物温度过高导致了货物损坏，故驳回原告的诉讼请求。

【法官后语】

在海洋货物运输过程中，难免会遇到货损货差等保险事故，其中可能涉及托运人、承运人、装卸公司等第三方责任人。实际操作中为了理赔方便，被保险人一般都会直接向保险人要求赔偿。依据法律规定，如果保险事故中涉及第三方责任的，保险人在按照保险合同给付了赔偿金后，有权把自己置于被保险人的地位，获得被保险人有关该项损失的一切权利和补偿。保险人有权向第三方责任人直接索赔或提出索赔诉讼，即代位求偿。其所享有的权利，叫作代位求偿权。现对司法实务中常见的问题进行分析。

一、保险代位求偿权的行使对象问题

在海上货物运输险中，海运公司作为承运人，投保的方式主要有两种：一是承运人为投保人，托运人为被保险人；二是承运人既为投保人又为被保险人。对于第一种情况，托运人为货物所有人，对货物的保险利益不存在争议，但当保险公司赔付托运人保险金后，保险公司可否向承运人进行追偿，这是一个问题。《海商法》第 252 条第 1 款规定："保险标的发生保险责任范围内的损失是由第三人造成的，被保险人向第三人要求赔偿的权利，自保险人支付赔偿之日起，相应转移给保险人。"《保险法》第 60 条第 1 款规定："因第三者对保险标的的损害而造成保险事故的，保险人自向被保险人赔偿保险金之日起，在赔偿金额范围内代位行使被保险人对第三者请求赔偿的权利。"那么，承运人作为投保人能否认定为"第三人"或"第三者"？按照保险合同原理，投保人乃是保险合同的当事人，在被保险人与投保人不为同一人的情况下系属保险合同关系人。第三者是否应认为是保险合同当事人和关系人以外的人？对此，《上海市高级人民法院关于审理保险代位求偿权纠纷案件若干问题的解答（一）》第 10 条作出的解释可作为一种参考。该条解释认为，财产保险的保障对象是被保险人，投保人与被保险人非同一人时，投保人不在保险保障的范围内，投保人不能因保险合同的存在获得利益。如投保人影响被保险人承担赔偿责任的，保险人可以向投保人行使保险代位求偿权，但投保人是被保险人的家庭成员或其组成人员的除外。按此解释，承运人投保的以托运人为被保险人的货物运输险完全属于为别人作嫁衣裳，对自己的利益并无保障。

二、保险合同关系对保险代位求偿权的影响

实务中，当保险人提起代位求偿诉讼时，"第三者"或"第三人"常常会提出保险合同无效、依保险合同不应赔付保险金或保险赔偿金额计算不当等抗辩。比如，集团公司投保海上货物运输险，保单中有的写有被保险人为"集团公司及其子公司"，有的仅列为"集团公司"，而不论哪种，保险公司对子公司发生货损一律都进行了赔付。保险人的保险代位求偿权不是基于保险合同建立的合同权利而是基于被保险人的损害赔偿请求权，其实质为该请求权的法定转让。至于保险合同成立或生效与否、赔付是否合理对该请求权的转让没有任何影响。被保险人的赔偿请求权成立，保险人的代位求偿权即成立。保险合同关系和被保险人与第三者的赔偿法律关系互不干涉。况且，在保险代位求偿案件中，保险合同双方对合同效力、赔款数额等并无任何争议，因此，对于保险代位求偿案件，法院不应对保险合同关系本身进行审理，而仅应就造成保险事故的第三者与被保险人之间的法律关系进行审理，即法院只需查明第三者对被保险人是否负有损害赔偿责任及其向被保险人应承担的损害赔偿数额，并最终判令第三者将该赔偿金额在保险人赔付的保险金范围内支付给保险人。法律对被保险人的该损害赔偿请求权的转让设定了一个条件，条件满足即自动转让，该条件就是保险人已实际赔付保险金，因此，法院需查明此事实，但只是在确认该损害赔偿请求权转让是否完成，并非对保险合同关系的审查。我们完全可以将此类案件与普通的债权转让案件同等相待。对普通的债权转让案件，法院只要确定债权转让成立即可，对债权转让的原因关系无须审查，例如，甲因拖欠乙货款而将其对丙的债权转让给乙，法院无须对甲乙之间的货物买卖合同关系进行审查，只需查明债权转让协议的效力，并进而查明丙与甲之间的法律关系即可。

三、保险代位求偿案件的举证问题

根据《保险法》第 60 条和《海商法》第 252 条，对于保险代位求偿纠纷案件，保险人首先要证明其已赔偿被保险人，即已实际赔付。这是保险代位求偿权的成立条件。《最高人民法院关于审理海上保险纠纷案件若干问题的规定》第 13 条也对此作出了明确规定，即“保险人在行使代位请求赔偿权利时，未依照海事诉讼特别程序法的规定，向人民法院提交其已经向被保险人实际支付保险赔偿凭证的，人民法院不予受理；已经受理的，裁定驳回起诉”。实践中，有的法院会要求提交保险单，甚至保险条款以及权益转让书，保险代位求偿案件的举证重点应为关于被保险人与第三者之间法律关系的证据。以海上货物运输险为例，保险人应提供证明被保险人与第三者即承运人之间运输合同关系的证据，以及证明第三者有责和所造成损害数额的证据，这些主要表现为运输协议、运单、提单、起运港装货单、目的港货运记录、保险评估报告、承运人损失确认书等。

【相关法条】

《中华人民共和国海商法》（1993年7月1日施行）

第四十六条 承运人对集装箱装运的货物的责任期间，是指从装货港接收货物时起至卸货港交付货物时止，货物处于承运人掌管之下的全部期间。承运人对非集装箱装运的货物的责任期间，是指从货物装上船时起至卸下船时止，货物处于承运人掌管之下的全部期间。在承运人的责任期间，货物发生灭失或者损坏，除本节另有规定外，承运人应当负赔偿责任。

前款规定，不影响承运人就非集装箱装运的货物，在装船前和卸船后所承担的责任，达成任何协议。

第二百五十二条 保险标的发生保险责任范围内的损失是由第三人造成的，被保险人向第三人要求赔偿的权利，自保险人支付赔偿之日起，相应转移给保险人。

被保险人应当向保险人提供必要的文件和其所需要知道的情况，并尽力协助保险人向第三人追偿。

承办人：于喜富

编写人：崔婷婷

19. 陕西某汽车运输有限责任公司诉中国某财产保险股份有限公司西安市分公司等海上保险合同纠纷案

——一般保险合同与海上保险合同的区分与认定

【合规提示】

本案系一起海上保险合同纠纷案件。原告运输货物方式为海运运输+内河运输+公路运输，后在卸船过程中遭遇到恶劣天气，由于自然灾害产生的不可抗力导致载运货物的船只倾覆，打捞过程中出现工作人员伤亡，原告公司支付了相应的打捞费等施救费用，原告公司要求被告承担上述支出费用。双方就保险合同的性质以及是否已过诉讼时效产生争议。应当注意，海上保险合同是指保险人按照约定，对被保险人遭受保险事故造成保险标的的损失和产生的责任负责赔偿，而由被保险人支付保险费的合同，这里的保险事故是指保险人与被保险人约定的任何海上事故，包括与海上航行有关的发生于内河或者陆上的事故。对于保险人而言，在签订保险合同过程中要厘清保险合同性质，属于一般保险合同抑或海上保险合同。对于被保险人而言，要注意根据海上保险合同向保险人要求保险赔偿的请求权，时效期间为二年，保险事故发生后要及时请求保险人承担保险责任，以防过诉讼时效。

【案件信息】

1. 裁判文书字号

（2018）鲁72民初1704号、（2019）鲁民终656号

2. 当事人

原告：陕西某汽车运输有限责任公司

被告：中国某财产保险股份有限公司西安市分公司、中国某财产保险股份有限公司西安市灞桥支公司

3. 关键词

民事　海上保险合同　多式联运　诉讼时效

【裁判要旨】

《海商法》第216条规定了海上保险合同是指保险人按照约定，对被保险人遭受保险事故造成保险标的的损失和产生的责任负责赔偿，而由被保险人支付保险费的合同，这里的保险事故是指保险人与被保险人约定的任何海上事故，包括与海上航行有关的发生于内河或者陆上的事故。所谓“与海上航行有关”，是指保险合同约定的运输区段，有一部分是海区或其中包括海船运输。在这一前提下，无论事故发生在陆上还是内河，均属海上事故，受海上保险合同约束，被保险人可以依约取得海上保险赔偿。

【基本案情】

2014年1月4日，原告陕西某汽车运输有限责任公司（以下简称陕西公

司）与滕州某生化有限公司（以下简称滕州公司）签订滕州公司二期环氧乙烷项目EO反应器货运代理合同，约定：（1）由陕西公司为滕州公司提供货物运输服务，将1台EO反应器自日本横滨港运至滕州公司施工现场，运输方式为海运运输+内河运输+公路运输，合同价款350万元；（2）陕西公司应按EO反应器总价4.81亿日元办理110%的海运、内河、陆路联运保险。3月31日，被告中国某财产保险股份有限公司西安市分公司（以下简称西安某保险公司）签发《货物运输保险单》，载明：被保险人为陕西公司，保险货物项目为1台环氧乙烷项目EO反应器，装载运输工具为“PLAT××M”轮，保险期间自日本横滨经江苏太仓港至滕州公司，总保险金额为5.291亿日元，承保险种为一切险（中国某财产保险股份有限公司海洋运输货物保险条款2009版），保单第一受益人为滕州公司。陕西公司于同日向被告西安某保险公司支付了《货物运输保险单》项下保险费9507.93元。

EO反应器的运输采用多式联运方式，由“PLAT××M”轮自日本横滨运至江苏太仓港并办理了进关手续，后使用内河船经长江、沿内河转运至滕州市滨湖镇交通港。2014年5月23日，EO反应器在交通港卸载过程中滑落港池，并造成陕西公司1名工作人员死亡。

陕西公司主张其于事故发生后办理了如下事项：（1）向相关各方发送电子邮件；（2）与死者家属签订《因公死亡事故一次性了断赔偿协议》并支付赔偿款76万元；（3）对EO反应器进行了打捞、清洗，并对外支付了技术检测费10万元、吊装打捞费86.75万元、码头租赁装卸费42万元、清洗费2.5万元、桥梁检测费6.2万元；（4）多次与被告西安某保险公司信函往来，要求对上述费用办理保险理赔；（5）为提起本案诉讼，陕西公司支付律师代理费6.55万元。

原告诉称：请求法院判令被告西安某保险公司支付其工作人员因采取施救措施而身亡产生的费用共76万元，支付EO反应器（所承运的货物）技术检测费10万元、吊装打捞费86.75万元、码头租赁装卸费42万元、清洗费2.5万元、桥梁检测费6.2万元，支付律师代理费6.55万元。

二被告辩称：（1）本案诉讼时效已届满；（2）陕西公司不具有保险利益，不能作为被保险人；（3）如果陕西公司系代理货主投保，也不能以自己名义请求保险赔款；（4）施救费用的索赔依据不足；（5）原告投保时未履行告知义务。

【裁判说理】

争议焦点：（1）多式联运合同项下发生海上事故，是否可以认定为海上保险合同理赔范围？（2）原告的诉讼请求是否过诉讼时效？

青岛海事法院认为：原告与被告签订了货物运输保险合同，运输方式为海运运输＋内河运输＋公路运输，该合同不违反法律、行政法规的强制性规定，双方之间形成了合法有效的货物运输保险合同关系。

一、多式联运合同项下发生海上事故，可以认定为海上保险合同理赔范围

《海商法》第216条规定："海上保险合同，是指保险人按照约定，对被保险人遭受保险事故造成保险标的的损失和产生的责任负责赔偿，而由被保险人支付保险费的合同。前款所称保险事故，是指保险人与被保险人约定的任何海上事故，包括与海上航行有关的发生于内河或者陆上的事故。"据此，因《货物运输保险单》承保险种为海洋运输货物保险条款规定的一切险，且保险期间系包括一部分海上运输的多式联运全程，同时保险事故为海上事故包括发生于内河或者陆上的事故，故案涉保险合同符合海上保险合同的构成要件，依法应确定为海上保险合同。

二、原告的诉讼请求已过诉讼时效

《海商法》第264条规定："根据海上保险合同向保险人要求保险赔偿的请求权，时效期间为二年，自保险事故发生之日起计算。"第267条规定："时效因请求人提起诉讼、提交仲裁或者被请求人同意履行义务而中断……"本案保险事故发生于2014年5月23日，而陕西公司于2018年4月24日提起诉讼，已超过二年的时效期间，且陕西公司未能举证证明被告西安某保险公司同意履行义务，本案不存在诉讼时效中断的情形，故本案诉讼时效期间已届满。根据《民法典》第192条第1款"诉讼时效期间届满的，义务人可以提出不履行义务的抗辩"的规定，被告西安某保险公司以本案诉讼时效届满为由要求驳回陕西公司诉讼请求的主张于法有据，青岛海事法院予以支持。依照《民法典》第192条规定，判决驳回陕西公司的诉讼请求。

一审判决后，原告提起上诉，山东省高级人民法院判决：驳回上诉，维持原判。

【法官后语】

本案是涉及海上保险合同定性问题的典型案例。本案的审理关键在于厘清该保险合同是一般性质的保险合同还是海上保险合同，适用二者的法律效果存在差异。

《海商法》第216条对海上保险合同进行了规定，海上保险合同所称的保险事故不仅包括海上事故，也包括与海上航行有关的发生于内河或者陆上的事故。这种做法适应水陆联运和江海运输发展的需要，实现了多种方式和区段运输一次性保险，可以便利各方当事人。所谓“与海上航行有关”是指保险合同约定的运输区段，有一部分是海区或其中包括海船运输。在这一前提下，无论事故发生在陆上还是内河，均属海上事故，受海上保险合同约束，被保险人可以依约取得海上保险赔偿。这就把海上事故扩大到了海陆混合风险所引起的事故。海上保险合同的定性应当根据保险合同的险种、运输方式是否为海运或者包括一部分海运的多式联运、保险事故是否为海上事故包括发生于内河或者陆上的事故综合予以认定。故根据该标准进行判断，本案所涉的保险合同应该认定为海上保险合同，适用海上保险合同的相关规定。

另外，《海商法》规定的海上保险合同诉讼时效的中断与《民法典》的规定有所不同，《海商法》第264条规定了根据海上保险合同向保险人要求赔偿的请求权时效期间为两年，自保险事故发生之日起计算，第267条规定了时效只因请求人提起诉讼、提交仲裁或者被请求人同意履行义务而中断，而不是请求人提出要求即中断。该案生效后，对于一般保险合同与海上保险合同的区分与认定有着重要的参考意义，对于相关保险合同的签订有着重要的指导意义。

【相关法条】

1.《中华人民共和国海商法》（1993年7月1日施行）

第二百六十四条　根据海上保险合同向保险人要求保险赔偿的请求权，时效期间为二年，自保险事故发生之日起计算。

第二百六十六条　在时效期间的最后六个月内，因不可抗力或者其他障碍不能行使请求权的，时效中止。自中止时效的原因消除之日起，时效期间继续计算。

2.《中华人民共和国民法总则》（2021年1月1日废止）

第一百九十二条 诉讼时效期间届满的，义务人可以提出不履行义务的抗辩。

诉讼时效期间届满后，义务人同意履行的，不得以诉讼时效期间届满为由抗辩；义务人已自愿履行的，不得请求返还。

对应新法：

《中华人民共和国民法典》（2021年1月1日施行）

第一百九十二条 诉讼时效期间届满的，义务人可以提出不履行义务的抗辩。

诉讼时效期间届满后，义务人同意履行的，不得以诉讼时效期间届满为由抗辩；义务人已经自愿履行的，不得请求返还。

承办人：李　华

编写人：陈　超　梁晓晓

20. 日照某粮油有限公司诉某财产保险股份有限公司等海上保险合同纠纷案

——保险近因原则的理解和适用

【合规提示】

本案系一起海上货物运输产生货损引发的海上保险合同纠纷案件，双方对于导致货损发生的近因产生争议。对于被保险人而言，应在货损发生后主动止损，避免损失扩大，同时积极向保险人申请理赔；对于保险人而言，应主动厘清货损发生的近因，对属于承保风险的应及时理赔，对不属于保险责任期间的损失不予赔偿。

【案件信息】

1. 裁判文书字号

（2014）青海法海商初字第 1153 号

2. 当事人

原告：日照某粮油有限公司

被告：某财产保险股份有限公司、某财产保险股份有限公司航运保险运营中心、某财产保险股份有限公司日照中心支公司

3. 关键词

民事　海上保险合同　近因原则

【裁判要旨】

货损发生的近因是承运船舶的机损事故而非航程迟延，该近因属于承保风险，保险人应根据约定对该近因造成的损害承担保险责任。

【基本案情】

原告日照某粮油有限公司（以下简称某粮油公司）诉称：原告系被告某财产保险股份有限公司（以下简称某保险公司）、某财产保险股份有限公司航运保险运营中心（以下简称某保险航运保险中心）、某财产保险股份有限公司日照中心支公司（以下简称某保险日照支公司）承保货运一切险保单下的被保险人与收货人，保单号：140541001201400075、140541001201400076，保险标的：RBD PALM OLEIN 4000.987MT、RBD PALM OLEIN 4000.774MT，装货港：LAHAD DATU、TAWAU，提单号：LDU/RZO-01、TWU/RZO-01，承保条款：协会货物 A 条款。根据 LDU/RZO-01 号提单记载，2014 年 2 月 26 日“安某”轮在马来西亚 LAHAD DATU 装载 4000.987 吨棕榈油；而根据 TWU/RZO-01 号提单，2014 年 3 月 7 日“安某”轮在马来西亚 TAWAU 又装载 4000.774 吨棕榈油。根据涉案船东于 2014 年 3 月 28 日作出的共同海损宣告，“安某”轮在 2014 年 2 月 26 日前往第二装港 TAWAU 途中就已发生事故失去动力，由拖轮拖至第二装港 TAWAU。后因 TAWAU 港无修理条件，涉案船东将“安某”轮拖至日照港卸货。卸货后发现所有棕榈油货物已存在严重货损，经 CIQ 检验作出两票提单下货物全部退运或销毁决定，原告

为此遭受巨额损失。原告损失系由被告保单下所承保风险导致，故原告请求：（1）判令被告向原告赔偿货物损失 2 513 679.74 美元及其利息（按照中国人民银行同期贷款利率计算，自 2014 年 6 月 5 日起计算至判决生效之日止）；（2）判令被告向原告赔偿货物市场差价损失 1 432 000 美元及其利息（按照中国人民银行同期贷款利率计算，自 2014 年 5 月 3 日起计算至判决生效之日止）；（3）判令被告向原告赔偿因货物退运发生的其他损失（包括额外的仓储费、装卸费、检验费、信用证手续费）共计人民币 3 122 061.85 元以及利息（按照中国人民银行同期贷款利率计算，自起诉之日起计算至判决生效之日止）。

被告某保险公司、某保险日照支公司答辩称：涉案货物遭受损失系航程延误等造成的，该损失系被告的除外责任。

法院经审理查明：

一、关于涉案货物买卖与运输环节事实

2014 年 2 月 19 日，原告与並丰某商业服务有限公司（以下简称並丰公司）签订了买卖合同。合同约定，原告向並丰公司购买 RBD PALM OLEIN（精炼棕榈油），产地为马来西亚或印度尼西亚，数量为 8000 吨，允许上下 2% 的浮动，CNF 日照每吨 841 美元，总价款 6 728 000 美元，装载期不晚于 2014 年 3 月 15 日，合同对货物品质、卖方应提供的相关证书作了约定，在 2（h）条款中约定卖方应提供卫生证书。合同签订后，原告开立信用证付款，並丰公司分别于同年 2 月 26 日、3 月 7 日向原告出具 2 份商业发票，发票编号分别为 35816206、35816220，发票金额为 3 364 830.07 美元和 3 364 650.93 美元。

上述货物由“安某”轮分别在两个港口装运。2014 年 2 月 25 日，“安某”轮抵达第一装货港 LAHAD DATU（拿笃）港装载第一批货物。提单载明，提单编号 LDU/RZO-01，签发日期为 2014 年 2 月 26 日，装船数量 4000.987 吨。中国某集团马来西亚有限公司为该票货物出具重量及质量证书，证明装货数量为 4000.987 吨。中国某集团新加坡公司经对货物的铅、总砷、酸值（KOH）、过氧化值、黄曲霉菌素 B1 进行检测后，为该票货物出具卫生证书，其中载明货物酸值（KOH）允许的最大值为 0.20mg/g，经检验实际为 0.145mg/g，并认为货物的食品安全测试项目均未超出中国公共卫生强制标准。3 月 6 日，“安某”轮靠泊第二装货港 TAWAU（斗湖）港装载剩余货物。提单载明，提单编号 TWU/RZO-01，签发日期为 2014 年 3 月 7 日，装船数量 4000.774 吨。中国某集团马来西亚有限公司出具重量、质量证书，证明装货数量为 4000.774 吨。中国某集团新加坡公司经对货物的铅、总砷、酸值、过氧化值、黄曲霉菌素 B1 进行检测后，为该票货物出具卫生证书，其中载明货物酸值（KOH）允许的最大值为 0.20mg/g，经检验实际为 0.194mg/g，并认为货物的食品安全测试项目均未超出中国公共卫生强制标准。3 月 7 日 16 时 54 分，“安某”轮完货后在第二装港锚地抛锚。因该轮主机故障，于 4 月 12 日 15 时开始由拖轮拖带航行，5 月 2 日 16 时抵达日照港锚地，5 月 9 日 16 时靠泊日照港卸货，5 月 10 日 6 时开始卸货，5 月 13 日 1 时卸货结束。中华人民共和国日照出入境检验检疫局出具的重量证书载明两票货物在日照港卸货重量分别为 3995.477 吨、3995.264 吨；卫生证书载明两票货物的酸值分别为 0.21mg/g、0.38mg/g。2014 年 7 月 15 日，中华人民共和国出入境检验检疫局向原告发出两份《检验检疫处理通知书》，通知书载明涉案货物因酸值 0.21mg/g、0.38mg/g 超出《棕榈油》（GB 15680—2009）中酸值≤ 0.20mg/g 的规定，须作退运处理。2014 年 7 月 25 日，日照海关向原告发出《日照海关对进口棕榈油予以退运的通知》，通知载明涉案货物不符合 GB 15680—2009 的要求，须作退运处理。

2014 年 8 月 22 日，原告与案外人 J 公司签订买卖合同，将涉案货物转卖给该案外人，约定货物数量 8000 吨，FOB 日照 530 美元每吨。后货物转卖实际装船数量为 7954.342 吨，变卖回款 4 215 801.26 美元。

还查明，棕榈油中华人民共和国国家标准 GB 15680—2009，成品棕榈油的酸值要求≤ 0.20mg/g。

二、关于保险环节事实

原告就上述进口的两票货物向被告投保货运险，某保险公司于 2014 年 3 月 7 日签发两份货物运输保险单，保单号为 1405410012014000075、1405410012014000076。两份保单载明以下内容：均注明“定值保单”（“so valued”）字样；落款均为打印的“某财产保险股份有限公司”字样；落款下方的授权代表栏加盖有某保险航运保险中心的签名章；被保险人均为原告；被保险货物均为精炼棕榈油；数量分别为 4000.987 吨、4000.774 吨；保险金额分别为 3 701 313.08 美元、3 701 446.02 美元；装港分别为 LAHAD DATU、TAWAU；提单编号分别为 LDU/RZO-01、TWU/RZO-01；发票号码

35816206、35816220；承保条款均为协会货物A条款，免赔率为0.5%；均约定“某财产保险股份有限公司根据被保险人要求，在被保险人向某财产保险股份有限公司足额交纳约定的保险费后，按照本保险单列明条款承保下列货物运输保险”；均载明由日照分部经办、赔款偿付地点为日照。3月11日，原告通过网银转账向某保险航运保险中心支付保险费40 781.87元。3月15日，某保险日照支公司向原告出具两份批单，批单载明将上述两份保险单的免赔率变更为0.35%。3月17日，某保险航运保险中心向原告出具保险费发票。

协会货物A条款列明：本保险承保除了本保险条款列明的一般除外条款、不适航和不适运条款、战争除外条款、罢工除外条款中规定的除外责任以外的保险标的灭失或损害的一切风险。其中一般除外条款包括保险标的的固有缺陷或性质造成的灭失、损害或费用，迟延直接造成的灭失、损害或费用。协会货物A条款第8条运输条款载明，本保险责任始于货物运离保险单载明的仓库或贮存住所开始运送之时，在运送的通常过程期间持续，终止于：（1）在载明的目的地交付到收货人的或者其他最后仓库或贮存处所；（2）在载明的目的地或之前交付到任何其他仓库或贮存处所，由被保险人用于运送的通常过程以外的贮存、分配或分派；（3）被保险货物在最后卸货港全部卸离来自海外的船舶满60天，以上各项以先发生者为准。如果在最后卸货港卸离来自海外的船舶后，但在本保险终止之前，货物被转运至非保险承保的其他目的地，本保险在依然受前述规定的终止制约的同时，截止于开始向此种其他目的地转运之时。在被保险人不能控制的迟延、任何绕航、强制卸货、重装或转运期间，以及船东或承租人行使货运合同赋予的自由权引起的海上冒险的任何变更期间，本保险依然有效。本保险受英国法律和惯例管辖。

涉案货物抵达日照港后，原告即向被告报案，被告委托青岛某保险公估有限公司于2014年5月9日开始对事故展开调查并进行了现场查验，但被告一直未赔付。

【裁判说理】

争议焦点：货损发生的近因是承运船舶的机损事故还是航程迟延。

青岛海事法院认为：

一、保险合同的效力问题

某保险公司、某保险日照支公司提出抗辩，认为原告未依法履行如实告知义务，未告知涉案船舶已发生故障的事实，双方之间的保险合同自始无效，其无权依据该合同主张权利。本院认为，根据《英国1906年海上保险法》第18条的规定，在订立合同前，被保险人必须向保险人告知其所知的一切重要情况。被保险人应视为知道在通常业务过程中他应当知晓的每一情况。若被保险人未作此种告知，保险人可以撤销合同。也就是说，在此种情况下保险人享有的是撤销权，保险合同并非自始无效。在本案中，保险人既未提出充分的证据证明原告知道涉案船舶主机发生故障的事实，也未行使权利撤销合同，因此保险合同应当认定为有效。原告于2014年3月11日支付保险费40 781.87元，据保险单的约定，保险人自2014年3月11日承保协会货物A条款，保险期间始于货物运离保险单载明的仓库或贮存住所开始运送之时，终止于在载明的目的地交付到收货人的或者其他最后仓库或贮存处所。涉案货物在运输途中品质发生变化，不符合入境强制检验标准，产生货损，保险事故发生在保险责任期间，原告有权就其相关损失向保险人索赔。关于被告所提涉案买卖合同并未对货物酸值作出约定因而原告所主张货损不成立的辩解意见，本院认为，涉案货物属于食用油，系法定检验商品，双方签订的买卖合同已经约定了卖方应当提交相关机构出具的卫生证书，而且在装港出具的卫生证书也载明酸值不应超出0.2mg/g，可见酸值不超出0.2mg/g应为此类精炼棕榈油买卖的食品安全通用标准，违反该标准则买卖合同的目的无法实现，因此，被告的该辩解不能成立，本院不予采纳。

二、保险除外责任

本院认为，由于本案适用英国法，故应适用普通法判例中的近因原则。《英国1906年海上保险法》第55条规定，保险人对承保风险作为近因而导致的任何损失承担保险责任，但是，保险人将不对承保风险并非近因而导致的任何损失承担保险责任。所谓近因，应当是效果上接近，并独立发挥决定性、支配性作用的原因。在1938年“拉纳萨·弗鲁特汽船和进口公司诉宇宙保险公司”一案中，就近因的认定作出可以遵循的判例。“绿宝石”轮在航行途中搁浅，船上的香蕉因迟延而腐烂。在该判例中，联邦最高法院指出，近因是有效的原因，不是仅仅对结果在时间上较近的非主要原因，该案中货物装船时是完好的，正常航程不会腐烂，货损的近因是海上风险即搁浅，不是因搁浅而引起的迟延。该案判定，根据海上货物保险单的约定，保险人对货损应负赔偿责任。由此可见，在灾害或事故发生后，认定保险人对于所造成的损失是否应承担赔偿责任，关键在于确定损失的近因是否为承保风险。如果损失发生时诸多原因同时存在，即应确定哪一原因是具有独立的决定性支配力的，再追究保险单是否承保这一风险，作为确定保险人赔偿责任的依据。在实践中，由于船舶在海上航行可能遭遇一系列风险、事故，因此可能有以串联形式存在的一系列原因。如果某一原因的介入打断了原有的某一事件与损害结果之间的因果关系链条，并独立对损害结果起到决定性的作用，该新介入的原因即为近因。如果没有新原因的介入，则须在因果关系链条中找到最后一个对损害结果发生决定性支配力并可作为其后一系列原因之充分条件的原因作为近因，确定保险责任的有无。具体到本案中，涉案货物装船经检验，其酸值低于中国入境强制检验标准，从马来西亚到日照的正常航程，货物的酸值也不会超过 0.20mg/g 这一中国入境强制检验标准。但由于承运船舶发生机损事故导致航程远远超出正常时间，尽管从表面上看，损害是由航程迟延造成的，但迟延是船舶机损事故的必然结果，对涉案货物损害的发生不具有独立的决定力量，而是充当了船舶机损事故与损害结果之间的桥梁，并非作为外来因素介入而中断了原有的因果关系链条，而是在这一链条内部承担传导和中介的作用。因此，本案货损发生的近因是承运船舶的机损事故而非航程迟延。保险合同的除外条款中并不包括承运船舶的机损事故，该近因属于承保风险，保险人应根据约定对该近因造成的损害承担保险责任。被告在本案审理过程中未能充分举证证明货损系货物的固有缺陷等造成，因此对其提出的货损系货物的固有缺陷、航程延误等造成，属于除外责任的主张，本院不予支持。

三、保险赔偿范围

本院认为,《英国 1906 年海上保险法》第 71 条第 3 项、第 4 项规定，货物、商品或者其他动产发生部分损失的，除保险单另有明文规定外，赔偿范围如下:（3）如果被保险货物或商品的全部或者一部分以受损状态运抵目的地，赔偿范围以（该货物、商品的）完好毛值与受损价值的差额占完好毛值的比例计算，在定值保险单情况下，是保险单确定的金额的该比例部分，或者，在不定值保险单情况下，是可保价值的该比例部分;（4）“毛值”是指货物的批发价格，如果没有这种价格，则是货物的估计价值，不论哪一种情况，再加上已预先付讫的运费、卸货费和关税之后的价值；但是，如果货物或商品按惯例在关仓出售，那么关仓价格就视为毛值。“毛收入”是指所有出售费用均由出售人支付时获得的实际出售价格。本案应适用该条款确定赔偿范围。涉案两份保单的保险金额分别为 3 701 313.08 美元、3 701 446.02 美元，均系在发票价格 3 364 830.07 美元、3 364 650.93 美元基础上加成投保 10%，以便在货物发生损失时买方不仅可以获得货物本身价值的补偿，同时还可以获得因货物发生损失而失去的预期利润和已经发生的费用。这既符合商业惯例，也符合保险惯例。原告按照此保险金额缴纳保费，保险人也是依此计收保费并签发保单。因此，在保险事故发生后，保险人应当根据保险合同的射幸特性，在原告支付了合同对价的前提下，按照等价有偿原则信用地履行保险赔偿义务。涉案两份保单均注明“定值保单”（“so valued”）的字样，因此涉案保险为定值保险。所谓定值保险，是保险人和投保人双方事先对保险标的约定一个价值并载明于保险合同中，以这个约定价值作为保险金额投保并按此赔偿的保险。《英国 1906 年海上保险法》第 27 条亦规定，除本法条款另有规定外，若不存在欺骗，不论损失是全损或部分损失，（定值）保险单确定的价值即为保险人与被保险人之间意图对标的物投保的确定保险价值。因此，本案应依保单载明的保险金额认定涉案货物完好毛值，这既符合合同约定，也未加大保险人的保险责任，据此可以确定涉案货物完好毛值应为 7 402 759.1 美元。保险事故导致货物品质不符合强制标准，原告将货物转卖境外第三人，系有效减少损失，因此而产生的差价损失属于保险人的承保损失。虽然被告对转卖价格提出异议，但并未举证证明该转卖价格明显低于正常价格，而且保险人为了自身利益，亦可协助原告寻找合适买家，但在长达四个多月的时间里，保险人并未能提供出价更高的买家，故被告的该异议不能成立。本院确认以原告转卖单价 530 美元作为计算完好毛值与受损价值差额的价格依据。由于原告转卖的货物数量少于“安某”轮在日照港的卸载数量，而货物从承运船舶卸载完毕后产生的短量并非发生在保险责任期间，保险人对此并不承担保险责任，故应以“安某”轮在日照港卸载两票货物的数量合计 7990.741 吨作为计算完好毛值与受损价值差额的数量依据。据此计算，涉案货物受损后价值为 4 235 092.73 美元（530 美元 / 吨 ×7990.741 吨），完好毛值与受损价值差额为 3 167 666.37 美元（7 402 759.1 美元 –4 235 092.73 美元）。在定值保单项下，上述完好毛值与受损价值差额 3 167 666.37 美元即属于保险人所应承担的保险赔款。虽然原告在诉状中第一项关于货物损失的诉求为 2 513 679.74 美元，但在第二项、第三项诉求中，明确要求被告赔偿包括保险费、装卸费用、检验检疫费、银行费用、货代费用等在内的已发生的经营管理费用和经营利润，实际上，该部分经营管理费用和经营利润即属于 10% 保险加成所对应的承保范围，包含在 3 167 666.37 美元之内，因此，本院对保险人赔偿金额的认定在原告的诉求金额内，并不超出原告的诉求。原告超出本院认定金额之外的诉求，属商业活动中正常支出的费用，不属于《英国 1906 年海上保险法》第 71 条规定的赔偿范围，本院不予支持。

另外，根据保险合同约定，免赔率为 0.35%，免赔额应为 25 906.66 美元。扣除免赔额，保险人应赔偿原告损失 3 141 759.71 美元。对某保险公司、某保险日照支公司关于扣除免赔额的主张，本院予以支持。

四、保险责任主体

本院认为，本案中保险单的落款为某保险公司，保单内容亦载明“某财产保险股份有限公司根据被保险人要求，在被保险人向某财产保险股份有限公司足额交纳约定的保险费后，按照本保险单列明条款承保下列货物运输保险”，某保险航运保险中心在保单授权代表栏处签章表明其系代表某保险公司签发保单，某保险公司对此并无异议，因此，应认定某保险公司为涉案保单的签发人。某保险航运保险中心之后收取保费、出具保费发票的行为，亦应视为代表某保险公司而为。在本案审理过程中，到庭当事人均认可涉案保险系某保险日照支公司承保，保单亦载明涉案保险由日照分部经办、赔款偿付地点为日照。保单签发后，亦是由某保险日照支公司对保单进行的批改。因此，某保险公司、某保险日照支公司应共同承担保险责任。

一审宣判后，当事人服判未上诉。

【法官后语】

本案涉及保险近因原则的理解和适用问题。近因原则虽然在我国《海商法》和《保险法》中没有明文规定，但却是保险法的一项基本原则。所谓近因原则，是指只有对损失的发生起决定性作用的、占支配地位的、最具影响力的原因属于承保风险时，保险人才应当承担赔偿责任。近因应当是效果上接近，并独立发挥决定性、支配性作用的原因。在 1938 年“拉纳萨·弗鲁特汽船和进口公司诉宇宙保险公司”一案中，就近因的认定作出可以遵循的判例。“绿宝石”轮在航行途中搁浅，船上的香蕉因迟延而腐烂。在该判例中，联邦最高法院指出，近因是有效的原因，不是仅仅对结果在时间上较近的非主要原因，该案中货物装船时是完好的，正常航程不会腐烂，货损的近因是海上风险即搁浅，不是因搁浅而引起的迟延。该案判定，根据海上货物保险单的约定，保险人对货损应负赔偿责任。由此可见，在灾害或事故发生后，认定保险人对于所造成的损失是否应承担赔偿责任，关键在于确定损失的近因是否为承保风险。如果损失发生时诸多原因同时存在，即应确定哪一原因是具有独立的决定性支配力的，再追究保险单是否承保这一风险，作为确定保险人赔偿责任的依据。在实践中，由于船舶在海上航行可能遭遇一系列风险、事故，因此可能有以串联形式存在的一系列原因。如果某一原因的介入打断了原有的某一事件与损害结果之间的因果关系链条，并独立对损害结果起到决定性的作用，该新介入的原因即为近因。如果没有新原因的介入，则须在因果关系链条中找到最后一个对损害结果发生决定性支配力并可作为其后一系列原因之充分条件的原因作为近因，确定保险责任的有无。在本案中，涉案货物装船经检验，其酸值低于中国入境强制检验标准，从马来西亚到日照的正常航程，货物的酸值也不会超过0.20mg/g这一中国入境强制检验标准。但由于承运船舶发生机损事故导致航程远远超出正常时间，尽管从表面上看，损害是由航程迟延造成的，但迟延是船舶机损事故的必然结果，对涉案货物损害的发生不具有独立的决定力量，而是充当了船舶机损事故与损害结果之间的桥梁，并非作为外来因素介入而中断了原有的因果关系链条，而是在这一链条内部承担传导和中介的作用。因此，虽然航程迟延直接造成的灭失、损害或费用，属于协会货物A条款列明的一般除外条款，但由于本案货损发生的近因是承运船舶的机损事故而非航程迟延，故保险人不能免责。这对于处理此类案件具有一定的借鉴价值。

【相关法条】

1.《中华人民共和国涉外民事关系法律适用法》（2011年4月1日施行）

第四十一条　当事人可以协议选择合同适用的法律。当事人没有选择的，适用履行义务最能体现该合同特征的一方当事人经常居所地法律或者其他与该合同有最密切联系的法律。

2.《中华人民共和国民事诉讼法》(2012 年 8 月 31 日修正)

第一百四十四条 被告经传票传唤，无正当理由拒不到庭的，或者未经法庭许可中途退庭的，可以缺席判决。

对应新法：

《中华人民共和国民事诉讼法》(2023 年 9 月 1 日修正)

第一百四十七条 被告经传票传唤，无正当理由拒不到庭的，或者未经法庭许可中途退庭的，可以缺席判决。

3.《英国 1906 年海上保险法》

第一条 海上保险契约，系保险人向被保险人承诺，于被保险人蒙受海上损害，即海事冒险所发生之损害时，应以约定之条款及数额负责赔偿之契约。

第二十七条 保险单可以是定值保险单，也可以是不定值保险单。

定值保险单指载明保险标的约定价值的保险单。

除本法条款另有规定外，若不存在欺骗，无论损失是全损或部分损失，保险单确定的价值即为保险人与被保险人之间意图对标的物投保的确定保险价值。

第五十五条 本法规定及除保险单另有规定外，保险人对承保风险作为近因而导致的任何损失承担保险责任，但是，如前所述，保险人将不对承保风险并非近因而导致的任何损失承担保险责任。

保险人不承担由被保险人恶意行为所导致的任何损失，但除非保单另有规定，保险人对承保风险直接导致的任何损失承担责任，尽管若非船长或船员的恶意行为或疏忽该损失将不会发生；除非保单另有规定，船舶险或货物险保险人将不对由延迟直接导致的任何损失承担责任，尽管该迟延是由承保风险所引起；除非保险单另有规定，对通常磨损、渗漏和破裂，保险标的固有缺陷或特性，或者鼠害或虫害造成的任何损失，或者不是海上风险造成的机器损害，保险人不负赔偿责任。

第七十一条 货物、商品或者其他动产发生部分损失的，除保险单另有明文规定外，赔偿范围如下：

(一) 如果定值保险单承保的货物、动产或者其他动产的一部分发生全损，赔偿范围为保险单确定的保险金额中的比例部分，该比例为灭失部分的可保价值占全部可保价值的比例部分。可保价值的确定与不定值保险相同。

(二) 若不定值保险单承保的货物、商品或者其他动产的一部分发生全损，赔偿范围为损失部分的可保价值，可保价值的确定与全损时相同。

（三）如果被保险货物或商品的全部或者一部分以受损状态运抵目的地，赔偿范围以（该货物、商品的）完好毛值与受损价值的差额占完好毛值的比例计算，在定值保险单情况下，是保险单确定的金额的该比例部分，或者，在不定值保险单情况下，是可保价值的该比例部分。

（四）“毛值”是指货物的批发价格，如果没有这种价格，则是货物的估计价值，无论哪一种情况，再加上已预先付讫的运费、卸货费和关税之后的价值；但是，如果货物或商品按惯例再在关仓出售，那么关仓价格就视为毛值。“毛收入”是指所有出售费用均由出售人支付时实际出售价格。

承办人：张　勇

编写人：张　勇

21. 中国某财产保险股份有限公司安徽分公司诉某洋海运有限责任公司、北京某洋国际货运代理有限公司保险人代位求偿权纠纷案

——公司混同的审查认定

【合规提示】

本案涉及航次租船合同、海上保险合同两个合同内容以及保险人、被保险人、第三人三方利益关系，系履行航次租船合同引发的保险代位求偿纠纷，原告为保险公司，被告为提供船舶及承运服务的某运公司。被保险人投保的货物出险后，保险公司有依海上保险合同的约定向被保险人支付保险赔偿款的义务，同时保险公司在支付保险赔偿金后获得法定的对第三人的代位求偿权。同时，法律禁止被保险人利用保险合同营利。保险事故发生后，如在支付保险赔偿款前，被保险人已从责任方得到损失的全部或部分赔偿款，则保险人有权免除或减少赔偿款。

【案件信息】

1. 裁判文书字号

（2013）青海法海商初字第849号

2. 当事人

原告：中国某财产保险股份有限公司安徽分公司

被告：某洋海运有限责任公司、北京某洋国际货运代理有限公司

3. 关键词

民事　海上保险合同　航次租船合同　保险　代位求偿权

【裁判要旨】

两公司的组织机构混同、业务混同、财务混同是认定两公司构成混同经营的基本要素，如果仅能证明两公司存在办公地址混同、对外宣传混同的情形，尚不足以达到证明两公司混同的程度。

【基本案情】

在中国某财产保险股份有限公司安徽分公司诉某洋海运有限责任公司（以下简称某洋海运）、北京某洋国际货运代理有限公司（以下简称北京某洋）航次租船合同纠纷案中，原告诉称被告某洋海运作为出租船东有义务提供适航船舶，谨慎运送并管理所运输的货物。现船舶发生沉没事故，导致货物全损，其应对货物保险人承担赔偿责任。被告北京某洋的英文名称、联络号码与被告某洋海运相同，系同一经营实体，因此应共同向原告承担货损赔偿责任。为此原告请求依法判令：（1）两被告共同赔偿原告货物损失2 233 752美元，按2012年6月6日汇率折算成人民币14 130 938.53元；（2）被告返还已收取的海运费880 200美元，按2012年6月6日汇率折算成人民币5 568 233.22元。上述合计为人民币19 699 171.75元。

被告某洋海运收到法院送达的应诉文书，其代理人告知该被告不提交书面答辩意见，不提交证据，不就案件事实及法律适用发表意见。

被告北京某洋辩称：关于本案原告诉称的两被告英文名称、联络号码和办公地址均相同，系同一经营实体，缺乏事实与法律依据。被告是在北京市朝阳区工商局所注册的一家中国企业，2013年6月20日，被告北京某洋的

名称由“北京某洋海运有限责任公司”变更为“北京某洋国际货运代理有限公司”，原告没有证据证明两被告的联络号码与办公地址的一致性，因此被告北京某洋与被告某洋海运没有法律与事实上的联系，在本案中不应承担任何责任。

2010 年 10 月 8 日，某华控股（香港）有限公司与安徽某文国际经贸有限公司（以下简称安徽某文公司）签订《印尼镍矿销售合同》，约定该公司向安徽某文公司出售印度尼西亚产散装镍矿。10 月 28 日，安徽某文公司就上述货物的运输与被告某洋海运签订租船确认书，约定由“H”轮承运上述货物。同时，安徽某文公司向原告中国某财产保险股份有限公司安徽分公司投保货物运输保险。

2010 年 11 月 27 日，货物装轮，11 月 29 日，安徽某文公司向某洋海运支付了运费。12 月 3 日下午，“H”轮在从印度尼西亚开往中国岚山港途中，在巴士海峡附近海域翻沉，船舶沉没原因不详，涉案镍矿为实际全损。“H”轮及所载货物沉没灭失后，2012 年 3 月 5 日，原告向安徽某文公司支付了保险赔偿款，安徽某文公司向原告出具了收据及权益转让书。

被告北京某洋地址与被告某洋海运的办公地址相一致；两被告的法定代表人、网址及网络宣传名称相同。原告据此主张两被告属于混同经营，被告北京某洋否认原告混同经营的主张。

【裁判说理】

争议焦点：两被告是否应当承担原告诉称的货损责任。

青岛海事法院认为：安徽某文公司与被告某洋海运签订的航次租船合同是真实意思表示，合同的内容不违反法律规定，因此该合同合法有效。被告某洋海运应当按照合同的约定，将安徽某文公司委托运输的印尼镍矿安全运至目的港中国岚山港，并交付给约定的收货人。因承运涉案货物的“H”轮沉没，导致安徽某文公司的货物灭失，被告某洋海运应当承担合同项下货物灭失的赔偿责任。

安徽某文公司就涉案货物向原告投保海上货物运输保险，货物出险后，原告依保险合同的约定向安徽某文公司支付保险赔偿款 3 388 770 美元后，依法取得代位求偿权。原告有权在安徽某文公司对被告某洋海运的债权范围内直接向被告某洋海运主张权利。

"H"轮承运镍矿 48 900 吨，安徽某文公司按照贸易合同的约定支付货款 2 233 752 美元，并支付运费 880 200 美元，合计为 3 113 952 美元，是该批货物的实际价值。原告赔付保险赔偿款 3 388 770 美元后，以货物实际价值为 3 113 952 美元（折合人民币为 19 699 171.75 元）向某洋海运主张赔偿，符合法律规定，应予支持。

关于原告主张两被告系混同经营，被告北京某洋应当对被告某洋海运的上述债务承担连带责任的诉讼请求，法院认为，认定两公司构成混同经营的基本要素是两公司组织机构混同、业务混同、财务混同。而原告提交的证据仅能证明两被告存在办公地址混同、对外宣传混同的情形，尚不足以达到证明两公司混同的程度，因此原告的该主张，法院不予支持。

青岛海事法院以判决方式结案。

【法官后语】

本案系履行航次租船合同引发的保险代位求偿纠纷。保险代位权是法律充分平衡保险人、被保险人、第三人三方利益关系和社会公序良俗后的选择。在保险代位求偿制度中，保险人依据保险合同对被保险人负给付义务，而第三人同时因其侵权、违约或法律的规定对被保险人负有同一给付内容时，保险人与第三人对于被保险人的债务基于不同的法律事实产生各自独立的债务，且结合在同一项给付内容之下。依据不真正连带债务原理，在保险人作为债务人之一清偿债务后，被保险人的债权并没有实质消灭，而是因转让而相对消灭，保险人获得的请求权，是向终局责任人即责任第三人追偿的权利，是保险制度中的代位求偿权，体现了不真正连带债务的对内效力原理。

海上保险代位求偿权是法定权利。作为一项法定权利，保险人在支付保险赔偿款后当然取得代位求偿权。因此，被保险人在接受保险赔款后，不得拒绝让与保险人向第三方追偿的权利。这通常表现为被保险人应保险人的要求及时签署权益转让书。如因被保险人的过错导致保险人的代位求偿权无法行使，保险人可以相应地扣减保险赔偿款或拒绝支付保险赔偿款。海上保险代位求偿权也是海上保险合同补偿原则的体现。作为财产保险合同，海上保险合同的目的在于补偿被保险人的损失，法律禁止被保险人利用保险合同营利。因此，保险事故发生后，如保险人已付赔偿款，被保险人就保险事故的损失已得到恢复原状的补偿，则向第三方索赔的权利理应归属于保险人。如在支付保险赔偿款前，被保险人已从责任方得到损失的全部或部分赔偿款，则保险人有权免除或减少赔偿款。

本案中，因承运涉案货物的“H”轮沉没，导致安徽某文公司的货物灭失，被告某洋海运应当承担合同项下货物灭失的赔偿责任。安徽某文公司就涉案货物向原告投保海上货物运输保险，货物出险后，原告依保险合同的约定向安徽某文公司支付保险赔偿款 3 388 770 美元后，依法取得代位求偿权。原告有权在安徽某文公司对被告某洋海运的债权范围内直接向被告某洋海运主张权利。

【相关法条】

《中华人民共和国海商法》（1993 年 7 月 1 日施行）

第九十二条 航次租船合同，是指船舶出租人向承租人提供船舶或者船舶的部分舱位，装运约定的货物，从一港运至另一港，由承租人支付约定运费的合同。

第二百五十二条 保险标的发生保险责任范围内的损失是由第三人造成的，被保险人向第三人要求赔偿的权利，自保险人支付赔偿之日起，相应转移给保险人。

被保险人应当向保险人提供必要的文件和其所需要知道的情况，并尽力协助保险人向第三人追偿。

承办人：张先立

编写人：孙学燕

22. 中国某财产保险股份有限公司山东分公司诉商船三某株式会社保险代位求偿权纠纷案

——代位求偿权的主体资格审查

【合规提示】

本案系一起保险公司诉承运人要求赔偿其已取得代位求偿权的货物损失的案件。双方对于保险公司是否具有代位求偿权以及产生货物损失的原因等产生了争议。对于保险公司而言，一方面，应注意保留其已实际赔付的证据，否则，其可能丧失保险代位求偿权的主体资格；另一方面，保险人应证明货损是在承运人责任期间内因不能免责的事由造成的，否则应承担举证不能的法律后果，因此，保险公司提交的货损检验报告应该符合法定形式，且能证明货损发生期间的唯一性。对于承运人而言，应按照《海商法》的相关规定，履行适航和妥善、谨慎保管货物的义务。

【案件信息】

1. 裁判文书字号

（2012）青海法海商初字第 244 号

2. 当事人

原告：中国某财产保险股份有限公司山东分公司

被告：商船三某株式会社

3. 关键词

民事　海上保险合同　海上货物运输合同　货损责任期间　检验报告　代位求偿权主体资格

【裁判要旨】

1. 因海上货物运输合同纠纷提起的诉讼，由运输始发地、目的地或者被告住所地人民法院管辖。

2. 保险人应证明货损是在承运人责任期间内因不能免责的事由造成的，否则应承担举证不能的法律后果。当事人提交的检验报告应该符合法定形式，且能证明货损发生期间的唯一性。

3. 保险人举证证明其已实际赔付之后，才具有保险代位求偿权的主体资格。

【基本案情】

在中国某财产保险股份有限公司山东分公司诉商船三某株式会社海上货物运输合同纠纷案中，青岛海事法院查明案件事实如下：案外人维某商贸（山东）有限公司从青岛港出口红洋葱至印度。被告作为承运人签发了起运港青岛、卸货港印度金奈的提单。货物被装载于三个冷冻集装箱内，提单正面记载的温度要求为0℃。该批货物由原告承保，承保条件一切险。

2011年2月16日，前述三个冷冻集装箱被运至目的港海关监管下的集装箱场站，卸载时集装箱表面状况良好。2月18日，收货人将货物样品交由当地食品安全部门进行检查，检查结果为“符合PFA规则要求”。收货人就涉案货物在海关完成清关手续后，在未向集装箱供电的情况下，安排车辆将前述三个冷冻集装箱向自有仓库运输。开箱后，收货人声称发现洋葱有水湿现象且品质很差，在联络保险人在当地的代理人未果后，将货物卸至仓库。

中国某数码科技公司委托的检验人两次在收货人仓库对货物进行了检验，发现部分红洋葱腐烂。检验人在其报告中认为，货损可能发生在承运人的责任期间或收货人的掌控期间内，其分析在承运人运输过程中，集装箱有时温度达到了-0.1℃，最低曾达到-0.8℃，集装箱的温度低于0℃可能导致货物发生变质；而货物处于收货人掌控期间时，情况进一步恶化。对于出现的1100公斤货差，检验人认为应当是装卸港的称量工具不同所造成。检验人出具的检验报告显示原告未能办理公证认证。

原告主张其向收货人支付了38 102美元保险赔偿以及1100美元的检验费用，但原告证明其支付前述款项的银行电子回单和银行交易明细只是网络电子打印件和复印件，而且没有收款银行和开户账号等信息。

庭审中，双方当事人一致选择适用中国法律作为本案审理的准据法。

原告诉称，案外人维某商贸（山东）有限公司从青岛港出口三个冷冻集装箱的洋葱至印度，被告作为货物运输的承运人签发了提单，卸货港为印度金奈。该批货物由原告承保。该批货物到达目的港后，发现货物出现严重发霉、腐烂等现象，所有货物无法食用，发生全损。检验人经检验认为货损是由于运输途中冷藏集装箱内的温度波动较大、长时间未达到设定温度等原因所致，原告为此支付38 102美元的保险赔偿以及1100美元的货损检验费，依法取得了代位求偿权。原告认为被告违反了适航和管货义务，应当对货物损失承担赔偿责任。

被告辩称：一是原告所称的货损发生在货物运至收货人仓库之后，超出了承运人的责任期间且原告并未完成举证责任，应当承担举证不能的法律后果。二是即使存在所谓货损，被告也不应对扩大的损失负责。三是原告索赔的部分损失超出了其代位求偿权的范围。

青岛海事法院立案后，被告提出管辖权异议。随后，青岛海事法院裁定驳回被告提出的管辖权异议。被告不服该裁定提起上诉，山东省高级人民法院二审依法维持原裁定。

【裁判说理】

争议焦点：（1）青岛海事法院对本案是否享有管辖权；（2）洋葱货损发生的原因；（3）保险代位求偿权的主体资格。

青岛海事法院认为：

一、青岛海事法院对本案是否享有管辖权

本案系保险人在对其承保的经海上运输的货物发生损坏进行赔付后提起的代位求偿诉讼，属于海上货物运输合同纠纷。根据《民事诉讼法》第28条的规定，因水上运输合同纠纷提起的诉讼，由运输始发地、目的地或者被告住所地人民法院管辖。就本案而言，涉案货物海上运输的起运港青岛在青岛海事法院的管辖范围之内。

二、洋葱货损发生的原因

保险人向承运人追偿时，必须证明保险事故是在承运人责任期间内因其不能免责的原因而发生的货损。根据双方的诉辩主张，涉案洋葱受损的原因应当从以下三个方面进行分析：（1）承运人是否已经履行了其责任期间内的管货义务；（2）收货人收货后是否妥当运输、储存货物；（3）检验报告能否采信。

三、保险代位求偿权的主体资格

原告始终未能提交证明赔付行为的银行付款记录原件，所以原告提起代位求偿的诉讼主体资格存在瑕疵。

青岛海事法院判决驳回原告诉讼请求。

【法官后语】

海上货物运输合同纠纷涉及发货人、收货人、承运人、保险人等多方主体。一旦发生货损，确定货损发生的责任期间，即货损最终由哪方主体承担责任，是审理此种类型案件的关键。海上货物运输合同项下目的港的收货人如发现承运人运输的货物发生损害，其有权依据提单向承运人或依据流转的保单向保险人提起索赔。如保险人主张赔偿，则保险人只有证明其确实对收货人进行了赔付，才能取得保险代位求偿权的主体资格，且其所代位取得的索赔数额无论在实体还是程序上都不应超过收货人实际获赔数额。

根据“谁主张，谁举证”的原则，保险人在向承运人行使代位求偿权的过程中，其应证明货损发生于承运人责任期间内，即只有在承运人责任期间内因其不能免责的原因而发生货损的情况下才能得到赔偿，否则应承担举证不能的法律后果。法官在分配举证责任时，不能简单认定保险人未尽到举证责任，而应尽可能综合分析认定在案证据，比如，通过分析货物的整个运输流程，每个运输节点的货物包装状态、货物状态等，以确定货损发生的责任期间，避免机械适用证明责任，以使得当事人更加信服，增强文书的说理性。

海上货物运输合同纠纷往往涉及不止一个国家，这就会涉及形成于非管辖法院所在国的证据能否得到管辖法院承认的问题。本案中，原告用以证明货损发生的检验报告形成于国外，根据《最高人民法院关于民事诉讼证据的若干规定》的规定，该检验报告应经公证认证之后，其法律效力才会在中华人民共和国境内的诉讼中得到承认。

【相关法条】

1.《中华人民共和国海商法》（1993年7月1日施行）

第二百六十九条 合同当事人可以选择合同适用的法律，法律另有规定的除外。合同当事人没有选择的，适用与合同有最密切联系的国家的法律。

2.**《中华人民共和国保险法》**（2009 年 2 月 28 日修订）

第六十条 因第三者对保险标的的损害而造成保险事故的，保险人自向被保险人赔偿保险金之日起，在赔偿金额范围内代位行使被保险人对第三者请求赔偿的权利。

前款规定的保险事故发生后，被保险人已经从第三者取得损害赔偿的，保险人赔偿保险金时，可以相应扣减被保险人从第三者已取得的赔偿金额。

保险人依照本条第一款规定行使代位请求赔偿的权利，不影响被保险人就未取得赔偿的部分向第三者请求赔偿的权利。

对应新法：

《中华人民共和国保险法》（2015 年 4 月 24 日修正）

第六十条 因第三者对保险标的的损害而造成保险事故的，保险人自向被保险人赔偿保险金之日起，在赔偿金额范围内代位行使被保险人对第三者请求赔偿的权利。

前款规定的保险事故发生后，被保险人已经从第三者取得损害赔偿的，保险人赔偿保险金时，可以相应扣减被保险人从第三者已取得的赔偿金额。

保险人依照本条第一款规定行使代位请求赔偿的权利，不影响被保险人就未取得赔偿的部分向第三者请求赔偿的权利。

承办人：吕延铭

编写人：庄雪莉

23. 中国某财产保险股份有限公司青岛分公司诉以某综合航运有限公司保险人代位求偿权纠纷案

——保险人分支机构的诉讼主体地位认定及实体权利的实现条件

【合规提示】

保险人的分支机构不必然享有向承运人提起的海上货物运输合同项下的索赔权，除非该分支机构能够证明自己即保险合同的一方履行主体；行使代位求偿权的保险人，无论是实体性权利还是程序性权利，都不能超过海上货物运输合同项下发货人或收货人的权利。

【案件信息】

1. 裁判文书字号

（2012）青海法海商初字第632号

2. 当事人

原告：中国某财产保险股份有限公司青岛分公司

被告：以某综合航运有限公司

3. 关键词

民事　海上保险合同　海上货物运输合同　代位求偿　货损赔偿

【裁判要旨】

保险人的分支机构以自己的名义提起海上货物运输合同项下索赔，应当证明自己具有符合法律规定的诉讼主体资格，即证明分支机构是保单的签发人或保险合同的实际承保人，否则不具备合法的索赔主体资格；对于保险人而言，其行使的代位索赔权来源于保险合同项下发货人或收货人的权利让渡，该索赔权无论从实体上还是程序上都不能超过发货人或收货人依据海上货物运输合同向承运人索赔的权利。

【基本案情】

原告诉请：判令被告向原告支付 101 582.75 美元及上述款项自保险赔款支付之日起至被告支付赔款之日止的利息并由被告承担诉讼费用。

被告辩称：（1）原告尚未取得代位求偿权。原告提供的付款凭证显示原告总公司支付了相关款项，而受益人与本案收货人在名称上不完全一致，原告也没有提供权益转让书，因此原告没有取得代位求偿权，不具备起诉的主体资格。（2）现有证据不能证明本案货损客观上已经发生，更没有证据证明货损的具体金额。原告提供的检验报告没有经过公证认证，在形式上不符合要求，被告对其真实性不认可。（3）保险理赔与承运人因货损而履行的赔偿义务是两个不同概念，并不能当然地以保险公司支付了保险金，而当然地认定承运人就应当向保险公司赔偿相应金额，因此请求法庭依法驳回原告的诉请。

经审理查明，2011 年 3 月 2 日，案外人青岛和鑫某国际贸易有限公司与土耳其买家 A 公司达成销售合同，约定由案外人向土耳其买家在 5 月上旬之前出运总价款为 96 745 美元的 25 公吨冻羊腿骨肉等货品。

2011 年 4 月 28 日，中国某财产保险股份有限公司为上述货物出具了货物运输保险单，被保险人为青岛和鑫某国际贸易有限公司，保险金额为 106 420 美元，承保条件为一切险。该保单上加盖有中国某财产保险股份有限公司的保单专用章。

2011 年 4 月 29 日，该货物装于箱号为 ZCSU512×××× 的冷冻集装箱内由被告所属“Z”轮自青岛运往土耳其 IZMIR 港，被告签发的提单载明托运人为青岛和鑫某国际贸易有限公司。

2011 年 6 月 7 日，该集装箱在伊斯坦布尔 MADAS 港等待转船时因其他集装箱坠落导致损坏，存放于该集装箱内的货物被搬倒至编号为 ZCSU597×××× 的冷冻集装箱并于 6 月 15 日运至目的港，货物抵达目的港后于 2011 年 6 月 21 日在收货人仓库进行了检验。原告向法院提交的其单方选择性翻译的未经公证认证且内容不完整的目的港检验报告认定：“集装箱事故导致冷冻链中断，冷冻的羊肉解冻再次冷冻，不适合人类消费，应当安全销毁。”该报告同时计算的索赔额为 101 582.25 美元。

2012 年 5 月 4 日，中国某财产保险股份有限公司根据保单支付了 101 582.75

美元。

【裁判说理】

争议焦点：（1）原告是否拥有适格的诉讼主体资格；（2）被告作为承运人是否应当承担赔偿责任。

青岛海事法院认为：

1. 关于原告是否拥有适格的诉讼主体资格。原告以保险人身份提起本案诉讼，应当证明自己拥有适格的诉讼主体资格，然而其提交的保单是中国某财产保险股份有限公司签发，而最终作出赔付的义务主体也是中国某财产保险股份有限公司，原告未能解释说明其与总公司之间就本案保险合同项下权利义务的具体分配，即现有证据不能证明原告作为中国某财产保险股份有限公司的分支机构与涉案保单以及根据该保单作出的赔付行为存在直接法律利害关系。所以，原告的诉讼主体资格存在瑕疵。

2. 关于被告作为承运人是否应当承担赔偿责任。涉案提单的记名收货人在目的港发现货损后选择了依据流转的保单向保险人要求赔偿，保险人如根据保险合同的约定向收货人进行赔付，在向承运人追偿时，其所代位取得的索赔权利无论在实体上还是程序上都不应超过收货人，也就是说，保险人在向承运人进行追偿时必须证明保险事故是承运人管货不当造成。现原告用以证明货损原因以及损失数额的检验报告形成于国外，按照规定该报告非经公证认证在中华人民共和国境内诉讼其法律效力不被承认。现原告不但未能提交符合形式要求的报告原件，且提交的报告也残缺不全并未进行全部翻译，所以，原告就其主张的事实未能完成举证义务，现有证据不能有效证明其所诉称的发生在承运人责任期间的货损事故系承运人过错造成。

【法官后语】

我国《保险法》第60条第1款规定："因第三者对保险标的的损害而造成保险事故的，保险人自向被保险人赔偿保险金之日起，在赔偿金额范围内代位行使被保险人对第三者请求赔偿的权利。"据此，货物运输保险人代位求偿权是指投保人投保货物运输保险，在发生保险事故后，保险人向被保险人理赔后，保险人依据《保险法》第60条的规定，在赔偿金额范围内依法代位行使被保险人对第三者请求赔偿的权利。

保险法理论上，保险代位求偿权的立法目的主要有四个：（1）避免被保险人获得双重补偿，防止发生道德风险；（2）保证由造成保险事故的人（第三者）承担最终赔偿损失的责任；（3）基于公平原则合理平衡保险人和第三者之间的利益；（4）保护投保人的利益。

货物运输保险人代位求偿权是保险人依法享有的权利，基于法律规定而当然存在，即保险人代位求偿权在货物运输保险合同成立时就存在。不论在货物运输保险合同中，有或者没有关于保险代位权的相关约定，只要保险标的毁损是第三者原因造成，而且被保险人对第三者有请求损害赔偿的权利，那么保险人均可依法向第三者行使保险人代位求偿权。货物运输保险人代位求偿权是基于被保险人对第三者的赔偿请求权而取得。第三者造成保险标的损害，应当向被保险人承担相应的赔偿责任，可以基于第三者违约责任，也可以基于第三者侵权行为应承担的责任，或者基于第三者其他原因应对被保险人承担赔偿的责任。因此，保险人所行使的保险代位求偿权本身是代替被保险人对第三者享有的主张赔偿请求权的权利。

保险代位求偿权必须在已向被保险人支付保险赔偿金后，始可行使。保险人向被保险人支付保险赔偿金之后，即获得可以向第三者行使的代位求偿权。从保险人向被保险人支付保险赔偿金之日起，计算保险人行使代位求偿权的诉讼时效，保险人应当在法律规定的诉讼时效之内，向第三者行使代位求偿权，否则将丧失胜诉权。保险人向第三者行使代位求偿权，应当是在保险人已向被保险人支付的保险金的范围内要求第三者承担，保险人不得超过保险赔偿金额的范围向第三者行使请求赔偿的权利。

【相关法条】

1.**《中华人民共和国海商法》**（1993 年 7 月 1 日施行）

第二百六十九条 合同当事人可以选择合同适用的法律，法律另有规定的除外。合同当事人没有选择的，适用与合同有最密切联系的国家的法律。

2.**《中华人民共和国民事诉讼法》**（2012 年 8 月 31 日修正）

第二十七条 因铁路、公路、水上、航空运输和联合运输合同纠纷提起的诉讼，由运输始发地、目的地或者被告住所地人民法院管辖。

对应新法：

《中华人民共和国民事诉讼法》（2023 年 9 月 1 日修正）

第二十八条 因铁路、公路、水上、航空运输和联合运输合同纠纷提起的诉讼，由运输始发地、目的地或者被告住所地人民法院管辖。

承办人：吕延铭

编写人：原浩洋

24. 日本某保险公司诉烟台某国际船舶管理有限公司海上保险合同纠纷案

——海上保险合同关系中保险人代位求偿权的成立要件

【合规提示】

本案系一起海上保险合同保险人代位求偿纠纷案件。保险人向被保险人履行了保险合同的赔偿义务后，依法取得了代位求偿权；保险人向承运人主张代位求偿权时，应当有充足的证据证明承运人的身份。本案中，保险人仅依据案外人提供的材料主张承运人身份，但并未提供授权委托书等材料，无法构建完整的证据链条，因此保险人无法主张被告系适格的承运人。由于保险人收集证据不充分，最终导致代位求偿权无法得到法院的支持。因此，企业在生产经营活动中，应当有保存关键证据的意识，对于交易主体、权利义务约定、违约责任、管辖以及其他对于维护合法权益至关重要的证据要及时收集并保存，避免因缺乏证据导致无法证明相关事实的情况发生，从而更好地维护自身合法权益。

【案件信息】

1. 裁判文书字号

（2005）青海法海商初字第 228 号

2. 当事人

原告：日本某保险公司

被告：烟台某国际船舶管理有限公司

3. 关键词

民事　海上保险合同　代位求偿权

【裁判要旨】

1. 根据《海商法》之规定，若保险标的发生保险责任范围内的损失系由第三人造成，在保险人向被保险人赔偿后，被保险人向第三人要求赔偿的权利自保险人支付赔偿之日起相应转移给保险人。

2. 在确定承运人身份时，若原告的证据仅是一份由案外人以被告代理人名义签发的提单，且未能证明该提单确系被告授权案外人签发，则既不能证明被告是本案货物的承运人，也不能证明收货人、被告之间就涉案货物存在海上货物运输合同关系。

【基本案情】

日立某株式会社作为提单记名收货人于2004年10月9日自青岛进口258件钢结构烟囱，承运船舶为“天某”轮，证据显示青岛裕某国际船舶代理有限公司（以下简称裕某公司）作为被告烟台某国际船舶管理有限公司的代理签发了涉案货物的提单。2004年10月14日，该轮抵达目的港日本KASHIMA。同日，原告向日立某株式会社签署了044183242号保单。10月17日，该轮开始卸货作业，在卸货过程中，货物被发现存在凹陷、弯曲、变形以及油漆刮擦脱落等损害。2004年10月19日，日本海事检定协会对“天某”轮承载的货物进行了检验并出具报告，该报告认为受损货物需要修复费用3 745 147日元。出险后，原告依据该检验报告向货物的被保险人日立某株式会社支付保险赔款3 745 147日元并向日本海事检定协会支付鉴定费用222 000日元，而后取得权益转让书。

原告日本某保险公司诉称：原告依据保险合同向收货人赔付了货物损失并依法取得了向被告追偿的权利。虽然此后原告多次联系被告，但被告迟迟没有同意赔付。现原告提起诉讼请求依法判决被告支付原告3 967 147日元（折合人民币279 764元）并承担本案的诉讼费用。

被告辩称：（1）本案中，涉案提单不是被告签发，原告所称的裕某公司不是被告代理，因此原告不能证明被告是提单上的承运人或者是涉案船舶的船东，原告的诉讼主体有误。（2）原告的证据显示货损是装、卸过程中的不当操作造成，而本案中不论装、卸都是货方的作业，因而货损和船方无关。（3）原告的检验报告中认为货损是在装卸过程中造成，那货损不属于承运人的责任，原告不能证明货损是发生在承运人的责任期间内。（4）原告的证据不能证明货损的金额。报告上的鉴定数额建立在货方的估算基础上，其结论不具有公正性，而且检验报告中没有检验公司资质证明。（5）原告针对收货人的赔偿没有依据。本案涉案的保单显示的签发日期是2004年10月14日，涉案船舶的航程已经终止，因此，对保险公司来说其要承担的保险风险已经发生，按照我国《海商法》第224条规定，船舶到港的时候，被保险人有可能已经知道事故的发生，因此这份保险合同在签发的时候已无可承保风险，原告向收货人所进行的赔偿没有依据，所以其代位求偿权也不存在。

【裁判说理】

争议焦点：（1）原告代位求偿权是否成立；（2）被告是不是涉案货物的承运人。

青岛海事法院认为：

1. 原告代位求偿权是否成立。本院认为，虽然船舶到达目的地的日期与保单签发日同为2004年10月14日，但因船舶10月17日才开始靠泊卸货作业，被告没有证据证明本案原告与被保险人在10月14日就知道货物已经发生损害，因而原告与案外人日立某株式会社之间存在有效的海上货物保险合同关系。日本海事检定协会出具了货损的检验报告后，原告根据044183242号保单向被保险人日立某株式会社赔偿了损失，日立某株式会社向原告出具权益转让书，原告有权向货物的承运人请求赔偿损失。因此，被告关于本案涉案保单签发时船舶已经到目的地，被保险人已知道保险事故发生，因而依据我国《海商法》第224条的规定，保险人不应赔付的主张不能成立，原告具有代位求偿权。

2. 被告是不是涉案货物的承运人。被告是不是涉案货物的承运人是本案的核心焦点争议，原告起诉被告追究其货损责任，根据民事诉讼中“谁主张，谁举证”的基本原则，就必须证明被告是涉案货物的承运人，这也是要求被告承担民事赔偿责任的前提。原告用以证明被告系涉案承运人的证据是一份由案外人裕某公司以被告代理人名义签发的提单，但原告未能证明该提单确系被告授权裕某公司签发。虽然该提单印有被告英文名称的字样，但仅凭提单上打印的被告公司名称以及案外人在提单上对其系被告代理人的自述，不能证明被告是本案货物的承运人，也不能证明收货人、被告之间就涉案货物存在海上货物运输合同关系。

收货人与被告之间存在有效的海上运输合同是被告就货损进行赔偿的前提，在本院作出了上述认定的前提下，对于本案其他事实及责任的认定即失去了基础，而且原告提交的用以证明货物损害的数量、程度、原因、数额等的日本海事检定协会的检验报告没有关于鉴定人资质的说明，形式上不符合法律规定，其报告效力本院亦未予认定。

2006 年 5 月 26 日，青岛海事法院作出（2005）青海法海商初字第 228 号民事判决书，判决：驳回原告日本某保险公司的诉讼请求。

青岛海事法院以判决结案。

【法官后语】

海上货物运输保险是历史悠久、业务量较大的海上保险，在贸易中占有重要地位，与航运的关系已十分密切，海上货物运输保险是通过保险人签发的海上货物运输保险单或保险凭证证明的海上货物运输保险合同来实现的。海上保险代位求偿权制度源自民法代位权制度，这是海上保险人一项法定的权利。

根据《海商法》第 252 条第 1 款的规定，“保险标的发生保险责任范围内的损失是由第三人造成的，被保险人向第三人要求赔偿的权利，自保险人支付赔偿之日起，相应转移给保险人”。被保险人对第三人的权利包括侵权责任的赔偿请求权、违约责任的赔偿请求权、不当得利的返还请求权、共同海损的分摊请求权四种，其性质都属于债权请求权。在保险人已经足额赔付的情况下，这些债权应当依法转移给保险人。需要注意的是，保险人的代位求偿权不仅包括被保险人的原债权，还包括原债权所附带的各种从属权利，如被保险人扣押船舶或船载货物取得的财产保全权利；因第三人提供担保所取得的担保权利；被保险船东在宣布共同海损后对船上货物所拥有的留置权；被保险人因主债权而享有的利息债权、债权人的代位权、债权人的撤销权、自愿赔付船舶优先比例的保险赔偿等。

此外，我国《海事诉讼特别程序法》也以成文法的形式对代位求偿权作出了程序性规定。第94条规定："保险人行使代位请求赔偿权利时，被保险人未向造成保险事故的第三人提起诉讼的，保险人应当以自己的名义向该第三人提起诉讼。"若保险人行使代位权时，被保险人已经向造成保险事故的第三人提起诉讼的，根据第95条之规定，此时"保险人可以向受理该案的法院提出变更当事人的请求，代位行使被保险人对第三人请求赔偿的权利"。上述法条明确了保险人的诉讼地位，切实保护了保险人利益。

本案中，在法院已认定货损事故发生系由承运人过失造成的前提下，只要原告举证证明被告的承运人身份，法院即可以原告作为保险人具有代位权为由，支持原告的诉讼请求，但原告并未充分履行举证责任，才导致最后败诉的结局。这也提醒海上保险合同的双方当事人，在签订合同时，一定要明确双方当事人身份，做到主体明确、权责清晰，一旦之后发生诉讼，也能在诉讼中最大限度地保护自身的合法权益。

【相关法条】

《中华人民共和国海商法》（1993年7月1日施行）

第二百二十四条 订立合同时，被保险人已经知道或者应当知道保险标的已经因发生保险事故而遭受损失的，保险人不负赔偿责任，但是有权收取保险费；保险人已经知道或者应当知道保险标的已经不可能因发生保险事故而遭受损失的，被保险人有权收回已经支付的保险费。

承办人：吕延铭

编写人：刘　昭

25. 青岛祥某钢管有限公司诉华某财产保险股份有限公司青岛分公司海上保险合同纠纷案

——保险条款的解释及履行告知义务对责任承担的影响

【合规提示】

本案系一起投保人诉保险人的海上保险合同纠纷，双方对订立的保险合同中锈损险免责条款的效力产生争议。原告共向被告投保四次，被告向原告先后签发了四份保单，在签订第四次保单时被告加入了一条锈损险免责条款，且并没有对该免责条款向投保人作出说明。《保险法》第 17 条规定，对保险合同中免除保险人责任的条款，保险人在订立合同时应当在投保单、保险单或者其他保险凭证上作出足以引起投保人注意的提示，并对该条款的内容以书面或者口头形式向投保人作出明确说明；未作提示或者明确说明的，该条款不产生效力。因此，保险人应该对发生的保险事故承担保险责任。对于保险合同当事人而言，要注意保险合同作为一种最大诚信合同，从签订到履行双方当事人都要以最高的诚信为之；对于保险人而言，要注意向投保人说明保险合同的条款内容尤其是责任免除条款的具体内容。

【案件信息】

1. 裁判文书字号

（2003）青海法海商初字第 6 号、（2004）鲁民四终字第 28 号

2. 当事人

原告：青岛祥某钢管有限公司

被告：华某财产保险股份有限公司青岛分公司

3. 关键词

民事　海上保险合同　锈损险　免责条款　代位求偿

【裁判要旨】

保险合同作为一种最大诚信合同，从签订到履行都要求双方当事人以最高的诚信为之。告知义务是该原则在保险法中的主要体现之一。因此，保险人向投保人说明保险合同的条款内容尤其是责任免除条款是《保险法》规定的保险人的法定义务。本案被告作为保险人在向原告签发第四份保单时，并没有对其中的免责条款向投保人作出说明，因此应该对发生的保险事故承担保险责任。

【基本案情】

原告青岛祥某钢管有限公司（以下简称祥某公司）自2001年8月起，就其进口的钢卷向被告华某财产保险股份有限公司青岛分公司（以下简称华某公司）投保海上货物运输险，至2001年11月，原告共向被告投保三次，被告向原告先后签发了三份保单，三份保单皆载明，被保险人为原告，保险标的为热轧钢卷，承保条件为根据中国人民保险公司1981年1月1日海洋货物保险条款承保一切险、千年虫责任除外条款（财产），三份保单的保费费率皆为0.1%。

2001年12月10日，原告在接到国外卖方传真的第四票货物的提单及发票后，于当日传真被告就第四票货物向被告投保。12月14日，原告收到了被告签发的经某快递邮寄的第6051034012001000021号保单，保险标的为1017.45吨热轧钢卷，从日本到青岛，总保险金额244 107美元，承保条件为根据中国人民保险公司1981年1月1日海洋货物保险条款承保一切险、千年虫责任除外条款（财产），不包括锈损险。12月15日，承载该批货物的“B”轮停靠青岛港，卸货后，原告发现货物被海水浸泡出现大面积锈损，遂向被告提出索赔要求。被告提出由其签发的第四份保单中载明了锈损险免责，原告核对保单后发现保单中加入了一条锈损险免责条款。第四份保单的费率同样为0.1%。对于祥某公司投保的四票货物，双方均未签订书面保险合同，华某公司也未向法庭提交祥某公司书写的投保单。

原告诉至法院，请求：（1）依法判令第6051034012001000021号保单中的锈损免责条款无效；（2）判令被告赔偿原告损失人民币583 657.35元；（3）律师费及诉讼费由被告承担。

被告华某公司辩称：被告与原告于2001年12月14日签订了货物运输保险合同，并签发了605103401200100021号保单，原告以其不知保险合同载有锈损险不保的约定为由向法院提起诉讼，缺乏事实和法律依据。锈损险不保非常清晰地打印在保单的正面，系承保条件条款，按照《保险法》的规定，被告按照保险合同约定的内容承担保险责任，原告货物的锈损不在被告的承保范围之内，故应当依法驳回原告的诉讼请求；由于原告既没有及时申请扣押承运人的船舶，也没有向承运人提起诉讼主张权利，放弃了对承运人的请求赔偿权利，致使被告不能行使代位求偿的权利，因此即使被告承担责任，也应当作相应的扣减。

【裁判说理】

争议焦点：（1）被告签发的保险单中的"Excluding Risk of Rust"（锈损险除外）能否构成被告拒赔原告的理由；（2）原告未及时申请扣押船舶及向承运人提起索赔，致使华某公司丧失了向承运人追偿的权利，是否应当适当扣减被告应当赔付原告的保险赔偿金数额。

青岛海事法院认为：

一、被告签发的保险单中的"Excluding Risk of Rust"（锈损险除外）不能构成被告拒赔原告的理由

（一）一切险的责任范围涵盖的11种普通附加险中包含锈损险

本案中，被告签发的四份保单均载明承保1981年1月1日由中国人民保险公司制定的海洋货物保险条款中规定的一切险。根据该条款的规定，一切险除包括平安险及水渍险的各项责任外，还负责被保险货物在运输途中由于外来原因所致的全部或部分损失。一切险的责任范围涵盖11种普通附加险，而这11种附加险中的d项即锈损险。

另外，12月15日原告发现货物被海水浸泡出现大面积锈损后，法院委托山东海事司法鉴定中心对上述货物受损的原因、数量、程度及受损的价值进行鉴定。该中心于2002年1月20日出具了鲁海司鉴字［2002］第14号《关于热轧钢卷锈蚀情况的司法勘验检测鉴定报告》，该鉴定报告的结论如下：该批热轧钢卷可认定是在运输过程中受海水浸湿后渗入间隙，形成闭塞湿润腐蚀环境，造成钢卷表面离散溃疡状非均态面蚀。可以认定为海水腐蚀所致的锈蚀。锈损属于普通附加险中锈损险的承保范围，而普通附加险包含于一

切险中，因此保险人对其承保范围之内的保险责任应当承担保险赔偿义务。

（二）华某公司签发的保险单中的“锈损险除外”条款非双方合意的结果

从本案事实看，没有证据表明原告、被告双方曾就此条款进行过协商，华某公司签发的前三份保单中并无此条款，在费率不变的情况下，可以认定该条款为华某公司单方面写进保单的。祥某公司在收到保单后未就此条款提出异议，并不意味着对该条款表示认可。因为依据《合同法》第22条的规定，除非根据双方的交易习惯，否则祥某公司收到保单后不表示异议不能推断为其接受该条款。

（三）华某公司作为保险人，违反了最大诚信原则，未向祥某公司阐释“锈损险除外”责任免除条款

保险合同是射幸合同，它要求合同当事人的善意程度远远高于其他类型的合同，因而保险合同又被称为最大诚信合同。最大诚信原则起源于海上保险，并由《英国1906年海上保险法》首先确定下来的，此后各国保险法相继仿效，都对此原则作了规定。我国《保险法》第5条、第17条、第18条、第105条、第132条，《海商法》第222条分别从各个方面围绕最大诚信原则作出了相关规定。按照上述规定，保险条款，尤其是责任免除条款，涉及被保险人获赔的可能性问题，并足以影响一个谨慎的投保人作出是否投保的决定。因此，保险人向投保人说明保险合同的条款内容尤其是责任免除条款是《保险法》规定的保险人的法定义务。保险人不论在何种情况下，都有义务在订立保险合同前向投保人详细说明保险合同的各项条款，并对投保人有关保险合同条款的疑问予以正确解释，对于其中的除外责任条款所作说明尤为重要，其说明应“明确”，否则该条款不生效力。本案被告作为保险人在向原告签发第四份保单时，并没有对其中的免责条款向投保人作出说明，因此该条款不产生效力。

二、对于被告主张的扣减赔偿数额的请求，应给予相应的支持

根据1981年1月1日《中国人民保险公司海洋运输货物保险条款》第4条第2款第1项及2002年修正的《保险法》第46条的规定，在被保险人遭受保险损失的情况下，虽然可以就其遭受的损失选择向保险人或是第三人索赔，但无权放弃对第三人的索赔请求，即被保险人在取得保险赔偿前有义务自行或根据保险人的指示对第三人采取保全和诉讼措施，以便保险人在保险合同纠纷解决后能及时向第三人追偿，保险人违反保险合同不能成为被保险

人放弃向第三人主张权利的理由。本案中，祥某公司在向华某公司索赔及主张权利期间，没有履行保单背面条款所约定的首先向承运人、受托人或有关当局（海关、港务当局）索取货损货差证明及向责任方承运人索赔以中断诉讼时效的义务，致使华某公司在本案审结后丧失了向承运人追偿的权利。依据2002年修正的《保险法》第46条第3款之规定，“由于被保险人的过错致使保险人不能行使代位请求赔偿的权利的，保险人可以相应扣减保险赔偿金”。因被告作为保险人明知货物受损，且在被保险人已经申请理赔的情况下，仍未履行向作为责任方的承运人索赔的权利，故被告应当承担主要责任。据此，被告向原告承担的货物损失保险赔付金额应当予以适当扣减，扣减比例为货损价值的30%。

一审判决后，祥某公司和华某公司均不服，向山东省高级人民法院提起上诉。二审法院经审理后，认为原判决并无不当，判决驳回上诉，维持原判。

【法官后语】

《保险法》第5条规定，保险活动当事人行使权利、履行义务应当遵循诚信原则。保险合同作为一种最大诚信合同，从签订到履行都要求双方当事人以最高的诚信为之。该原则的主要表现就是保险法中的告知义务，我国《保险法》对该制度作了规定，保险合同中有关于保险人责任免除条款的，保险人在订立保险合同时应当向投保人明确说明，未明确说明的，该条款不产生效力。因此，保险人向投保人说明保险合同的条款内容尤其是责任免除条款是《保险法》规定的保险人的法定义务。

本案中，原告之前向被告投保三次，被告向原告先后签发了三份保单，三份保单皆载明被保险人为原告，保险标的为热轧钢卷，承保条件为根据中国人民保险公司1981年1月1日海洋货物保险条款承保一切险、千年虫责任除外条款（财产），三份保单的保费费率皆为0.1%。被告作为保险人在向原告签发第四份保单时，另加入了一条锈损险免责条款，第四份保单的费率同样为0.1%，该四票货物的保险标的一致、承保的险别一致——均为一切险、费率一致——均为0.1%，被告在保险费率未作任何变动的情况下，若要在第四票货物的保险合同中减少自己的保险责任，更应在订立保险合同时向原告作出明确的说明，但被告并没有对其中新加的免责条款向投保人作出说明，因此应当对发生的保险事故承担保险责任。原告作为运输合同项下的收货人，在与被告之间的保险合同纠纷未解决前，未及时行使或以明确的方式告知保险人行使对发生事故负有责任的承运人的索赔权，致使被告丧失了代位求偿的权利，亦有一定的过错，应当适当扣减保险人向被保险人支付的保险赔付款。因保险人明知货物受损，且在被保险人已经申请理赔的情况下，仍未履行向作为责任方的承运人索赔的权利，故被告应当承担主要责任。

本案的裁判对于保险合同的签订具有指导意义，对保险合同中免除保险人责任的条款，保险人在订立合同时应当在投保单、保险单或者其他保险凭证上作出足以引起投保人注意的提示，并对该条款的内容以书面或者口头形式向投保人作出明确说明；未作提示或者明确说明的，该条款不产生效力。

【相关法条】

1.《中华人民共和国保险法》（2002 年 10 月 28 日修正）

第十八条 保险合同中规定有关于保险人责任免除条款的，保险人在订立保险合同时应当向投保人明确说明，未明确说明的，该条款不产生效力。

第四十六条 保险事故发生后，保险人未赔偿保险金之前，被保险人放弃对第三者的请求赔偿的权利的，保险人不承担赔偿保险金的责任。

保险人向被保险人赔偿保险金后，被保险人未经保险人同意放弃对第三者请求赔偿的权利的，该行为无效。

由于被保险人的过错致使保险人不能行使代位请求赔偿的权利的，保险人可以相应扣减保险赔偿金。

对应新法：

《中华人民共和国保险法》（2015 年 4 月 24 日修正）

第十七条 订立保险合同，采用保险人提供的格式条款的，保险人向投保人提供的投保单应当附格式条款，保险人应当向投保人说明合同的内容。

对保险合同中免除保险人责任的条款，保险人在订立合同时应当在投保单、保险单或者其他保险凭证上作出足以引起投保人注意的提示，并对该条款的内容以书面或者口头形式向投保人作出明确说明；未作提示或者明确说明的，该条款不产生效力。

第六十一条 保险事故发生后，保险人未赔偿保险金之前，被保险人放弃对第三者请求赔偿的权利的，保险人不承担赔偿保险金的责任。

保险人向被保险人赔偿保险金后，被保险人未经保险人同意放弃对第三者请求赔偿的权利的，该行为无效。

被保险人故意或者因重大过失致使保险人不能行使代位请求赔偿的权利的，保险人可以扣减或者要求返还相应的保险金。

2.**《中华人民共和国合同法》**（2021年1月1日废止）

第六十条第一款 当事人应当按照约定全面履行自己的义务。

对应新法：

《中华人民共和国民法典》（2021年1月1日施行）

第五百零九条第一款 当事人应当按照约定全面履行自己的义务。

承办人：张先立

编写人：张先立 陈 超

26.（日本）某商事株式会社诉中国某保险公司青岛市分公司海上保险合同纠纷案

——海上保险合同如实告知义务的告知范围

【合规提示】

本案系一起发生在投保人与保险人之间的海上保险合同纠纷案件。对于海上保险合同，应当注意投保人的如实告知义务是无限告知义务，即只要是与保险标的或被保险人有关的任何重要事实，投保人都有义务告知保险人，不以保险人的询问为限。对于投保人，在投保海上保险时应主动将所有有关的重要事实告知保险人。对于保险人，对重要事实的了解也不应完全依赖投保人的告知，而是应当积极对投保人进行询问，尽量避免双方日后就告知义务的范围产生纠纷。

【案件信息】

1. 裁判文书字号

（2000）青海法海商初字第207号、（2002）鲁民四终字第45号

2. 当事人

原告：（日本）某商事株式会社

被告：中国某保险公司青岛市分公司

3. 关键词

民事　海上保险合同　最大诚信原则　如实告知义务

【裁判要旨】

关于保险合同中被保险人的如实告知义务是“询问告知”还是“无限告知”，我国《保险法》与《海商法》有不同规定。《保险法》是规范所有保险类型的一般法，而《海商法》的相关规定是关于海上保险的特殊规定，海上保险的被保险人一般为专业的商事主体，《海商法》令其承担“无限告知”的义务，保险人询问与否并不影响被保险人的告知范围。

【基本案情】

1998年1月20日，原告与中国某船厂（以下简称船厂）签订合同，双方约定由船厂为原告制造一套土石装船机，合同价格为CIF日本冈山县玉野，保险由船厂负责。合同签订后，船厂就该合同向被告投保，被告向船厂签发了以原告为受益人的保险单。后土石装船机被放置在“航驳50××”号甲板上，由“航拖20××”号拖带“航驳50××”号航行至日本玉野港。航行途中遭遇台风致使土石装船机发生损坏。原告就该次事故多次前往被告处要求其履行赔付义务，被告以船厂未如实告知货物的运输方式是甲板货以及拖轮拖带这一情况而拒赔。原告随后向青岛海事法院提起诉讼，要求被告赔付因该次事故而发生的损失226 100美元及利息。

被告辩称：一是船厂办理投保时只提供了发票和装箱单，对货物装载在驳船甲板上由拖轮拖带运输的重要情况未如实告知被告，影响被告确定保险费率和是否同意承保的判断，且上述情况对保险事故的发生有重要影响，保险合同应无效；二是承保货物在运输过程中没有损失。

为证明船厂未违反如实告知义务，原告提交证据，具体证明内容如下：第一，投保过程中被告工作人员只要求查看装箱单和发票，未要求查看其他材料；第二，投保过程中，船厂工作人员曾把装在驳船甲板上的土石装船机指给被告工作人员看，而从被告会议室的窗户可以看见该货物是被放置在驳船甲板上的；第三，青岛当地报纸和电视台曾对上述土石装船机起运日本进行过报道。原告还在法庭辩论中主张：第一，如实告知义务作为海商法最大诚信原则的一项内容，是投保人和被告双方都负有的义务，被告在订立合同时也负有相等的告知义务和责任；第二，原告提供的发票中对海运船舶的描述为“HANGTUO20××”，该描述应引起被告对运输方式为拖轮拖带的注意。

【裁判说理】

争议焦点：作为被保险人的船厂是否违反了如实告知义务。

青岛海事法院认为：

关于船厂是否违反了如实告知义务。首先，海商法中的最大诚信原则虽是双方均需遵守的原则，但如实告知义务是被保险人遵守最大诚信原则的主要方面。《海商法》规定被保险人在海上保险中承担的是无限告知义务，保险人未作任何询问并不减免被保险人的上述责任。而最大诚信原则对保险人的约束，体现在保险人在其实际承担能力的基础上作出真实可靠的承诺以及在保险事故发生后按最大诚信原则履行该承诺。货物装载于驳船甲板上由拖轮拖带运输，对合理谨慎的保险人考虑是否承保以及确定费率是绝对有影响的，因此该情况是《海商法》第222条第1款所规定的“重要情况”。故可认定被保险人（船厂）并没有将应当告知的重要情况告知被告。其次，上述情况并非被告知道或通常业务中应当知道的情况，因信用证、发票、装箱单上对运输方式的记载与拖轮拖带的运输方式仅有间接的联系，并不能使被告直接了解相关情况，被告也无义务根据材料中的任何蛛丝马迹对被保险人进行询问。此外，原告关于当地媒体报道和被告工作人员可从会议室窗户中观察到货物的举证，亦不能证明被告已知或应知货物的运输情况，因相关报道并不能证明本案货物的运输已成为公众关注的事件，被告工作人员也无理由将其能看到的设备与保险标的联系起来。因此，由于作为被保险人的船厂违反了如实告知义务，被告有权解除保险合同，不予理赔。

青岛海事法院作出判决：驳回原告全部诉讼请求。

原告提出上诉，山东省高级人民法院经审理后驳回上诉，维持原判。

【法官后语】

如实告知义务来自保险法中的最大诚信原则。最大诚信原则在《英国1906年海上保险法》中首先得到确定，该法第17条规定：海上保险合同是建立在最大诚信原则基础上的契约，如果任何一方不遵守最大诚信原则，他方可以宣告契约无效。这也成为保险法中最大诚信原则的源头。海上保险是现代保险制度的鼻祖，后来很多保险业具体业务内容的出现，都要归功于海上保险。此后，各国相继效仿，均在其保险法中作了相应的规定。这些规定要求保险合同的当事人不但要遵循诚信原则，而且要做到最大诚信。我国于2002年修改《保险法》时特别增加了一条，即第5条，单独就诚信原则作了规定："保险活动当事人行使权利、履行义务应当遵循诚信原则。"之后修订或修正的《保险法》继续沿用了这一条。

最大诚信原则在保险合同从签订到履行的各个阶段贯穿始终，在保险合同签订阶段主要体现为被保险人的如实告知义务。如实告知义务要求被保险人要向保险人充分而准确地告知和保险相关的重要事实，因为保险人对于保险标的往往一无所知，需要根据被保险人对保险标的的描述来确定是否承保并确定保险费率。

本案双方的争议焦点首先涉及的是被保险人告知义务的范围问题。对此问题有两种立法模式，分别为无限告知模式和询问告知模式。无限告知模式要求被保险人告知的事项不以询问为限，只要是与保险标的或被保险人有关的任何重要事实，投保人都有义务告知保险人。询问告知模式则将投保人的告知范围仅限于保险人询问的问题，对于保险人没有询问的事项不需要告知。我国《保险法》采纳的是询问告知模式，《保险法》第16条以及《最高人民法院关于适用〈中华人民共和国保险法〉若干问题的解释（二）》第6条明确将被保险人告知的范围限于保险人询问的范围。但规定了海上保险的《海商法》则采纳了无限告知模式（《海商法》第222条）。《保险法》是规范所有保险类型的一般法，与海上保险不同，许多其他保险类型的投保人都是不具备法律知识的普通自然人，如果《保险法》采纳无限告知模式，被保险人的负担显然过重。但在海上保险纠纷案件中，由于《海商法》关于海上保险的规定是特别法，《保险法》是一般法，因此应优先适用《海商法》的规定，海上保险的被保险人负有无限告知义务，保险人询问与否并不影响被保险人的告知范围。

此外，本案当事人还对相关情况是否属于保险人明知或在通常业务中应当知道的情况产生了争议。如实告知义务主要是被保险人的义务，《海商法》并不要求保险人主动询问所有有关的问题，更未要求保险人就被保险人提供的材料中的任何蛛丝马迹彻查到底。在判断保险人是否应知的过程中，不能以事后掌握所有事实材料的法官视角，来代替订立合同时的保险人视角。本案中，原告所举证据并未明确体现货物系装载在驳船甲板上由拖轮拖带运输，而仅仅是与拖轮拖带运输有较弱的间接联系，因此一般理性的保险人在订立保险合同过程中，根本无法根据这些信息联想到货物运输方式。且涉案货物的运输方式会依据天气的变化而产生不同程度的风险，但本案保险人不是运输行业主体，无法凭借日常经验推断出潜在的航运风险，也不能因涉案航运经过报道而推断保险人一定了解上述风险。因此，不应认定本案中货物装载在驳船甲板上由拖轮拖带运输且可能受到海上风浪破坏的情况是保险人明知或应知的事实。

本案系对海上保险纠纷中关于如实告知义务这一重要问题作出的重要判决。法院在裁判说理中对被保险人应告知的范围和保险人对重要情况明知或应当知道的判断标准，进行了充分的讨论，为同类案件的审判提供了参考。

【相关法条】

《中华人民共和国海商法》（1993年7月1日施行）

第二百二十二条 合同订立前，被保险人应当将其知道的或者在通常业务中应当知道的有关影响保险人据以确定保险费率或者确定是否同意承保的重要情况，如实告知保险人。

保险人知道或者在通常业务中应当知道的情况，保险人没有询问的，被保险人无需告知。

第二百二十三条 由于被保险人的故意，未将本法第二百二十二条第一款规定的重要情况如实告知保险人的，保险人有权解除合同，并不退还保险费。合同解除前发生保险事故造成损失的，保险人不负赔偿责任。

不是由于被保险人的故意，未将本法第二百二十二条第一款规定的重要情况如实告知保险人的，保险人有权解除合同或者要求相应增加保险费。保险人解除合同的，对于合同解除前发生保险事故造成的损失，保险人应当负赔偿责任；但是，未告知或者错误告知的重要情况对保险事故的发生有影响的除外。

承办人：遇 峰

编写人：遇 峰 刘 昭

27. 山东蓬莱晨某五金集团有限公司诉中国某保险公司烟台分公司海上保险合同纠纷案

——保险单中保险条款产生争议时的法律认定

【合规提示】

本案系一起海上保险合同纠纷案件，双方对保险单中相关条款发生争议时如何认定存在争议。在实务中，有时会出现保险双方未签订书面保险合同，但直接填制了保险单的情况，这种情况下保险单作为双方保险关系存在的书面证明，其条款可作为约束双方的依据。对于保险双方来说，一定要将保险合同的条款尽量清晰地进行约定，避免出现歧义、约定范围过大等影响合同理解的情况，特别是对于保险人来说，一旦释义不明，人民法院或者仲裁机构会作出有利于被保险人和受益人的解释，可能会对保险人造成利益损失。

【案件信息】

1. 裁判文书字号

（1999）青海法烟海商初字第70号、（2000）鲁经终字第12号

2. 当事人

原告：山东蓬莱晨某五金集团有限公司（原山东晨某五金集团有限公司）

被告：中国某保险公司烟台分公司

第三人：某集装箱货运有限责任公司

3. 关键词

民事　海上保险合同　保险单　保险关系

【裁判要旨】

保险双方未签订书面保险合同，但直接填制了保险单，该保险单也是双方保险关系存在的书面证明，在双方就保险条款产生争议的时候，保险合同或保险单中记载的内容应为双方遵循的保险协议内容。双方应严格按照保险单中载明的情况履行保险义务，不可随意作扩大或者意图解释，且依照法律规定，在进行相关判断时应作出对被保险人有利的解释。

【基本案情】

1998年11月5日，原告委托第三人将一批货物运往广州黄埔港，并向被告投保20万元的货物保险，被告出具了国内水路、陆路货物运输保险单，背面为保险条款，正面有关栏目均由被告填写。“货票、运单号码”栏，被告方填写的是“汇某泉9819YH9819—021”，“运输工具”栏填写的“船”。保险单中列明的投保人和被保险人均为原告。原告托运的货物，由山东省青岛某总公司所属船舶承运，原计划由“汇某泉”轮运输，后由于该船临时检修而取消，改由“静某泉”轮替代。换船后，该公司和第三人并未通知原告。1998年11月18日，“静某泉”轮在厦门海域沉没。为协助原告追偿，山东省青岛某总公司据实向被告出具了换船原因及货物所在集装箱号码的书面说明。该公司的代理人大连某船务有限公司烟台办事处亦将“静某泉”填入运单“第一接转船”栏中，并加盖公章。原告持保险单和该运单向被告申请支付保险金，被告以换船未通知为由，拒绝支付。

原告诉称，其委托第三人将一批货物运往广州黄埔港，并由其办理保险手续，第三人于当天在被告处为原告办理了20万元的货物保险。而运输该批货物的船舶在海上沉没，我方向被告追偿时，被告以保单中的船名与实际承运货物的船名不符为由，拒不赔偿。要求法院判令被告支付保险金，承担本案诉讼费用。第三人更换船舶后，未通知原告，亦应承担相应责任。

被告辩称，原告违反保险合同约定和保险法规定，运输货物的船舶更改后，未通知我方，其损失应当自负。请求法院驳回原告的诉讼请求。

第三人辩称，原、被告因保单填写有误发生纠纷，与我方无关；承运人在换船舶后并未通知我方，我方也是在船舶沉没后才知道承运人将船舶更换。我方在代理过程中没有过错，不应承担任何责任。

【裁判说理】

争议焦点：保险单中“运输工具”及其他条款的发生争议时如何认定。

青岛海事法院认为：保险单即保险合同，是合同双方据以索赔或支付的依据。保险单中填充的内容，既是双方明确约定的事项，也是保险合同的重要条款。对于保险合同的条款，依据1995年公布的《保险法》(已被修改)第30条的规定，保险人与投保人、被保险人或者受益人有争议时，人民法院或仲裁机构应当作有利于被保险人或受益人的解释。据此，本案的保险合同属合法有效合同。

根据中国某保险公司1994年4月修订的“国内货物运输保险实务”的有关规定，保险单“货票、运单号码”一栏，目的在于表明货物的标记，需填写货票或运单的号码。“运输工具”一栏则应填写船舶的名称及航次，以便确定承保运载该批货物的某一特定船舶。因此，如果“运输工具”一栏仅仅填写“船”或“船舶”，未注明船名和航次，即使投保人投保时告知了保险人承运该批货物的船名和航次，保险人承保货物的运输工具也不能认为仅仅限于该船舶。将船名和航次填写到其他栏目不具有确定某一特定船舶的效力。只要货物运载的工具是船舶，且该船舶具有国家规定的运输资格，即属该保险人承保的范围。被告将原告申报的船名和航次填写在“货票、运单号码”栏，致保险人与被保险人对此的理解发生争议。对此，依照法律规定，应作出对被保险人有利的解释，即依照该保险单，原告与被告没有约定原告投保的货物需装载在特定的船舶和特定的航次（“汇某泉”轮第9819航次）。换船后，原告无须告知被告。“静某泉”轮是符合合同约定的船，属保险合同约定的运输工具，且该轮的沉没造成货物灭失，符合保险条款第2条第1款第2项约定的条件，故被告应当依照合同约定支付保险金。原告未提供证据证明，本案保险合同系由本案第三人代为订立。即使该保险合同系由本案第三人代为订立，该第三人与本案原、被告双方的争议亦无关。因此，原告要求第三人承担责任的主张，不能成立。

青岛海事法院以判决方式结案。山东省高级人民法院二审驳回上诉，维持原判。

【法官后语】

海上货物运输保险合同，是指保险人对于被保险人交运的海上运输货物承担保险给付责任的保险合同。海上货物运输保险是通过保险人签发的海上货物运输保险单/保险凭证证明的海上货物运输合同来完成的。在海上货物运输保险合同合法有效的情况下，保险人就应当按合同约定的内容和条款对其保险标的的损失和产生的责任进行赔偿，如果保险双方对于保险合同的条款发生争议，该条款为约定条款、基本条款，对于这一争议，法院应依照法律规定的方式或者常用的方式，对该条款的内容予以确定。对于发生争议的该条款，适用合同解释的一般原则，即意图解释，但是如果合同文义清楚，则不能以寻求合同当事人的真正意图为由做任意推测。

【相关法条】

1.《**中华人民共和国保险法**》(1995年10月1日施行)

第三十条　对于保险合同的条款，保险人与投保人、被保险人或者受益人有争议时，人民法院或者仲裁机关应当作有利于被保险人和受益人的解释。

第一百四十七条　海上保险适用海商法的有关规定；海商法未作规定的，适用本法的有关规定。

对应新法：

《**中华人民共和国保险法**》(2015年4月24日修正)

第三十条　采用保险人提供的格式条款订立的保险合同，保险人与投保人、被保险人或者受益人对合同条款有争议的，应当按照通常理解予以解释。对合同条款有两种以上解释的，人民法院或者仲裁机构应当作出有利于被保险人和受益人的解释。

第一百八十二条　海上保险适用《中华人民共和国海商法》的有关规定；《中华人民共和国海商法》未规定的，适用本法的有关规定。

2.《**中华人民共和国海商法**》(1993年7月1日施行)

第二百三十七条　发生保险事故造成损失后，保险人应当及时向被保险人支付保险赔偿。

承办人：黄永申

编写人：林　丹　褚　茜

28. 山东省某贸易公司诉某财产保险有限公司青岛市分公司海上保险合同纠纷案

——保险人代位追偿权的实现不构成保险金支付的前提条件

【合规提示】

该案系一起海上保险合同纠纷案件，双方就保险人代位追偿权的实现是否为保险金支付的前提条件存在争议。海上货运保险的一项重要原则就是保险事故及时赔偿原则，其目的就是被保险人获得补偿后及时恢复生产，所以保险金赔付的及时性、便利性是尤为重要的。对于保险人来说，在发生保险事故后，保险人的首要义务是及时向被保险人支付保险赔偿，找出责任方以便行使代位追偿权，而代位追偿权的存在与否并非支付保险赔偿的前提。此外要正确理解《海商法》第 253 条的规定："被保险人未经保险人同意放弃向第三人要求赔偿的权利，或者由于过失致使保险人不能行使追偿权利的，保险人可以相应扣减保险赔偿。"依据该法条规定，被保险人弃权是指故意的且以明示的方式作出的情况下才适用本条款。对于被保险人来说，应当在保险事故发生后立刻通知保险人，尽到被保险人在当时所能尽到的义务，如委托检验、减少货物损失等。

【案件信息】

1. 裁判文书字号

（1996）青海法海商初字第 237 号、（1998）鲁经终字第 341 号

2. 当事人

原告：山东省某贸易公司

被告：某财产保险有限公司青岛市分公司

3. 关键词

民事　海上保险合同　保险人责任　保险赔偿　代位追偿权　被保险人

故意与过失

【裁判要旨】

保险人代位追偿权的实现不是保险人支付保险赔偿的前提条件。在发生保险事故后，保险人的首要义务是及时向被保险人支付保险赔偿，找出责任方以便行使代位追偿权。代位追偿权的存在与否并非支付保险赔偿的前提，能否享有代位追偿权以及代位追偿权能否实现，因保险事故的原因、是否有责任方以及被保险人可否向责任方追究责任等多种情况的不同而不同，如果时效期间已过，则只是一种状态，保险人是否得以拒赔，要看被保险人对此权利状态的形成是否有故意或者过失。

【基本案情】

1996 年 3 月 21 日，青岛经济技术开发区某粮油贸易中心代原告与青岛某航务公司签订航次租船合同，将重量为 1100 吨的袋装泰国香米，从青岛前湾港运输至广州芳村港。3 月 27 日，原告将此批货物在被告处投保货物运输综合险。同日，原告在被告处投保的泰国香米在青岛前港湾被装上“浙乐 ×”轮运往广州芳村港。4 月 1 日 20 时左右，“浙乐 ×”轮在航行中遇大风，船上几处篷布断裂，船舱进水，造成香米部分水湿。4 月 3 日 14 时 30 分，该轮到达广州芳村港，4 月 4 日开始卸货，4 月 9 日卸货完毕。同日，广州港芳村港务公司出具“货运记录”，该记录记载“原发运数 42 877 包，实卸 42 796 包，短少 81 包，在所卸货物中有 41 793 包水湿、有异味。其中清船舱底，有严重水湿、发霉、部分结块 869 包，破包 23 包”。该货运记录由船方代表和收货人南海市某总公司代表签字确认。货损发生后，原告即通知被告速派人去广州处理。被告派两人于 4 月 9 日抵广州，4 月 14 日双方就舱底 869 包（869 包 ×25kg）有水湿、霉烂、异味的香米达成按每吨 980 元削价处理的协议。对其他受损香米，双方尽管有多次传真、函件往来，但最终未能达成一致意见。1996 年 4 月 19 日，被告传真原告，要求原告尽速处理受损货物。同日，南海市产品质量监督检验所受原告委托，对存于广州芳村港务局三码头仓库内的 943.50 吨泰国香米进行了抽样检验，并出具了检验报告，该报告称，仓库内发霉变质到不可食用程度的香米占总数的 38.44%，没有发霉变质的香米与同船运来的正常样品相比，气味有明显差异（香气不纯，有霉变异味)。4月26日,原告又委托广东进出口商品检验局对受损香米进行了检验,出具的《技术咨询检验报告》载明:“查卸货记录,广州芳村港务公司有水湿签证,上述货物之残损是运输过程所造成。”

4月29日,原告(甲方)与原买卖合同买方(乙方)南海市某总公司签订协议书,甲方(原告)根据商检结果,本着尽快处理、以质论价、随行就市的原则将该批香米一次性处理给乙方,并就有关事宜达成协议。

原告山东省某贸易公司诉称,原、被告获悉货物水湿情况后,先后派人去广州芳村港,双方对水湿货物进行了现场调查,但在定损问题上分歧较大,未能达成一致,而仅就舱底869件水湿霉烂异味的香米达成了按每吨980元处理的意见。后经原、被告双方多次交涉,但终未能达成一致意见,故诉至法院,要求被告支付保险赔偿款人民币1 058 029元。

被告某财产保险有限公司青岛市分公司辩称,原告作为该批货物的托运人,有权就货损向承运人索赔,但原告在收到货运记录的次日起180天内既未向承运人索赔也未向人民法院提起诉讼,从而放弃了向承运人索赔的权利,根据保险合同和有关法律规定,保险人不承担保险赔偿责任,请求法院对原告的诉讼请求不予支持。

【裁判说理】

争议焦点:保险人代位追偿权的实现是否为保险金支付的前提条件。

青岛海事法院认为:原、被告间的海上货物运输保险合同依法成立有效,在航行中发生的货损事故属保险责任事故。原告在发生保险事故后,保险人的首要义务是及时向被保险人支付保险赔偿,找出责任方以便行使代位追偿权,并非支付保险赔偿以代位追偿权的实现而获得补偿为前提,能否享有代位追偿权以及代位追偿权能否实现,因保险事故的原因、是否有责任方以及被保险人可否向责任方追究责任等多种情况的不同而不同,如果时效期间已过,则只是一种状态,保险人是否得以拒赔,要看被保险人对此权利状态的形成是否有故意或过失。本案原告在保险事故发生后迅速通知了被告,委托检验、减少货物损失等,尽到了被保险人在当时所能尽到的义务,不存在故意或过失。原告将货物降价处理给原买卖合同的买方,价格也基本合理,且原告与被告在诉讼前一直对赔偿数额进行协商,被告从未明确要求原告应当采取哪种措施以达到时效期间中断的目的,且双方在保险事故发生后不久对部分货物的处理达成了一致，如果被告认为有关责任人应对此部分损失负责，则可尽快支付保险赔偿以取得代位追偿权，但被告并未做到此点。另原告要求被告支付检验费用的诉讼请求，因原告重复委托检验，青岛海事法院只认定了广东进出口商品检验局出具的检验结果，所以只支持此项检验费用。被告以原告放弃向承运人追偿为由拒赔，理由不成立，不予采纳。

该案青岛海事法院以判决方式结案，判决被告赔偿原告保险赔付款以及货物检验费用。判决后，被告不服，向山东省高级人民法院提出上诉，二审法院判决驳回上诉，维持原判。

【法官后语】

代位追偿权是保险的基本原则之一，保险人代理被保险人向第三者行使请求赔偿权利。因第三者对保险标的的损害而造成保险事故的，保险人自被保险人赔偿之日起，在赔偿金额范围内，取得代位行使被保险人对第三者请求赔偿的权利。海上保险事故及时赔偿原则要求发生保险事故造成损失后，被保险人向保险人提出索赔的，保险人应尽快支付赔偿，使被保险人获得补偿后及时恢复生产。支付保险赔偿的条件有：被保险人要如实提供索赔单证；损失是在保险合同有效期内发生，损失属于保险责任的范围；保险事故造成的损失不是被保险人故意造成的，保险事故是造成保险标的损失的直接原因等。显然，保险人对代位追偿权的实现而获得补偿不是保险人支付保险赔偿的前提条件。

另外，《海商法》第 253 条规定："被保险人未经保险人同意放弃向第三人要求赔偿的权利，或者由于过失致使保险人不能行使追偿权利的，保险人可以相应扣减保险赔偿。"但是该法条规定的被保险人弃权是指故意的且以明示的方式作出的情形，原告并不存在此种情况，且提出索赔要求，也在保险条款规定的索赔期限之内，如果保险人及时赔付完全可以在诉讼时效期限内取得代位求偿权，因此并非由被保险人过失造成。

目前在货运险案件中，大多数损失都有明确的责任方，正常情况下保险人赔付后是可以及时实现代位追偿权的，但实际上如本案例的情况也并不鲜见。只有被保险人及时报损、保险人及时赔付，才能实现保险人通过及时赔付去行使代位追偿权，被保险人获得补偿后及时恢复生产的双赢结果。

【相关法条】

《中华人民共和国海商法》（1993 年 7 月 1 日施行）

第二百三十七条　发生保险事故造成损失后，保险人应当及时向被保险人支付保险赔偿。

第二百四十条　被保险人为防止或者减少根据合同可以得到赔偿的损失而支出的必要的合理费用，为确定保险事故的性质、程度而支出的检验、估价的合理费用，以及为执行保险人的特别通知而支出的费用，应当由保险人在保险标的损失赔偿之外另行支付。

保险人对前款规定的费用的支付，以相当于保险金额的数额为限。

保险金额低于保险价值的，除合同另有约定外，保险人应当按照保险金额与保险价值的比例，支付本条规定的费用。

承办人：孙立国

编写人：梁晓晓　褚　茜

人身保险

29. 周某某诉中国某保险股份有限公司安阳分公司海上保险合同纠纷案

——船东投保团体意外险时保险公司的理赔责任认定

【合规提示】

本案系一起渔船船东根据“团体人身意外险”向保险公司索赔的海上保险合同纠纷案件。对于保险公司而言，作为专业的保险从业单位，在投保人进行投保时，需主动释明人身团体意外险同雇主责任险的区别，引导船东准确选择投保险种，避免在事故出险赔偿时出现争议；伤者受伤后可能需要进行多次非连续治疗，往往出现后续治疗时间在保险期限外的情形，此时保险公司不宜以“超出保险期限”为由不予理赔；对于船员的适任证书等资料审查应在投保前进行，若当时通过审查签订保险合同，后续不宜以证书缺失为由拒绝赔付。

对于雇主（船东）而言，需充分认识到人身团体意外险不能替代雇主责任险，二者的赔付范围是不同的，人身团体险的保险标的是雇员的身体或生命，雇主责任险的保险标的是雇主依法对雇员承担的损害赔偿责任；两者产生的法律后果不同，人身团体意外险的保险人根据合同条款对被保险人进行给付，但这种给付并不能免除或减少雇主对被保险人应尽的赔偿责任，雇主责任险的保险人是代替雇主履行了应尽的赔偿责任的一部分或者全部；另外，人身团体意外险往往约定对相关医疗费用适用一定比例赔付。发生保险事故时，雇主应及时报案，配合保险公司做好理赔工作。

对于船员而言，发生保险事故时，应及时通知船东进行报案；在治疗时，应保存好住院费用相关发票资料，避免因证据不足导致败诉或拒赔。

【案件信息】

1. 裁判文书字号

（2022）鲁72民初1373号

2. 当事人

原告：周某某

被告：中国某保险股份有限公司安阳分公司

3. 关键词

民事　海上保险合同　保险时效　赔付标准

【裁判要旨】

1. 船员在渔船上工作，在发生人身损害事故后存在渔船无法及时回港、无法及时向保险公司寻求赔偿的情况，若有其他证据佐证保险事故发生在保险期间内，保险公司不能仅以此为由拒赔。

2. 受伤船员两次住院治疗，是因同一次事故而发生的接续行为，保险公司不能以后一次住院治疗时间超出保险期间而拒赔。

3. 保险公司在投保之前应对船员的渔业船员适任证书、专业基础训练合格证、劳动合同等材料进行审查，以审核船员身份及其上岗作业资格，不能在保险事故发生后以材料缺失为由拒绝赔付。

4. 保险条款规定的"已从其他福利计划或医疗保险计划（包括社会医疗保险中从个人医疗账户扣减部分）"，应以投保地标准为基准。

【基本案情】

周某某系"鲁荣渔×"号渔船船东，雇用司某某从事船员工作，2018年2月23日周某某在中国某保险股份有限公司安阳分公司（以下简称某保险安阳分公司）处为司某某投保了《国寿绿洲团体意外伤害保险（A型）(2013版）》《国寿附加绿洲意外费用补偿团体医疗保险（2013版）》，2018年10月5日11时许，司某某在工作时上网过程中被钢丝打伤，两次住院治疗花费医疗费63 456.13元。司某某与周某某签订保险权益转让协议书并公证，将涉案保险权益转让给周某某。周某某根据保险合同向某保险安阳分公司申请理赔，某保险安阳分公司未付赔偿。周某某请求依法判令某保险安阳分公司支付医疗费人民币6万元。

某保险安阳分公司辩称：（1）被保险人或其代表未于事故发生之日起48小时内或渔船抵达码头之时通知公司，系统显示报案时间为10月8日，已超过合同约定时间。（2）周某某需提交司某某的渔业船员适任证书、专业基础训练合格证等相关证据证明其具备上岗作业资格，提交劳动合同等证据证明司某某系其员工，是本案保险的被保险人，并提交事故证明材料证明司某某受伤是在所投保的船舶工作过程中意外受伤。（3）投保人在答辩人处投保国寿绿洲团体意外伤害保险（A型）(2013版)，承担身故保险金或伤残保险金的给付责任，在本案中不适用。投保国寿附加绿洲意外费用补偿团体医疗保险（2013版），每人最高保险金额6万元，系补偿型保险，结合特别约定及保险条款，应扣除不符合当地基本医疗保险支付范围的费用，每次事故每人医疗费用扣除100元免赔额后，剔除被保险人已从其他福利计划或医疗保险计划（包括社会医疗保险中从个人医疗账户扣减部分）取得部分或全部赔偿，按照剩余金额的85%赔付。本案司某某第二次住院时间2020年10月12日至2020年10月22日，已超出保险期间，某保险安阳分公司不承担该部分的医疗保险金给付责任。

【裁判说理】

争议焦点：（1）事故出险报案时间是否超过合同约定；（2）受伤船员第二次入院治疗时间是否超过合同约定的保险期限；（3）船员适任证书等证件缺失是否是拒赔理由；（4）赔付额的计算方式。

青岛海事法院认为：

1.关于事故出险报案时间是否超过合同约定。渔船工作性质特殊，在发现鱼汛等情况时，往往无法及时回港。周某某在得知船员受伤回港后，第一时间向保险公司出险报案，已尽到合理注意义务。在有其他证据佐证投保人是在保险期间内发生保险事故的情况下，保险公司不能仅以此为由拒赔。

2.关于受伤船员第二次入院治疗时间是否超过合同约定的保险期限。合同约定："保险期间届满被保险人治疗仍未结束的，本公司承担给付保险金责任的期限，自保险期间届满次日起，门（急）诊治疗最长为连续十五日；住院治疗至被保险人出院之日止，但最长为连续九十日。"某保险安阳分公司主张司某某第二次住院时间2020年10月12日至2020年10月22日，已超出合同约定的保险期限，不承担该部分的医疗保险金给付责任。本案中，司某某的二次治疗是因保险事故引起，属于同一保险事故发生的费用，不应认定为超过保险期间范围。

3. 关于船员适任证书等证件缺失是否是拒赔理由。保险公司作为专业的保险从业单位，在进行投保审查时，应对投保相关材料担负审查义务。一旦双方签订保险合同，且在合同中明确列明司某某在保险标的船舶上工作，应默认包括船员的适任证书、专业基础训练合格证等材料已通过保险公司审查，保险公司不能在保险事故发生后以此类材料缺失作为抗辩理由。

4. 关于赔付额的计算方式。保险公司称，根据保险合同约定，每次事故赔付上限为 6 万元，应扣除不符合当地基本医疗保险支付范围的费用，扣除 100 元免赔额后，剔除被保险人已从其他福利计划或医疗保险计划（包括社会医疗保险中从个人医疗账户扣减部分）取得部分或全部赔偿后，按照剩余的 85% 给付。即 6 万元中减去应由个人支付部分，剩余部分扣除 100 元免赔额之后按照 85% 的比例进行给付。值得注意的是，应由个人支付部分，不等同于实际由周某某支付部分。因周某某未参加当地社会医疗保险，故周某某全额支付了就医费用，但其中部分药品和治疗费用因纳入了当地社会医疗保险范围，属于符合当地基本医疗保险支付范围，不应纳入“应由个人支付部分”予以剔除。

本案以调解方式结案。

【法官后语】

本案的难点在于，受伤船员司某某入院治疗期间，所有发生费用均未以医保途径支付，而是全额支付了就医费用，且费用明细上没有标明药品的自付比例，致使个人应自费部分和应纳入医保统筹部分界限不清。原告因种种原因，无法提交当地社会医疗保险范围目录；被告提交了一份依据保险公司所在地社会医疗保险标准出具的赔付范围清单，但依据保险合同，应以投保地社会医疗保险标准为基准，故不能直接适用。

为准确计算保险赔付范围，司法机关应主动调取证据查明事实，而不能简单适用举证责任判定原告败诉。最终委托投保地某医疗保障局，依据投保地社会基本医疗保险的有关规定，对司某某的医疗费用测算出纳入医保统筹的总金额，从而准确判定应赔付金额，促成双方和解，实现争议一次性解决。

本案船员受伤后，船东先行垫付医疗费用，后受伤船员将保险权益转让给船东，船东再向保险公司索赔。关于船东周某某是否具有代位受伤船员提起诉讼的主体资格，虽然被告未提出异议，但依然是法院审查的重点。判断的关键在于涉案保险权益是否可以转让。

本案系投保人为被保险人或者受益人利益订立的保险合同，被保险人或受益人享有保险金请求权，投保人不享有。保险金请求权又称“索赔请求权”，是基于保险契约而产生的请求保险金的权利，是债权请求权，保险金请求权除具有一般请求权的特征外，还具有自身的特征。

根据《最高人民法院关于适用〈中华人民共和国保险法〉若干问题的解释（三）》第 13 条规定，“保险事故发生后，受益人将与本次保险事故相对应的全部或者部分保险金请求权转让给第三人，当事人主张该转让行为有效的，人民法院应予支持，但根据合同性质、当事人约定或者法律规定不得转让的除外”，合同权利转让的构成要件共有三点：（1）转让人与受让人之间必须达成合法的转让协议；（2）转让人必须享有合法有效的合同债权；（3）应当通知债务人。关于保险金请求权是否可以转让的问题，司法解释采用的观点是应该根据保险事故发生前后进行判断：保险事故发生前，受益权是依附于特定人身关系的期待权，不能随便转让；保险事故发生后，受益权就转化为保险金给付请求权，该权利与普通民法债权没有本质区别，禁止其转让缺乏法律依据，除非存在依据合同性质、当事人约定或者法律规定不得转让的情形。在本案中，周某某作为渔船的实际所有人，在司某某发生人身损害事故时，对医疗费用进行先行垫付，使得被保险人司某某权益得以保障；后司某某自愿与周某某签署了保险权益转让协议书，系出于对其合法财产权利的正当处分，经过公证处进行公证，周某某取得转让的保险权益并无不妥。

【相关法条】

1.《中华人民共和国保险法》（2015 年 4 月 24 日修正）

第十七条 订立保险合同，采用保险人提供的格式条款的，保险人向投保人提供的投保单应当附格式条款，保险人应当向投保人说明合同的内容。

对保险合同中免除保险人责任的条款，保险人在订立合同时应当在投保单、保险单或者其他保险凭证上作出足以引起投保人注意的提示，并对该条款的内容以书面或者口头形式向投保人作出明确说明；未作提示或者明确说明的，该条款不产生效力。

第二十一条 投保人、被保险人或者受益人知道保险事故发生后，应当及时通知保险人。故意或者因重大过失未及时通知，致使保险事故的性质、原因、损失程度等难以确定的，保险人对无法确定的部分，不承担赔偿或者给付保险金的责任，但保险人通过其他途径已经及时知道或者应当及时知道保险事故发生的除外。

第二十三条 保险人收到被保险人或者受益人的赔偿或者给付保险金的请求后，应当及时作出核定；情形复杂的，应当在三十日内作出核定，但合同另有约定的除外。保险人应当将核定结果通知被保险人或者受益人；对属于保险责任的，在与被保险人或者受益人达成赔偿或者给付保险金的协议后十日内，履行赔偿或 者给付保险金义务。保险合同对赔偿或者给付保险金的期限有约定的，保险人应当按照约定履行赔偿或者给付保险金义务。

保险人未及时履行前款规定义务的，除支付保险金外，应当赔偿被保险人或者受益人因此受到的损失。

任何单位和个人不得非法干预保险人履行赔偿或者给付保险金的义务，也不得限制被保险人或者受益人取得保险金的权利。

第二十四条 保险人依照本法第二十三条的规定作出核定后，对不属于保险责任的，应当自作出核定之日起三日内向被保险人或者受益人发出拒绝赔偿或者拒绝给付保险金通知书，并说明理由。

第三十条 采用保险人提供的格式条款订立的保险合同，保险人与投保人、被保险人或者受益人对合同条款有争议的，应当按照通常理解予以解释。对合同条款有两种以上解释的，人民法院或者仲裁机构应当作出有利于被保险人和受益人的解释。

2.《最高人民法院关于适用〈中华人民共和国保险法〉若干问题的解释（三）》（2020年12月29日修正）

第十三条 保险事故发生后，受益人将与本次保险事故相对应的全部或者部分保险金请求权转让给第三人，当事人主张该转让行为有效的，人民法院应予支持，但根据合同性质、当事人约定或者法律规定不得转让的除外。

第十八条 保险人给付费用补偿型的医疗费用保险金时，主张扣减被保险人从公费医疗或者社会医疗保险取得的赔偿金额的，应当证明该保险产品在厘定医疗费用保险费率时已经将公费医疗或者社会医疗保险部分相应扣除，并按照扣减后的标准收取保险费。

承办人：李　华

编写人：牛　萌　刘　坤

30. 日照某海运有限公司诉中国某财产保险股份有限公司日照市分公司海上保险合同纠纷案

——责任保险中全面赔偿原则与实际损失赔偿原则的适用

【合规提示】

本案系一起被保险人与保险人关于船员死亡导致的海上保险合同纠纷案件，是在责任保险索赔纠纷处置中保险人对该险种存在片面认识，需要通过司法裁判予以指引的典型例证。对原告船东而言，应当具有为船员投保的意识，船员在为其工作期间死亡，没有证据证明死因系疾病所致，其对船员的死亡负有法定的赔偿责任，应当及时对死者家属予以赔付，并向保险公司理赔。对被告保险人而言，其对死亡事故是否构成保险除外责任情形负有举证责任，在死亡证明仅写明不排除猝死的情形下，需注意猝死并不等同于疾病，不能以此而免除赔偿责任。船东在船舶一切险下附加了责任险，同时又另行购买了船东责任险，以减轻发生事故时向船员及家属承担的赔偿责任，当船东主张的金额不超出其实际赔付的金额时，根据全面赔偿和实际赔偿原则，保险人应予以赔付，不能机械地理解其保险条款。

【案件信息】

1. 裁判文书字号

（2021）鲁72民初1593号、（2021）鲁民终2216号

2. 当事人

原告：日照某海运有限公司

被告：中国某财产保险股份有限公司日照市分公司

3. 关键词

民事　海上保险合同　保险赔偿　全面赔偿原则　实际损失赔偿原则　法律适用

【裁判要旨】

1. 被告对死亡事故是否构成保险除外责任情形负有举证责任，船员上船前身体健康，主要死亡原因为不排除猝死可能，但猝死并不等同于疾病，故不能由此证明死亡系疾病所致。

2. 当同时投保了《沿海内河船舶一切险附加船东对船员责任保险》和《沿海内河船东保障和赔偿责任保险》时，该两个险种下，按照全面赔偿和实际赔偿原则，被保险人可以同时获赔。

【基本案情】

2019 年 12 月 5 日，原告为“日油 × 号”船舶向被告投保了《沿海内河船舶一切险》，附加险包括附加 1/4 碰撞、触碰责任及船东对船员责任，船上船员 15 人，每人保额 70 万元，每人每次事故免赔 400 元。原告还向被告投保了《沿海内河船东保障和赔偿责任保险》，保险单载明责任名称为船东保障和赔偿责任（保赔险），承保项目包括船员人身伤亡责任险每人累计责任限额 50 万元，人员伤亡每次事故免赔 6000 元。

2020 年 6 月 25 日起，许某某在原告“日油 × 号”船上工作，任水手职务。2020 年 10 月 20 日，许某某在船上死亡。《居民死亡推断书》载明主要死亡原因为不排除猝死可能。

2021 年 4 月 15 日，许某某家属王某等 4 人起诉本案原告至法院，请求法院判令其赔偿各项损失 1 307 400 元，在审理过程中达成和解，本案原告自愿赔偿 79 万元，并已于 5 月 28 日支付完毕。原告已经从被告处索赔船东保障和赔偿责任保险金 50 万元。原告诉请被告支付原告保险赔偿金 29 万元。

被告辩称原告所起诉的损失不构成保险责任，不应得到支持，请求依法予以驳回。

【裁判说理】

争议焦点：（1）许某某死亡事故是否构成《沿海内河船舶保险附加船东对船员责任保险》的除外责任情形；（2）原告对许某某的死亡是否负有法定的赔偿责任；（3）原告同时在被告处投保了《沿海内河船舶一切险附加船东对船员责任保险》和《沿海内河船东保障和赔偿责任保险》，该两个险种是否不能同时获赔。

青岛海事法院认为：

1. 许某某死亡事故是否构成《沿海内河船舶保险附加船东对船员责任保险》的除外责任情形。根据保险条款，被告对其抗辩主张负有举证责任，证明许某某死亡系疾病所致。本案中，许某某上船前身体健康，主要死亡原因为不排除猝死可能，但猝死并不等同于疾病，故对被告的该抗辩本院不予支持。

2. 原告对许某某的死亡是否负有法定的赔偿责任。许某某在为原告工作期间死亡，没有证据证明许某某的死因系疾病所致，原告的法定赔偿责任已经本院生效民事调解书予以确认，原告与许某某家属均无异议，原告已经履行完毕付款义务，被告关于原告不负有法定赔偿义务的抗辩主张本院不予支持。

3. 原告同时在被告处投保了《沿海内河船舶一切险附加船东对船员责任保险》和《沿海内河船东保障和赔偿责任保险》，该两个险种是否不能同时获赔。本案原告对许某某的家属支付 79 万元，原告在《沿海内河船东保障和赔偿责任保险》下获赔 50 万元，在本案中主张在《沿海内河船舶一切险附加船东对船员责任保险》下支付 29 万元，该 29 万元的主张并未超过其实际损失，也未超过该险种下每人保额 70 万元的限额。判决：被告应自本判决生效之日起十日内向原告赔偿损失人民币 29 万元。

一审判决后，被告不服提起上诉，二审山东省高级人民法院同意一审法院裁判意见。

【法官后语】

责任保险既是法律制度走向完善的结果，又是保险业直接介入社会发展进步的具体表现。现今责任保险已经成为一个具有相对独立理论体系和运作系统的保险制度。责任保险在我国保险业中已有长足的发展，但是在责任保险索赔纠纷处置中仍能看出保险人对该险种的片面认识，需要通过司法裁判予以指引。本案即为典型例证，船舶所有人在船舶一切险下附加了责任险，同时又另行购买了船东责任险，以减轻发生事故时向船员及家属承担的赔偿责任，保险人却基于对保险合同免责条款的不当理解拒赔。法院根据全面赔偿和实际赔偿原则进行裁判，扭转了保险人对责任保险的片面认识，通过司法裁判实现指引作用，促进我国责任保险业的健康有序发展。

【相关法条】

1.《中华人民共和国保险法》（2015 年 4 月 24 日修正）

第十条 保险合同是投保人与保险人约定保险权利义务关系的协议。

投保人是指与保险人订立保险合同，并按照合同约定负有支付保险费义务的人。

保险人是指与投保人订立保险合同，并按照合同约定承担赔偿或者给付保险金责任的保险公司

第十一条 订立保险合同，应当协商一致，遵循公平原则确定各方的权利和义务。

除法律、行政法规规定必须保险的外，保险合同自愿订立。

第二十三条 保险人收到被保险人或者受益人的赔偿或者给付保险金的请求后，应当及时作出核定；情形复杂的，应当在三十日内作出核定，但合同另有约定的除外。保险人应当将核定结果通知被保险人或者受益人；对属于保险责任的，在与被保险人或者受益人达成赔偿或者给付保险金的协议后十日内，履行赔偿或者给付保险金义务。保险合同对赔偿或者给付保险金的期限有约定的，保险人应当按照约定履行赔偿或者给付保险金义务。

保险人未及时履行前款规定义务的，除支付保险金外，应当赔偿被保险人或者受益人因此受到的损失。

任何单位和个人不得非法干预保险人履行赔偿或者给付保险金的义务，也不得限制被保险人或者受益人取得保险金的权利。

2.《中华人民共和国民事诉讼法》（2017 年 6 月 27 日修正）

第六十四条 当事人对自己提出的主张，有责任提供证据。

当事人及其诉讼代理人因客观原因不能自行收集的证据，或者人民法院

认为审理案件需要的证据，人民法院应当调查收集。

人民法院应当按照法定程序，全面地、客观地审查核实证据。

对应新法：

《**中华人民共和国民事诉讼法**》（2023年9月1日修正）

第六十七条 当事人对自己提出的主张，有责任提供证据。

当事人及其诉讼代理人因客观原因不能自行收集的证据，或者人民法院认为审理案件需要的证据，人民法院应当调查收集。

人民法院应当按照法定程序，全面地、客观地审查核实证据。

承办人：王爱玲

编写人：王爱玲

31. 曲某某诉中国某财产保险股份有限公司厦门市分公司海上保险合同纠纷案

——达成和解协议时保险人的责任承担

【合规提示】

本案系一起海上保险合同纠纷案，具体而言是雇主责任保险合同纠纷案，原告作为雇主是被保险人，被告是某保险公司。雇主责任保险是以雇主对雇员承担相应的赔偿责任作为前提条件的保险，实行先付原则，对于原告而言，需要先行履行对其船员的赔偿责任。对于保险公司而言，保险单特别约定的有关免赔额、比例赔付的内容应认定为免除保险人责任的条款。此条款产生效力需要保险公司在保险单等其他保险凭证上，以足以引起投保人注意的文字、字体、符号或者其他明显标志作出提示，并向投保人履行明确说明义务，否则该免除保险人责任的条款不产生效力。

【案件信息】

1. 裁判文书字号

（2019）鲁72民初1651号、（2020）鲁民终2254号

2. 当事人

原告：曲某某

被告：中国某财产保险股份有限公司厦门市分公司

3. 关键词

民事　海上保险合同　雇主责任　先付原则　格式条款提示义务

【裁判要旨】

1. 雇主与雇员及其近亲属达成和解协议的，若该协议经保险人认可，当事人主张保险人在保险合同范围内依据和解协议承担保险责任的，应予支持。

2. 海上保险合同中免除保险人责任的条款，因保险人未对投保人就该免责条款作出足以引起投保人注意的提示和明确说明，免责条款不产生效力。

【基本案情】

在原告曲某某与被告中国某财产保险股份有限公司厦门市分公司（以下简称厦门某保险公司）海上保险合同纠纷一案中，原告与被告厦门某保险公司就赔偿事宜发生争议，请求判令被告支付原告伤残赔偿金16万元、医疗费22 611.35元，合计182 611.35元；案件受理费由被告承担。

被告厦门某保险公司辩称：（1）原告并未提交证据证明涉案事故实际发生且属于保险事故。（2）即便涉案事故实际发生属于保险事故，原告与案外人朱某之间签订的《和解协议》也超出了法定的赔偿标准，且原告并未证明其已经实际支付和解款项，原告仅需依照保险合同约定进行赔偿即可，对于超出保险合同约定的部分应由原告自行承担。

青岛海事法院查明案件事实如下：2018年3月14日，原告与被告签订了雇主责任保险2015版保险单，原告为“鲁荣渔×1、×2号”渔船朱某等14名船员投保雇主责任保险，保险期间自2018年3月14日0时起至2018年9月13日24时止，每人伤残赔偿限额为80万元人民币，医疗费用赔偿限额8万元人民币。2018年8月，原告投保雇员朱某在“鲁荣渔×1号”渔船进行

上网作业时受伤。威海某司法鉴定所出具的鉴定意见书载明，朱某受伤符合九级伤残。原告作为雇主于2019年6月18日与朱某达成了和解协议，一次性赔偿朱某16万元，2019年7月，原告共给付朱某赔偿款16万元，原告根据保险合同要求被告承担保险赔偿责任。

【裁判说理】

争议焦点：（1）原、被告之间的法律关系；（2）被告是否需要承担保险责任；（3）原告主张的赔偿金额是否合理。

青岛海事法院认为：

一、原、被告之间是否构成海上保险合同法律关系

海上保险合同，是指保险人按照约定，对被保险人遭受保险事故造成保险标的的损失和产生的责任负责赔偿，而由被保险人支付保险费的合同。按照保险标的不同，又可划分为船舶保险、海上货物运输保险、责任保险等。本案原、被告签订雇主责任保险合同，原告作为被保险人向被告即保险人提出保险要求，经保险人同意承保，并就海上保险合同的条款达成协议后，责任保险合同成立，原、被告之间依法构成海上保险合同法律关系，具体而言是雇主责任保险法律关系。雇主责任保险是以雇主对雇员承担相应的赔偿责任作为前提条件的保险，实行先付原则，雇主只有在对其雇佣的劳动人员承担赔偿责任后，保险公司才有义务向雇主赔偿保险金。通常而言，在雇主责任保险项下，雇员无权直接向保险公司请求赔偿保险金，但存在被保险人对雇员所负的赔偿责任经人民法院生效裁判、仲裁裁决确认，或被保险人对雇员所负的赔偿责任经被保险人与雇员协商一致，或被保险人对雇员应负的赔偿责任能够确定的其他情形除外。本案中，原告与其投保船员朱某家属之间签订协议，赔偿朱某家属并有相应付款收据为证，可以证明原告作为船东及雇主已经履行对其船员朱某的赔偿责任，原告根据雇主责任保险合同要求被告承担保险赔偿责任，符合保险法的规定，原告诉讼主体适格，被告作为涉案保险公司对原告依法负有保险赔偿义务。原告与被告签订的雇主责任保险合同系双方真实意思表示，其内容合法有效。依照《海商法》第221条的规定，被保险人提出保险要求，经保险人同意承保，并就海上保险合同的条款达成协议后，合同成立。保险人应当及时向被保险人签发保险单或者其他保险单证，并在保险单或者其他保险单证中载明当事人

双方约定的合同内容。因此，本案中，原、被告之间依法构成海上保险合同法律关系。

二、被告是否需要承担保险责任

本案被告是否需要依照保险合同对原告即被保险人承担保险给付责任，对此，本院认为，根据涉案保险单约定，本保险仅承保被保险人所拥有的"鲁荣渔 ×1、×2 号"渔船聘用的船上作业人员，在保险期限内自登上被保险人所属渔船出海作业时起，发生意外伤害事故导致的死亡、伤残、意外医疗责任……本案中，朱某系涉案雇主责任险项下投保船员，根据庭审查明的事实，其 2018 年 8 月在"鲁荣渔 ×1 号"渔船进行上网作业时受伤，系在保险期限内，属于雇主责任险项下的意外伤害事故导致的伤残，属于保险事故。被告抗辩主张涉案事故发生在休渔期，本院不予支持。涉案事故发生后，原告与朱某于 2019 年 6 月 18 日达成和解协议，一次性赔偿朱某 16 万元；2019 年 7 月，原告共给付朱某赔偿款 16 万元。原告作为雇主对船员朱某在其所属渔船上受伤履行了赔偿义务。

保险人对采用格式条款订立的保险合同负有提示与说明义务。该义务为前合同义务，应当由保险人在合同订立前履行。根据《保险法》第 17 条第 2 款的规定，对保险合同中免除保险人责任的条款，保险人在订立合同时应当在投保单、保险单或者其他保险凭证上作出足以引起投保人注意的提示，并对该条款的内容以书面或者口头形式向投保人作出明确说明；未作提示或者明确说明的，该条款不产生效力。本案中，保险单特别约定第 3 条、第 7 条有关免赔额、比例赔付的约定属于《最高人民法院关于适用〈中华人民共和国保险法〉若干问题的解释（二）》第 9 条第 1 款规定的免除保险人责任的条款，被告未以足以引起投保人注意的文字、字体等明显标志作出提示，也未向原告履行明确说明义务，根据《保险法》第 17 条第 2 款的规定，该条款不产生效力。因此，被告作为保险公司应当向被保险人原告承担保险责任。

三、原告主张的赔偿金额是否合理

《最高人民法院关于适用〈中华人民共和国保险法〉若干问题的解释（四）》第 19 条规定，责任保险的被保险人与第三者就被保险人的赔偿责任达成和解协议且经保险人认可，被保险人主张保险人在保险合同范围内依据和解协议承担保险责任的，人民法院应予支持。被保险人与第三者就被保险人的赔偿责任达成和解协议，未经保险人认可，保险人主张对保险责任范围以及赔偿数额重新予以核定的，人民法院应予支持。保险人作为具备完全民事行为能力的民事主体，其对于责任保险被保险人与第三者达成的和解协议审查认定，原则上能够达到规避被保险人与第三者故意制造保险事故骗取赔偿的情况发生，法院在此情况下于保险责任范围内判决保险人承担保险责任。有关赔偿金额的确定应根据个案情况进行具体分析，对雇员即被保险人工作期间遭受人身损害而产生的各项费用和损失进行计算，而非完全以当事人调解协议或主张的金额为准。不仅应当审查作为雇主的被保险人向保险公司的理赔金额是否在原告与雇员家属达成的赔偿协议约定金额的范围之内，对于雇员遭受保险事故产生的费用也应当在庭审中查明并依照《最高人民法院关于审理人身损害赔偿案件适用法律若干问题的解释》等相关规定计算实际损失的金额。当事人诉讼请求在被保险人实际费用和损失范围内且不超出雇主责任险保险金额范畴的，应当予以支持；但对于当事人的诉讼请求超出被保险人实际费用和损失的情况，通常情况下，保险人承担被保险人遭受人身伤害产生的实际损失范围内的保险理赔义务，对于超出部分无须承担保险责任，但实际产生的费用和损失超出雇主责任保险金额范围的情况除外，该情况下保险人的保险责任仍然以保险合同约定的保险金额为限。

本案中，原告请求被告支付原告伤残赔偿金 16 万元、医疗费 22 611.35 元，合计 182 611.35 元。根据《最高人民法院关于审理人身损害赔偿案件适用法律若干问题的解释》第 17 条第 1 款、第 2 款规定，受害人遭受人身损害，因就医治疗支出的各项费用以及因误工减少的收入，包括医疗费、误工费、护理费、交通费、住宿费、住院伙食补助费、必要的营养费，赔偿义务人应当予以赔偿。受害人因伤致残的，其因增加生活上需要所支出的必要费用以及因丧失劳动能力导致的收入损失，包括残疾赔偿金、残疾辅助器具费、被扶养人生活费，以及因康复护理、继续治疗实际发生的必要的康复费、护理费、后续治疗费，赔偿义务人也应当予以赔偿。同时，该解释第 25 条规定，残疾赔偿金根据受害人丧失劳动能力程度或者伤残等级，按照受诉法院所在地上一年度城镇居民人均可支配收入或者农村居民人均纯收入标准，自定残之日起按 20 年计算。但 60 周岁以上的，年龄每增加 1 岁减少 1 年；75 周岁以上的，按 5 年计算。受害人因伤致残但实际收入没有减少，或者伤残等级较轻但造成职业妨害严重影响其劳动就业的，可以对残疾赔偿金作相应调整。本案中，根据庭审查明的事实，船员朱某，1978 年 1 月 11 日生，住址山东省曹县普连集镇某村。被告主张按照农村居民赔偿标准计算残疾赔偿金。在民事诉讼中，对各类人身损害赔偿纠纷案件，不再区分城镇居民和农村居民，统一按照城镇居民赔偿标准计算相关项目赔偿数额。本院认为，朱某伤残赔偿金应当依照 2018 年青岛市城镇居民人均可支配收入 50 817 元，按 20 年计算。根据威海某司法鉴定所出具的鉴定意见书显示，朱某受伤符合九级伤残。因此朱某伤残赔偿金为 50 817 元 ×20 年 ×20%=203 268 元。原告主张的伤残赔偿金 16 万元在该范围内，本院予以支持。此外，根据原告提交的医疗费清单及收据，原告主张医疗费 22 611.35 元，本院予以支持。朱某伤残赔偿金、医疗费合计人民币 182 611.35 元，该金额并未超出保险单约定的伤残赔偿限额 80 万元以及医疗费用赔偿限额 8 万元。因此，被告应当向原告承担 182 611.35 元人民币的赔偿。

被告主张根据保险单特别约定第 3 条、第 7 条约定，医疗费用每次扣除绝对免赔额后按 85% 赔付，被告仅需支付 19 134.6 元；伤残赔偿金按十级伤残计算为 40 560 元。对此，本院认为，根据《最高人民法院关于适用〈中华人民共和国保险法〉若干问题的解释（二）》第 9 条第 1 款规定，保险人提供的格式合同文本中的责任免除条款、免赔额、免赔率、比例赔付或者给付等免除或者减轻保险人责任的条款，可以认定为《保险法》第 17 条第 2 款规定的“免除保险人责任的条款”。本案中，保险单特别约定第 3 条、第 7 条有关免赔额、比例赔付的约定应认定为免除保险人责任的条款。依据《保险法》第 17 条第 2 款的规定，对保险合同中免除保险人责任的条款，保险人在订立合同时应当在投保单、保险单或者其他保险凭证上作出足以引起投保人注意的提示，并对该条款的内容以书面或者口头形式向投保人作出明确说明；未作提示或者明确说明的，该条款不产生效力。本案中，被告作为保险公司既未在保险单等其他保险凭证上，以足以引起投保人注意的文字、字体、符号或者其他明显标志作出提示，也未向投保人履行明确说明义务，故该条款不产生效力，被告主张依据该特别约定给付保险金，本院不予采信。

被告厦门某保险公司不服一审判决，提起上诉，山东省高级人民法院判决：驳回上诉，维持原判。

【法官后语】

海上保险合同项下的雇主责任保险系财产保险，本质上仍然遵循一般财产保险的补偿原则，以弥补当事人损害为目标，禁止被保险人通过保险获得超过其损失的利益。若该协议未经保险人认可，有关保险赔偿范围的确定应根据个案情况进行具体分析，对当事人诉讼请求超出被保险人工作期间遭受人身损害产生的实际费用和损失的情况，保险人通常承担实际损失范围内的保险理赔义务，对于超出部分无须承担保险责任。

【相关法条】

1.《中华人民共和国海商法》(1993 年 7 月 1 日施行)

第二百二十一条 被保险人提出保险要求，经保险人同意承保，并就海上保险合同的条款达成协议后，合同成立。保险人应当及时向被保险人签发保险单或者其他保险单证，并在保险单或者其他保险单证中载明当事人双方约定的合同内容。

2.《中华人民共和国保险法》(2015 年 4 月 24 日修正)

第十三条 投保人提出保险要求，经保险人同意承保，保险合同成立。保险人应当及时向投保人签发保险单或者其他保险凭证。

保险单或者其他保险凭证应当载明当事人双方约定的合同内容。当事人也可以约定采用其他书面形式载明合同内容。

依法成立的保险合同，自成立时生效。投保人和保险人可以对合同的效力约定附条件或者附期限。

第十四条 保险合同成立后，投保人按照约定交付保险费，保险人按照约定的时间开始承担保险责任。

第十七条 订立保险合同，采用保险人提供的格式条款的，保险人向投保人提供的投保单应当附格式条款，保险人应当向投保人说明合同的内容。

对保险合同中免除保险人责任的条款，保险人在订立合同时应当在投保单、保险单或者其他保险凭证上作出足以引起投保人注意的提示，并对该条款的内容以书面或者口头形式向投保人作出明确说明；未作提示或者明确说明的，该条款不产生效力。

承办人：孙　鹏

编写人：孙　鹏　孙学燕

32. 杨某某诉中国某财产保险股份有限公司青岛分公司、中国某财产保险股份有限公司胶南支公司海上保险合同纠纷案

——团体意外险之保险合同效力认定

【合规提示】

本案系渔船船东根据“团体人身意外伤害综合保险”向保险公司索赔的海上保险合同纠纷案件，渔船船东与保险公司对保险合同的性质和重大事项产生争议。对于保险公司而言，作为专业的保险从业单位，保险单上应对各项目进行明确，当出现项目不明确以及与投保人认识不一致时，保险合同将被认定不成立，并且依法不生效，最终由保险公司承担缔约过失责任。

【案件信息】

1. 裁判文书字号

（2011）青海法海商初字第76号

2. 当事人

原告：杨某某

被告：中国某财产保险股份有限公司青岛分公司、中国某财产保险股份有限公司胶南支公司

3. 关键词

民事　海上保险合同　保险时效　保险合同性质认定

【裁判要旨】

本案是一起海上保险合同纠纷案件，案件事实反映出目前存在的以“人身团体意外险”承保“船东责任险”的保险行业中承保险种和出具保单与投保人意思表示不一致的情形。本案以保险合同重大事项不明确、当事人对保险性质认识不一致为由认定保险合同不成立，并且依法不生效；而合同无效的缔约过失责任由保险公司承担，最终投保人获得赔偿。

【基本案情】

原告杨某某诉称：原告系“鲁胶南渔 ×”号渔船船主，2007 年 4 月 10 日，原告向被告中国某财产保险股份有限公司胶南支公司（以下简称某保险胶南公司）缴纳了承保险种为团体人身意外伤害综合保险的保险费 1800 元，某保险胶南公司出具发票和保单正本各一份，发票上盖有中国某财产保险股份有限公司青岛分公司（以下简称某保险青岛公司）的发票专用章，保单上盖有某保险胶南公司的业务专用章。保单载明保险期限为自 2007 年 4 月 11 日 0 时起至 2008 年 4 月 10 日 24 时止；保险金额为意外伤害 36 万元，意外医疗 18 万元。2007 年 10 月 10 日，原告所属“鲁胶南渔 ×”在海上作业时，雇工吴某利被网缆绞住左脚受伤后，被海警送往医院治疗。原告为其支付医疗费 30 613.66 元。后吴某利再次住院，产生费用 15 591.5 元，其中住院费用 14 444 元，其他医疗费用 1147. 5 元，交通费 200 元。吴某利就前述费用向原告提起诉讼。青岛海事法院于 2009 年 3 月 20 日作出（2008）青海法海事初字第 × 号民事判决，判决原告向吴某利支付医疗费 15 591.5 元、交通费 200 元、住院伙食补助费 804 元、误工费 3457.2 元，并承担诉讼费 800 元，共计 20 852.2 元。连同先前支付的医疗费 30 613.66 元，原告共损失 51 466.36 元。原告多次向被告索赔，被告拒不偿付。另外，吴某利因前述事故经鉴定为八级伤残，就伤残及其他经济损失，青岛海事法院已立案审理，尚未判决，判决后将追加诉讼请求或另案起诉。综上，原、被告签订了保险合同，原告依约交付保费，被告签发了保单，在保险事故发生后，被告理应承担保险责任，偿付保险金。原告诉至法院，请求判令二被告承担保险责任，偿付保险金 51 466.36 元，并承担本案的诉讼费用。关于吴某利索赔伤残损失案件，待判决后另行起诉，不再在本案中追加诉讼请求。

被告某保险胶南公司答辩称：（1）被告有权依据保险合同及所附条款的约定进行理赔，原告不应获得合同之外的利益。双方保险合同所附《中国某财产保险股份有限公司团体人身意外伤害综合保险条款》（以下简称《保险条款》）第 3 条第 2 款第 1 项约定："对于一次保险事故中 100 元以上部分的医疗费用按照 80% 的比例在意外伤害医疗保险金额内予以补偿。"该条款作为保险合同的组成部分，对双方当事人具有法律约束力。原告与受害人之间是雇佣关系，依照相关法律应当给予赔偿，但是原告与被告之间应当按照保险合同关系依约定进行理赔。（2）被告对原告的一些费用不负理赔义务。《保险条款》第 4 条约定："因下列情形之一，造成被保险人身故、残疾或支出医疗费用的，保险人不负给付保险金责任：……十六、被保险人体检、疗养、康复治疗；十七、被保险人支付的交通费、食宿费、生活补助费、误工补贴费、护理费。"（3）被告不承担本案的诉讼费用。原告向被告办理保险理赔时，被告同意按照保险合同及条款约定给予理赔，但原告未能同意。因此本案产生的原因在原告，对因此产生的诉讼费用，不应由被告承担。庭审时，某保险胶南公司补充意见，认为原告于 2007 年支付的医疗费已超过诉讼时效，其不应赔偿。

2007 年 4 月 10 日，由原告签名确认的名称为《人身意外伤害保险（团体）投保单》载明：投保人为鲁胶南渔 ×—杨某某，团体总人数 5 人，被保险人人数 5 人；身故伤残保险金额 60 万元，医疗费用保险金额 30 万元；保险期限为自 2007 年 4 月 11 日 0 时起至 2008 年 4 月 10 日 24 时止；保险费 1800 元。

某保险胶南公司于当日核发了名称为《团体人身意外伤害综合保险》的保险单。保单载明：投保单位鲁胶南渔 ×—杨某某，投保人数 3 人，意外伤害保险金额 36 万元，意外医疗保险金额 18 万元，保险期限同投保单；保险单上未载明被保险人名称，也未附有被保险人名单。原告交纳保险费 1800 元后，某保险青岛公司于次日出具了金额 1800 元的保险费发票。原告称收到保险单时，并没有附有保险条款。被告称其与保险单同时送达原告，但没有证据证明。

2007 年 10 月 10 日，原告所属"鲁胶南渔 ×"号在海上作业时，雇工吴某利被网缆绞住左脚受伤后，被送往医院治疗，于2007年11月5日出院，原告从2007年10月12日至11月10日先后为吴某利支付医疗费共计30 613.66元。2008年7月9日，吴某利就后续产生的医疗费用在本院提起诉讼，要求原告对该费用予以承担。本院于2009年3月20日作出的（2008）青海法海事初字第 × 号民事判决判令原告向吴某利支付后续产生的医疗费15 591.5元、交通费200元、住院伙食补助费804元、误工费3457.2元，并承担诉讼费800元。该判决送达原、被告后，上诉期内双方均未上诉，该判决于2009年4月15日生效，并已经本院（2010）青海法执字第 × 号案件执行完毕。

原告陈述其投保涉案保险的目的，是转嫁海上作业可能产生的风险，本意是投保雇主船东责任险；某保险胶南公司业务员为原告推荐并承保了涉案的保险。某保险胶南公司称涉案保险是作为人身险来承保的。针对保险单没有载明被保险人名称的问题，原告陈述其同时是被保险人、受益人、投保人；某保险胶南公司称根据该保险所附保险条款约定，被保险人是发生事故的人，能索赔的项目是意外死亡和残疾的保险费，而医疗费实际支付人为受益人。

原告称事故发生后，在（2008）青海法海事初字第 × 号民事判决作出之前去索赔时，某保险胶南公司称等判决出来再来谈赔偿事宜及赔偿数额；该判决作出之后，原告又多次向某保险胶南公司进行索赔；但均没有证据证明。某保险胶南公司确认原告于2011年3月去咨询过理赔事宜，后因对数额产生异议，原告才提起诉讼。

被告某保险胶南公司确认，与原告形成保险关系的为某保险胶南公司而不是某保险青岛公司，并且原告没有违反合同约定内容的违约行为。

【裁判说理】

争议焦点：（1）原告与某保险胶南公司之间的保险合同关系是否成立；（2）某保险胶南公司应当承担的责任及责任范围；（3）原告损失的认定；（4）原告的起诉是否超过诉讼时效。

青岛海事法院认为：第一，本案应当首先确定原告与某保险胶南公司之间的保险合同关系是否成立。本案中原告投保时填写的《人身意外伤害保险（团体）投保单》与某保险胶南公司核发的《团体人身意外伤害综合保险》保险单记载事项不一致，但原告收到保险单时，并没有提出异议，则双方就保险单上所载明的内容达成了合意。但经审查，该保险单中遗漏了《保险法》规定应当载明的重要事项即“被保险人”的名称等，而就该事项双方至庭审结束仍未达成一致；并且，虽然涉案保险单的名称为《团体人身意外伤害综合保险》，但原告当庭陈述，其投保的真正目的是转嫁海上作业产生的风险，实际是投保雇主船东责任险，从其起诉状的表述“原被告签订了保险合同，原告依约交付保费，被告签发了保单，在保险事故发生后，被告理应承担保险责任，偿付保险金”，以及其保留就其对雇工吴某利伤残赔偿向被告索赔的权利等也能看出其对该份保险的真实理解；而某保险胶南公司则认为其承保的是人身险。由此，原告与某保险胶南公司在合同的重大事项以及合同的性质上均未达成合意。根据《保险法》（2002年修正）第13条的规定，“投保人提出保险要求，经保险人同意承保，并就合同的条款达成协议，保险合同成立”。本案中的保险合同并未成立。根据《合同法》第44条“依法成立的合同，自成立时生效”的规定，本案所涉保险合同因没有成立而不生效。

第二，某保险胶南公司应当承担的责任及责任范围。本案中，原告只是普通的投保人，并不具备专业的保险知识，在投保时只能如实讲明其投保的目的；而某保险胶南公司是依法成立的、专业从事保险业务的公司，其在专业知识和专业人员方面存在绝对优势，当原告讲明其投保目的时，应当选择能达到投保人目的的相应类型的保险险种为其承保，并应完整、准确地记载法律规定应当记载的保险事项。而本案中，某保险胶南公司所承保的保险险种并不能达到投保人的投保目的，双方在保险性质上产生重大分歧，并且保险条款有重大的遗漏事项且双方无法达成合意。根据《合同法》第58条的规定，导致合同无效后，有过错的一方应当赔偿对方因此所受到的损失，双方都有过错的，应当各自承担相应的责任。本案中，某保险胶南公司作为一个专业的保险公司，应当对合同无效承担全部责任，并且应当赔偿原告由此所受到的损失。

第三，原告损失的认定。原告的损失，应当是如果其投保的雇主船东责任险有效，其应当获赔的保险金额。雇主船东责任险，所承保的是船东在海上作业过程中所产生的责任，包括在船员受伤后其作为雇主所应当支付的合法的医疗费。本案中该项医疗费包括两部分：一是原告从2007年10月12日至11月10日支付的30 613.66元；二是本院于2009年4月15日生效的（2008）青海法海事初字第 × 号民事判决确定支付的15 591.5元。

第四，原告的起诉是否超过诉讼时效。《保险法》第 27 条规定，对保险人请求赔偿或者给付保险金的权利，自其知道保险事故发生之日起二年不行使而消灭。本案原告原本投保雇主船东责任险，该险种的保险事故为其对外承担责任或确定对外承担责任，诉讼时效也应当从其对外承担责任或确定对外承担责任之日计算。除了某保险胶南公司认可原告于 2011 年 3 月向其咨询或办理理赔外，原告没有证据证明其向某保险胶南公司进行过索赔。因此，原告从 2007 年 10 月 12 日至 11 月 10 日支付的 30 613.66 元医疗费，至 2009 年 11 月 9 日即超过诉讼时效。（2008）青海法海事初字第 × 号民事判决确定的 15 591.5 元医疗费，诉讼时效起算时间应当为判决生效之日即 2009 年 4 月 15 日，因原告在时效期间向某保险胶南公司提出过索赔请求而发生时效中断，至起诉时没有超过诉讼时效。

综上，某保险胶南公司应当对因导致涉案合同无效而致使原告由此遭受的损失承担全部责任；原告支付的 30 613.66 元医疗费因超过诉讼时效而丧失获得赔偿权利。因此，某保险胶南公司应当赔偿原告医疗费损失 15 591.5 元。根据法律规定，合同无效后，因该合同取得的财产，应当予以返还，则某保险胶南公司应当返还其收取的保费 1800 元。因某保险胶南公司具有独立承担民事责任的主体资格，故某保险青岛公司无须作为责任主体承担责任。

【法官后语】

船东责任保险是以船东对其船员和其他与船舶有关人员的人身伤亡或疾病以及船舶碰撞等产生的赔偿责任为保险标的的保险。在我国保险实践中，船东责任险的承保单位因船舶性质不同而不同，一般而言，商业船舶的船东责任险由船东互保协会承保；渔业船舶的船东责任险由渔船互保协会承保。一般的商业保险公司为承揽这部分保险业务，增加业务量，向渔船船东推荐并承保类似于船东责任保险的险种“团体人身意外伤害综合保险”。该行为在保险公司支公司一级中发生率较高。而保险单中载明的海上事故发生后，就保险性质和赔偿项目特别是向谁赔偿的问题，保险人和投保人各执一词，由此产生大量纠纷。针对该现象的普遍性，以及保险从业人员对保险性质的混淆和保险业中的混乱现象，通过对“团体人身意外伤害综合保险”的性质进行透彻的分析，最终由保险公司承担合同不能成立的缔约过失责任。保险公司在该案例中吸取教训，不但主动履行判决，而且在判决后，该类案件逐渐减少。

2009年，我国《保险法》对人身保险作出一项修改，即投保人为与其有劳动关系的劳动者投保人身保险，不得指定被保险人及其近亲属以外的人为受益人。由此，船东为船员投保人身保险的，船东一定不得被指定为受益人。

【相关法条】

《中华人民共和国海商法》（1993年7月1日施行）

第二百五十七条 就海上货物运输向承运人要求赔偿的请求权，时效期间为一年，自承运人交付或者应当交付货物之日起计算；在时效期间内或者时效期间届满后，被认定为负有责任的人向第三人提起追偿请求的，时效期间为九十日，自追偿请求人解决原赔偿请求之日起或者收到受理对其本人提起诉讼的法院的起诉状副本之日起计算。

第二百六十七条 时效因请求人提起诉讼、提交仲裁或者被请求人同意履行义务而中断。但是，请求人撤回起诉、撤回仲裁或者起诉被裁定驳回的，时效不中断。

请求人申请扣船的，时效自申请扣船之日起中断。

自中断时起，时效期间重新计算。

承办人：郭俊莉

编写人：郭俊莉

养殖保险

33. 青岛某水产开发有限公司诉中国某财产保险股份有限公司青岛市分公司海上保险合同纠纷案

——保险人告知义务的认定及合同条款的解释方法

【合规提示】

本案系一起以养殖天数指数作为保险标的物的保险合同纠纷，水产公司与保险公司对应以哪个气象站发布的数据作为测算依据产生争议。对保险人而言，应注意在订立保险合同时充分向投保人说明合同的内容。对保险合同中免除保险人责任的条款，应当在投保单、保险单或者其他保险凭证上作出足以引起投保人注意的提示，加黑加粗标注，并对该条款的内容以书面或者口头形式向投保人作出明确说明，否则法院有权认定相应条款不产生效力。对被保险人而言，应当审慎对待投保单、保险条款、温馨提示等材料上加黑加粗标注的黑体字，应当充分询问保险公司其中的含义，特别是对天气指数的测算依据充分了解，不能简单地以格式条款否定其效力，在发生争议时法院首先通过文义解释方法认定双方当事人订立合同时的真实意思表示。

【案件信息】

1. 裁判文书字号

（2020）鲁72民初690号、（2020）鲁民终1709号

2. 当事人

原告：青岛某水产开发有限公司

被告：中国某财产保险股份有限公司青岛市分公司

3. 关键词

民事　海上保险合同　保险人　告知义务的认定　合同条款的解释方法

【裁判要旨】

1. 保险人已经通过投保单、保险条款、温馨提示等书面的方式告知了被保险人天气指数的测算依据，被保险人也盖章予以确认，此种表述方式属于已经按照法律规定的方式履行了明确说明义务。

2. 对合同条款的解释，按照《合同法》及《民法典》规定的合同解释原则，必须探究合同当事人内在的、真实的意思表示，而判断合同当事人真实意思表示的首要方法，是判断合同条文的字面意思表示，即文义解释的方法。只有在文义解释不能确定合同条文的准确含义时，才能运用其他的解释方法。

【基本案情】

原告于2018年7月1日在被告处投保了五份养殖业天气指数保险，并按照保险合同约定交付了保险费，保险人即被告同意按照约定的保险合同条款承担保险责任。保险期间为2018年7月3日0时起至2018年9月30日24时止。保险期间结束后，被告应按照投保地理区域的高温指数对应的赔偿标准确定赔偿金额，并予以赔偿。但被告至今未予全面赔偿，原告多次交涉未果。

原告向法院提出诉讼请求：（1）判令被告依法向原告支付保险金额300 850元；（2）本案诉讼费用由被告承担。

被告辩称：（1）本保险在保险期间结束后，按保险期间内得到的累计有效积热值对应的赔偿计算标准，一次性赔付。原告在该提示书中盖章确认。2018年10月16日被告根据上述计算依据，向原告支付保险理赔款27 500元，该款已经到账。（2）原告的诉请计算有误。原告向法院提交的证据中，有一份加盖“青岛市黄岛区气象局资料室”出具的明细，但该份证据存在严重瑕疵。（3）针对天气指数保险的特点，被告设计了《养殖业天气指数保险》险种，参考依据即为黄岛区气象局（原胶南市气象局）近30年的气象数据。综上所述，被告已经按照保险合同的约定支付全额理赔款，原告的起诉没有事实和法律依据，请求依法驳回原告的诉讼请求。

【裁判说理】

争议焦点：是否应以代码为 54943 的胶南（黄岛）气象站发布的数据作为测算依据。

青岛海事法院认为：首先应当审查对以代码为 54943 的胶南（黄岛）气象站发布的数据作为测算依据，被告是否履行了明确的告知义务。《保险法》第 13 条规定："投保人提出保险要求，经保险人同意承保，保险合同成立。保险人应当及时向投保人签发保险单或者其他保险凭证。保险单或者其他保险凭证应当载明当事人双方约定的合同内容。当事人也可以约定采用其他书面形式载明合同内容。依法成立的保险合同，自成立时生效。投保人和保险人可以对合同的效力约定附条件或者附期限。"第 17 条规定："订立保险合同，采用保险人提供的格式条款的，保险人向投保人提供的投保单应当附格式条款，保险人应当向投保人说明合同的内容。对保险合同中免除保险人责任的条款，保险人在订立合同时应当在投保单、保险单或者其他保险凭证上作出足以引起投保人注意的提示，并对该条款的内容以书面或者口头形式向投保人作出明确说明；未作提示或者明确说明的，该条款不产生效力。"《最高人民法院关于适用〈中华人民共和国保险法〉若干问题的解释（二）》第 11 条规定："保险合同订立时，保险人在投保单或者保险单等其他保险凭证上，对保险合同中免除保险人责任的条款，以足以引起投保人注意的文字、字体、符号或者其他明显标志作出提示的，人民法院应当认定其履行了保险法第十七条第二款规定的提示义务。"

本案原告投保时，投保单下端投保人声明处明确载明：投保单已附投保险种对应的保险条款，并且保险人已将保险条款中免除保险人责任的条款（包括但不限于责任免除、投保人被保险人义务、赔偿处理、其他事项等），以及本保险合同中付费约定和特别约定的内容向投保人作了明确说明，投保人已充分理解并接受上述内容，同意以此作为订立保险合同的依据，自愿投保本保险。原告对上述内容盖章予以确认。同时，被告向原告又单独出示了一份温馨提示，就数据来源、理赔方式等内容做出明确告知，第 1 条就向投保人明确："本保险方案以胶南气象站（代码 54943）作为最佳气象观测站。"原告在该提示书下方盖章确认。被告的保险条款第 23 条中也对理赔计算依据等内容作出了明确告知，并对相应条款作出加黑加粗标注。据此，本院认为，在承保期间，被告已经通过投保单、保险条款、温馨提示等书面的方式告知了原告以代码为54943的胶南（黄岛）气象站发布的数据作为测算依据，原告也盖章予以确认，此种表述方式属于已经按照法律规定的方式履行了明确告知义务。

此外，需要审查胶南气象站（代码54943）是否系明确且唯一的指向。原告主张胶南气象站只是一个范围的统称，应当被认定为胶南区划（现黄岛区）的所有气象站点，当然也包括其据以计算理赔数额的隐珠站点在内。对此，本院认为，双方在投保时，已经明确约定了“本保险方案以胶南气象站（代码54943）作为最佳气象观测站”，根据上述约定，代码54943在胶南（黄岛）气象站后以括号内的内容出现，按照一般性的社会常识，显然是对胶南（黄岛）气象站的特指，代码为54943的胶南气象站是合同约定的唯一明确的数据出具方，并无其他气象站。胶南气象站因行政区划调整更名为黄岛区气象站，但代码仍为54943，两者是一致明确的，不会产生歧义。隐珠监测点系胶南气象站辖区内的观察点之一，而54943站发布的数据是综合各观察点的数据后对外公布的代表该站的数据。黄岛区气象站的代码为54943，而包括隐珠在内的监测点没有备案代码，不具备对外发布、出具气象信息的功能。因此，代码为54943的胶南气象站发布的数据是明确且唯一的数据依据。

综上，对保险条款中的“本保险方案以胶南气象站（代码54943）作为最佳气象观测站”的内容，被告已通过书面形式履行了法律规定的明确告知义务，该约定合法有效，对双方均有约束力，应当作为本案确定双方权利义务的依据。被告已经按照代码为54943的胶南气象站发布的数据对原告进行了保险理赔，原告要求以合同约定范围之外的某一监测点做出的数据作为理赔依据的诉讼请求违反合同约定，没有法律依据，本院对其诉讼请求不予支持。

原告青岛某水产开发有限公司不服一审判决，提起上诉，山东省高级人民法院二审驳回上诉，维持原判。

【法官后语】

本案系一起海上养殖业新型保险产品导致的保险合同纠纷，保险标的为养殖天气指数。本案涉及保险人明确说明义务的认定及合同条款的解释方法两个法律问题。对保险人明确说明义务应采用形式标准审查，保险人已经通过投保单、保险条款、温馨提示等书面的方式告知了被保险人天气指数的测算依据，被保险人也盖章予以确认，此种表述方式属于已经按照法律规定的方式履行了明确说明义务。对合同条款的解释，按照《合同法》及《民法典》，必须探究合同当事人内在的、真实的意思表示，而判断合同当事人真实意思表示的首要方法，是判断合同条文的字面意思表示，即文义解释的方法，只有在文义解释不能确定合同条文的准确含义时，才能运用其他的解释方法。

【相关法条】

1.《中华人民共和国保险法》（2015 年 4 月 24 日修正）

第十三条　投保人提出保险要求，经保险人同意承保，保险合同成立。保险人应当及时向投保人签发保险单或者其他保险凭证。保险单或者其他保险凭证应当载明当事人双方约定的合同内容。当事人也可以约定采用其他书面形式载明合同内容。依法成立的保险合同，自成立时生效。投保人和保险人可以对合同的效力约定附条件或者附期限。

第十七条　订立保险合同，采用保险人提供的格式条款的，保险人向投保人提供的投保单应当附格式条款，保险人应当向投保人说明合同的内容。对保险合同中免除保险人责任的条款，保险人在订立合同时应当在投保单、保险单或者其他保险凭证上作出足以引起投保人注意的提示，并对该条款的内容以书面或者口头形式向投保人作出明确说明；未作提示或者明确说明的，该条款不产生效力。

2.《最高人民法院关于适用〈中华人民共和国保险法〉若干问题的解释（二）》（2013 年 6 月 8 日施行）

第十一条第一款　保险合同订立时，保险人在投保单或者保险单等其他保险凭证上，对保险合同中免除保险人责任的条款，以足以引起投保人注意的文字、字体、符号或者其他明显标志作出提示的，人民法院应当认定其履行了保险法第十七条第二款规定的提示义务。

对应新法：

《最高人民法院关于适用〈中华人民共和国保险法〉若干问题的解释（二）》（2020 年 12 月 29 日修正）

第十一条第一款　保险合同订立时，保险人在投保单或者保险单等其他保险凭证上，对保险合同中免除保险人责任的条款，以足以引起投保人注意的文字、字体、符号或者其他明显标志作出提示的，人民法院应当认定其履行了保险法第十七条第二款规定的提示义务。

承办人：王爱玲

编写人：王爱玲

船舶优先权

34. 宋某某诉邹某某、王某某船员劳务合同纠纷案

——船员工资请求具有船舶优先权

【合规提示】

本案系一起船员劳务合同纠纷引发的海事债权确权诉讼案件，双方对工资的船舶优先权属性产生争议。对于船员而言，要注意仅申请对船舶采取限制处分、限制抵押等保全措施，允许船舶继续营运，并不构成《海商法》规定的船舶扣押，不能以此证明其行使了船舶优先权。应当向法院申请扣押船舶以实现其优先权，因为只有通过扣押船舶，船舶停止营运才能产生优先权已经行使的公示效力。此外，船员需要注意，其船舶优先权应当在请求权产生之日起一年内行使，特别是跨年度工作，且不连续时，要对每一年度的工资自下船之日起一年内主张，否则会因超过一年的期限而丧失船舶优先权。对于船东而言，要注意及时支付船员工资，不能以出具欠条方式恶意拖欠工资，特别是拖欠船员工资超过了自船员下船之日起的一年期间，以使船员丧失船舶优先权，这种方式是极不诚信的。法院会根据案件实际情况区别认定船舶优先权的起算日期。

【案件信息】

1. 裁判文书字号

（2023）鲁72民再2号

2. 当事人

原告：宋某某

被告：邹某某、王某某

3. 关键词

民事　船员劳务合同　船舶优先权　行使期限

【裁判要旨】

1. 船员申请法院对船舶采取查封措施的，不属于限制船舶继续营运，而是对船舶采取限制处分、限制抵押的保全措施，不构成《海商法》第28条规定的船舶扣押，不能以此证明其行使了船舶优先权。

2. 船舶优先权的除斥期间为一年，该期间的起算原则上从船舶优先权所担保的请求权产生之日起算。但是，船员工作具有特殊性，部分船员长期随船作业，部分船员下船后船东出具欠条，船员也接受欠条。为更有利于保护船员的合法权益，本案认为船舶优先权即工资请求权产生之日可分两个角度理解，一个为船员下船之日，一个为欠条确认应付款之日，两个日期以较晚者为准。

【基本案情】

原告宋某某诉称，请求确认宋某某的工资款11万元对“鲁荣渔57××0”船具有船舶优先权。

被告邹某某、王某某辩称，船舶优先权应在一年内行使，宋某某行使船舶优先权已超过了一年。

2020年，宋某某经雇佣成为“鲁荣渔57××0”号渔船船长，该年度并未签订书面合同。2021年2月13日，邹某某向宋某某出具欠条，确认邹某某拖欠宋某某2020年工资人民币10万元整，经双方约定于2021年5月1日前结清，逾期不清，每天按5‰交滞纳金。截至2021年5月1日，邹某某拖欠宋某某2020年工资84 000元。2021年6月24日，邹某某给付宋某某2020年工资3万元，2021年9月13日邹某某给付宋某某2020年工资5000元。邹某某拖欠宋某某2020年度工资数额为49 000元。

2021年3月1日，邹某某与宋某某签订了一份《个体渔船用工合同》，合同约定，本合同期限自2021年1月29日至2022年1月30日，宋某某担任“鲁荣渔57××0”号渔船船长职务，年工资12万元。按照该标准计算，2021年1月29日至2022年1月30日的合同期限共计367天，按照12万元年工资计算每天工资为327元。关于2021年的工作天数，（2022）鲁72民初483号案认定双方终止劳务合同的时间为2021年8月22日。自2021年1月29日计算至2021年8月22日共计206天，按照每天工资327元的标准计算，邹某某拖欠宋某某2021年度工资数额为67 362元。邹某某拖欠2020年度工资49 000元、2021年度工资67 362元，合计总额超过11万元，宋某某当庭表示超过11万元的金额自动放弃，系对其民事权利的自行处分。

2022年6月1日，本院就宋某某与王某某、邹某某船员劳务合同纠纷一案出具（2022）鲁72民初483号民事判决书，判决王某某、邹某某于本判决生效之日起十日内支付宋某某船员工资11万元以及自2021年5月2日起按照年利率12%计算至付清之日止的利息（2021年5月2日至2021年6月24日，以84 000元为基数计算，2021年6月24日至2021年9月13日，以54 000元为基数计算，2021年9月13日之后以49 000元为基数计算）。该判决书现已发生法律效力。

邹某某确认2020年与2021年宋某某均在“鲁荣渔57××0”号渔船上担任船长职务，关于宋某某2020年的下船时间，宋某某主张是春节前下船，邹某某主张是12月10日前下船。2021年的下船时间，宋某某主张是2021年8月22日，邹某某主张是2021年4月30日。

另查明，“鲁荣渔57××9”渔船登记船舶所有人为被告王某某，于2014年10月10日取得所有权登记证书。王某某与邹某某系夫妻关系。

再查明，本院受理的申请人宋某新、宋某某、王某华申请诉前财产保全一案，案号为（2021）鲁72财保292号。该案中，申请人宋某新、宋某某、王某华主张因自2020年1月开始在被申请人邹某某、王某某经营的“鲁荣渔57××0”渔船工作，分别被拖欠工资10 850元、110 000元、52 500元，共计173 350元，于2021年12月29日向本院申请诉前财产保全，请求查封被申请人王某某所属的“鲁荣渔57××0”渔船，限制办理转让、抵押等手续，并要求二被申请人提供200 000元的可执行担保。本院经审查认为，申请人宋某新、宋某某、王某华的申请符合法律规定，依法应予准许。依照《民事诉讼法》第101条、第102条、第103条第1款，《最高人民法院关于扣押与拍卖船舶适用法律若干问题的规定》第1条规定，于2021年12月30日作出（2021）鲁72财保292号民事裁定书，裁定如下：限制处分被申请人王某某所属的“鲁荣渔57××0”渔船，不允许办理转让、过户、变更等所有权变动登记及抵押登记、光船租赁登记、融资租赁登记，期限为二年。

本院受理的梁某某与邹某某、王某某、第三人吴某某船舶抵押合同纠纷一案，案号为（2021）鲁72民初2166号。该案执行中，应梁某某申请，本院于2022年4月6日作出（2022）鲁72执148号之一执行裁定，扣押了王某某所属的“鲁荣渔57××9/57××0”渔船，并于2022年7月5日作出（2022）鲁72执148号之二执行裁定，裁定将上述渔船予以拍卖。2022年7月9日、10日、11日连续三天在《人民法院报》上刊登拍卖公告并督促相关债权人在公告期满之日起六十日内向本院申请债权登记。宋某某委托诉讼代理人连某某于2022年7月29日持纸质债权登记申请书到本院威海法庭申请债权登记，法庭工作人员予以接待，并根据法院关于“在船舶拍卖成功前告知当事人线下提交申请材料并做好登记，在船舶拍卖成功后，统一进行立案登记”的工作要求，在对其申请事项进行记录后，告知其在船舶拍卖成功后再申请债权登记。2022年8月4日，本院在淘宝网司法拍卖平台公开拍卖“鲁荣渔57××9/57××0”渔船，竞买人唐某某竞买成交并于2022年8月16日办理完毕船舶移交手续。根据一体化平台记录显示，宋某某分别于2022年8月5日、8月8日在网上申请债权登记，但均被审核退回。2022年8月22日，宋某某再次通过网上申请债权登记，在补正材料后审核通过，于2022年9月1日立案。2022年9月2日作出（2022）鲁72民特124号民事裁定，裁定准许其债权登记申请。故（2022）鲁72民特124号民事裁定将宋某某的债权登记申请时间认定为2022年9月1日与实际情况不符，本院于2022年12月7日作出（2022）鲁72民初124号之一民事裁定书，将2022年9月1日补正为2022年7月29日。

2022年8月15日，宋某某向本院提起海事确权申请，请求确认11万元的工资对“鲁荣渔57××0”号船具有船舶优先权。本院接收后，立为（2022）鲁72诉前调1898号案，后来调解不成功，于2022年10月18日转为诉讼，案号为（2022）鲁72民初1689号。

本院再审认为，本案系一起船员劳务合同纠纷引发的海事债权确权诉讼案件，宋某某在债权登记后向本院提起诉讼，请求确认11万元的工资对“鲁荣渔57××0”号渔船具有船舶优先权，本案应当适用海事确权诉讼程序审理。

【裁判说理】

争议焦点：（1）原告与两被告之间的关系；（2）宋某某对“鲁荣渔

57××0”号渔船采取的查封措施是否构成对船舶优先权的行使；（3）宋某某的工资请求是否超过船舶优先权的行使期限。

青岛海事法院认为：

一、原告与两被告之间的关系

邹某某雇佣宋某某在“鲁荣渔57××0”号渔船上担任船长职务，双方之间成立合法有效的船员劳务合同关系。王某某系“鲁荣渔57××0”号渔船船舶所有人，对邹某某欠付的工资承担共同清偿责任未提出异议，应当按照（2022）鲁72民初483号民事判决书承担清偿宋某某2020年与2021年工资11万元及相应利息的义务。

二、宋某某对“鲁荣渔57××0”号渔船采取的查封措施是否构成对船舶优先权的行使

宋某某申请对“鲁荣渔57××0”渔船采取的保全措施，系请求查封被申请人王某某所属的“鲁荣渔57××0”渔船，限制办理转让、抵押等手续，该保全措施并非限制船舶继续营运，而仅是对船舶采取限制处分、限制抵押等保全措施。宋某某申请的保全措施不构成《海商法》规定的船舶扣押，不能以此证明其于2021年12月29日行使了船舶优先权。

三、宋某某的工资请求是否超过船舶优先权的行使期限

“鲁荣渔57××0”渔船被本院裁定拍卖后，宋某某在公告的债权登记期间内申请债权登记，系对其船舶优先权的行使行为。关于劳务报酬的优先权产生之日，可以从船员下船时间和雇主应当支付工资的时间两个方面进行分析判断。对于宋某某的工资而言，根据审理查明的事实，可以分为2020年的工资和2021年的工资两部分来进行认定。对于2020年度的工资，从宋某某下船时间来看，宋某某主张是2020年春节前下船，邹某某主张是2020年12月10日前下船。双方均无证据予以证明，但无论是宋某某还是邹某某主张的时间，距离宋某某2022年7月29日向本院申请债权登记的日期均已经超过一年的法定期限。从雇主应当支付工资的时间来看，2021年2月13日，邹某某向宋某某出具欠条，对2020年度工资10万元约定于2021年5月1日前结清。该时间距离宋某某2022年7月29日申请债权登记的日期也已经超过一年的法定期限，故对于2020年度的工资，本院不予确认享有船舶优先权。对于2021年的工资，本院生效判决认定双方终止劳务合同的时间是2021年8月22日，自2021年8月22日起至宋某某2022年7月29日申请债权登

记，并未超过一年的法定期限，故对于2021年度的工资67 362元，本院确认享有船舶优先权。

【法官后语】

船舶优先权是《海商法》规定的一种特殊的担保物权，具有法定性、依附性、秘密性、优先性、有期限性的特点。为加强对船员权益的保护，《海商法》规定船员就工资、其他劳动报酬、船员遣返费用和社会保险费用等可以主张船舶优先权。但船舶优先权的行使方式有其法定性，例如《海商法》第28条规定的扣押船舶，该扣押船舶并非查封船舶，因为只有通过扣押船舶，船舶停止营运才能产生优先权已经行使的公示效力。本案事实为诉讼过程中原告申请的保全措施并非扣押船舶，而是查封船舶，不符合法律规定的行使方式，故不能认定为已行使了船舶优先权。

《海商法》第29条规定了船舶优先权的除斥期间为一年，该期间的起算原则上从船舶优先权所担保的请求权产生之日起算。但是，船员工作具有特殊性，工资等劳动报酬给付时间按照双方约定，不确定性强，部分船员长期随船作业，难以及时维权，相关船舶优先权的除斥期间通说认为从船员离船时起算更为合理。此时船员下船工资总额即应明确，此时起算优先权，对船员来说是较为有利，而对船东来说也是比较公平的。但本案事实为，2020年下船后，船东并未立即支付工资，而是打欠条确认欠付的工资数额，并约定了还款时间为2021年5月1日，此时以2020年的下船时间作为起算点显然对船员不利，毕竟船员认为下船时工资的付款时间还不到。在此情形下，法院认为，可以以欠条中约定的还款之日为工资应当支付之日，也可理解为优先权请求权的产生之日，以更有利于保护船员的合法权益。故本案对于船舶优先权产生之日分两个角度进行论述，一个为船员下船之日，一个为欠条确认应付款之日，两个日期以较晚者为准。因两个年度的作业并非连续的，为更有效保护船员权益，分为2020年与2021年两个阶段的船员工资支付认定优先权的行使是否超过一年，从而支持了船员2021年的工资67 362元对涉案船舶享有优先权。本案判决充分发挥和运用了船舶优先权制度的功能，从实质的公平正义和务实解决问题的角度出发，正确认定享有船舶优先权的工资金额，进一步夯实和强化了船员权益的司法保障。

【相关法条】

1.《中华人民共和国民法典》（2021年1月1日施行）

第五百七十九条 当事人一方未支付价款、报酬、租金、利息，或者不履行其他金钱债务的，对方可以请求其支付。

2.《中华人民共和国海商法》（1993年7月1日施行）

第二十一条 船舶优先权，是指海事请求人依照本法第二十二条的规定，向船舶所有人、光船承租人、船舶经营人提出海事请求，对产生该海事请求的船舶具有优先受偿的权利。

第二十二条 下列各项海事请求具有船舶优先权：

（一）船长、船员和在船上工作的其他在编人员根据劳动法律、行政法规或者劳动合同所产生的工资、其他劳动报酬、船员遣返费用和社会保险费用的给付请求；

（二）在船舶营运中发生的人身伤亡的赔偿请求；

（三）船舶吨税、引航费、港务费和其他港口规费的缴付请求；

（四）海难救助的救助款项的给付请求；

（五）船舶在营运中因侵权行为产生的财产赔偿请求。

载运2000吨以上的散装货油的船舶，持有有效的证书，证明已经进行油污损害民事责任保险或者具有相应的财务保证的，对其造成的油污损害的赔偿请求，不属于前款第（五）项规定的范围。

第二十八条 船舶优先权应当通过法院扣押产生优先权的船舶行使。

第二十九条 船舶优先权，除本法第二十六条规定的外，因下列原因之一而消灭：

（一）具有船舶优先权的海事请求，自优先权产生之日起满一年不行使；

（二）船舶经法院强制出售；

（三）船舶灭失。

前款第（一）项的一年期限，不得中止或者中断。

3.《中华人民共和国海事诉讼特别程序法》（2000年7月1日施行）

第一百一十六条 债权人提供其他海事请求证据的，应当在办理债权登记以后，在受理债权登记的海事法院提起确权诉讼。当事人之间有仲裁协议的，应当及时申请仲裁。

海事法院对确权诉讼作出的判决、裁定具有法律效力，当事人不得提起上诉。

4.《中华人民共和国民事诉讼法》（2021 年 12 月 24 日修正）

第二百一十四条第一款 人民法院按照审判监督程序再审的案件，发生法律效力的判决、裁定是由第一审法院作出的，按照第一审程序审理，所作的判决、裁定，当事人可以上诉；发生法律效力的判决、裁定是由第二审法院作出的，按照第二审程序审理，所作的判决、裁定，是发生法律效力的判决、裁定；上级人民法院按照审判监督程序提审的，按照第二审程序审理，所作的判决、裁定是发生法律效力的判决、裁定。

对应新法：

《中华人民共和国民事诉讼法》（2023 年 9 月 1 日修正）

第二百一十八条第一款 人民法院按照审判监督程序再审的案件，发生法律效力的判决、裁定是由第一审法院作出的，按照第一审程序审理，所作的判决、裁定，当事人可以上诉；发生法律效力的判决、裁定是由第二审法院作出的，按照第二审程序审理，所作的判决、裁定，是发生法律效力的判决、裁定；上级人民法院按照审判监督程序提审的，按照第二审程序审理，所作的判决、裁定是发生法律效力的判决、裁定。

5.《最高人民法院关于审理涉船员纠纷案件若干问题的规定》（2020 年 9 月 29 日施行）

第七条 具有船舶优先权的海事请求，船员未申请限制船舶继续营运，仅申请对船舶采取限制处分、限制抵押等保全措施的，应予支持。船员主张该保全措施构成《中华人民共和国海商法》第二十八条规定的船舶扣押的，不予支持。

承办人：王爱玲

编写人：王爱玲　杨　俊

35. 费某某诉日照市某村民委员会、第三人孙某某船舶买卖合同纠纷案

——共有人以共有关系对抗船舶优先权的认定

【合规提示】

本案系执行生效判决确定的船舶优先权过程中，渔船实际所有人发现渔船共有人村委会扣留船舶转让款，故而请求返还并用于前述案件执行的新型海事纠纷案件。渔船实际所有人与村委会就村委会是否应当返还扣留船舶转让款发生争议。本案认定：船舶共有人不能以共有权对抗船舶优先权人以船舶优先权实现海事债权的权利。因此，对于船舶优先权人而言，其优先权范围及于全部船舶转让款，任何扣留船舶转让款的行为都是违反法律规定的。对于渔船共有人而言，当船舶优先权人以渔船实现债权时，不能以任何理由扣留船舶转让款。对于渔船实际所有人而言，不应请求渔船共有人将款项直接返还给渔船实际所有人，该款项应直接用于船舶优先权案件的执行。

【案件信息】

1. 裁判文书字号

（2022）鲁72民初238号

2. 当事人

原告：费某某

被告：日照市某村民委员会

第三人：孙某某

3. 关键词

民事　船舶买卖合同　船舶优先权　船舶转让款处分

【裁判要旨】

1. 船舶共有人不能以共有权对抗船舶优先权人以船舶优先权实现海事债权的权利。

2. 船舶转让款应直接用于船舶优先权的海事债权执行，而不应返还船舶所有人。

【基本案情】

“鲁日海渔 ×”渔船实际所有人费某某，因村委会渔船管理需要，登记在时任日照市东港区某村村民委员会主任名下。船员王某松受费某某雇佣在“鲁日海渔 ×”船捕捞作业期间落水死亡，本院判决费某某作为雇主赔偿王某松家属 901 124.35 元。王某松家属另案申请确认其上述债权对“鲁日海渔 ×”渔船具有船舶优先权，该案审理期间，时任主任抗辩该船的船舶手续并非属于费某某所有；本院认定该抗辩不能对抗王某松家属对“鲁日海渔 ×”渔船所具有的船舶优先权，判决船舶优先权主张成立。上述两案执行过程中，涉案渔船卖给案外人，约定案外人将案款中的 10 万元支付给村委会，其余支付给费某某用作执行款项。费某某向本院提起诉讼，要求村委会归还渔船转让款 10 万元及利息用于前述两案的执行。村委会抗辩该 10 万元为其具有船舶所有权而应得份额以及系船舶手续费予以扣留，是其应得款项。

原告诉称：（1）依法判令被告归还原告“鲁日海渔 ×”渔船转让款 10 万元及利息；（2）本案诉讼费用由被告承担。庭审时原告变更诉讼请求第一项为“依法判令被告归还原告‘鲁日海渔 ×’渔船转让款 10 万元及利息用于青岛海事法院（2017）鲁 72 民初 1281 号民事判决书的人身损害赔偿”。事实与理由：涉案渔船系 2015 年 3 月由费某某从案外人孙某某处购得，但因历史及渔业管理等原因，该船一直登记在时任村委会主任孙某某名下，涉案渔船实际所有人系费某某。在 2017 年 6 月 19 日出海捕捞时，发生船员落水死亡事故，死者家属以海上人身损害责任纠纷为由向青岛海事法院起诉，法院作出（2017）鲁 72 民初 1281 号民事判决书，判决费某某及案外人刘某某共同承担赔偿责任。在判决生效后因费某某无力承担巨额赔偿义务，死者家属又向青岛海事法院起诉对涉案渔船享有船舶优先权，审理期间法院依申请对涉案渔船进行扣押，最终法院作出（2018）鲁 72 民初 842 号民事判决书，判决支持死者家属的诉求。判决生效后，在费某某及孙某某未同意的情况下，村委会把涉案渔船转让，所得转让款406 180元由村委会主任孙某某收取，但村委会私自截留转让款10万元，只是把剩余306 180元支付到法院用于海上人身损害赔偿。综上，村委会私自截留转让款10万元的行为违反船舶优先权的法律规定，该款项应该用于海上人身损害赔偿，请求法院依法支持原告诉求。

被告辩称：对于费某某将“鲁日海渔 ×”渔船转卖后获得406 180元的事实及支付306 180元到青岛海事法院用于费某某海上人身损害赔偿的事实无异议，但村委会留取10万元转让款有事实和法律依据。“鲁日海渔 ×”渔船的所有权系费某某及村委会双方共有，并不只是费某某一人所有；但该渔船一直由费某某经营使用，其收益全部归费某某所有，支配权和收益权归属于费某某。所以在（2017）鲁72民初1281号一案中死者是费某某的雇员，一直为费某某提供劳务，其意外死亡的损失应由费某某赔偿。法院在审理案件中所查封渔船享有的船舶优先权只能针对费某某的渔船所有权份额，不能对抗村委会所享有的份额，村委将其应得的10万元卖船款扣留是费某某认可的，双方的渔船买卖协议符合事实和法律规定。原告的诉求不应得到法律的支持，请求法院查明事实，依法驳回原告的诉讼请求。

【裁判说理】

争议焦点：（1）被告所持有的其共同所有权及手续费扣留可以对抗船舶优先权的抗辩能否成立；（2）被扣留的船舶转让款是应当返还给原船舶所有人还是用于船舶优先权人的债权执行。

青岛海事法院认为：第一，村委会的共同所有权及手续费扣留不能对抗船舶优先权。首先，船舶优先权是海事请求人对船舶所具有的对物权，性质为担保物权。我国《海商法》第21条规定：“船舶优先权，是指海事请求人依照本法第二十二条的规定，向船舶所有人、光船承租人、船舶经营人提出海事请求，对产生该海事请求的船舶具有优先受偿的权利。”第26条规定：“船舶优先权不因船舶所有权的转让而消灭。”从该两条规定可以看出，船舶优先权是权利人对船舶本身享有的权利，不因船舶的多人共有而减损，也不因船舶所有权的转让而消灭。因而船舶优先权可以概括为权随船走。其次，村集体渔船手续有偿出让给船主，实现渔船手续与渔船一体化，更能证明所谓的渔船手续费为渔船转让价款的一部分。因此，船舶共有权及渔船转让手续两项抗辩均不成立。第二，费某某的诉讼请求不能支持。费某某的诉讼请求表述分为两步：第一步，村委会归还费某某 10 万元及利息，第二步用于之前相关案件执行。其本意是将 10 万元归还费某某后费某某再将该款项用于执行。青岛海事法院认为，本案中村委会扣留的 10 万元涉案船舶转让款，应偿付享有船舶优先权的海事债权。因此该款项需待船舶优先权人申请予以强制执行，而不能返还费某某。青岛海事法院作出民事判决书，判决驳回原告费某某的诉讼请求。

一审判决后，双方均未提出上诉，该判决一审生效。

【法官后语】

本案是一起通过认定船舶优先权这一海事诉讼特有制度设定的权利性质，判定争议款项由船舶优先权人申请执行而不直接支付给船舶所有人、审执衔接顺畅保护当事人合法权益的典型案例。依照我国《海商法》第 21 条、第 26 条规定，船舶优先权是海事请求人就相关海事请求对产生该请求的船舶具有优先受偿的权利；该权利不因船舶所有权的转让而消灭。即通常所说的权随船走。虽然我国《海商法》未对船舶优先权的性质进行明确表述，但是从其将船舶优先权与船舶所有权和船舶抵押权规定在一章中的立法体例可见，立法者是将船舶优先权作为担保物权设置的。《1993 年统一船舶优先权与抵押权国际公约》则明确表述为"可通过船舶上的海事优先权得到担保"。事实上，司法界对船舶优先权的担保物权性质也基本达成共识。依照我国《海商法》第 29 条规定，"船舶优先权，除本法第二十六条规定的外，因下列原因之一而消灭：（一）具有船舶优先权的海事请求，自优先权产生之日起满一年不行使；（二）船舶经法院强制出售；（三）船舶灭失。前款第（一）项的一年期限，不得中止或者中断"。按照《海事诉讼特别程序法》第十一章船舶优先权催告程序的规定取得除权判决后，船舶优先权消灭。

本案例的另一典型意义在于，在法理分析基础上，有效衔接审判与执行两程序，有力高效保护船舶优先权人的合法权利。本案判决后，民事判决书直接转交执行程序，在短时间内按程序将款项执行到位，探索出审执衔接保护申请执行人合法权益的又一高效模式，成为可复制可推广的有效经验。

【相关法条】

1.《中华人民共和国海商法》(1993年7月1日施行)

第二十一条 船舶优先权，是指海事请求人依照本法第二十二条的规定，向船舶所有人、光船承租人、船舶经营人提出海事请求，对产生该海事请求的船舶具有优先受偿的权利。

2.《最高人民法院关于适用〈中华人民共和国民事诉讼法〉的解释》(2022年4月1日修正)

第二百四十条 无独立请求权的第三人经人民法院传票传唤，无正当理由拒不到庭，或者未经法庭许可中途退庭的，不影响案件的审理。

承办人：郭俊莉

编写人：郭俊莉

36. 王某甲、王某乙、王某丙、隋某甲、于某甲五人诉边某甲、孙某甲、曲某甲船员劳务合同纠纷案

——船员工资请求具有船舶优先权

【合规提示】

本案系一起船员诉船东、船舶承租人的船员劳务合同纠纷案件，本案对船东寻找船舶承租人及应对船员维权具有启发意义。《海商法》第21条、第22条规定了具有法定船舶优先权的海事请求权，船员工资位列其中，随船而行。因此，对于公司船东而言，其在确定船舶承租人时，应尽量通过多种途径查询船舶承租人的履约能力，以免船舶承租人信用不好，拖欠船员工资，给自身带来损失。对于船员而言，应及时向法院申请扣押工作船舶，通过法定途径维护自己的合法权益。

【案件信息】

1. 裁判文书字号

（2020）鲁 72 民初 1773-1777、1779 号

2. 当事人

原告：王某甲等五人

被告：边某甲等三人

第三人：郭某甲

3. 关键词

民事　船员劳务合同　船舶优先权　扣押

【裁判要旨】

船员工资海事请求属于法定船舶优先权的项目，该权利随船而行，所以船东抗辩与船员不存在直接的债权债务关系，并不影响船员对产生该海事请求的船舶享有优先受偿的权利。

【基本案情】

王某甲、王某乙、王某丙、隋某甲、于某甲在曲某乙所有的“鲁崂渔6××77”及曲某甲所有的“鲁崂渔6××78”对船工作。该对船由曲某甲、曲某乙出租给郭某甲，郭某甲又转租给边某甲、孙某甲。边某甲、孙某甲雇佣船员后拖欠工资下落不明，五名原告诉至法院，提出工资诉求并申请确认船舶优先权。

郭某甲述称：（1）王某甲、王某乙、王某丙、隋某甲、于某甲的第一项诉讼请求与其没有任何关系；（2）王某甲、王某乙、王某丙、隋某甲、于某甲应当提供相应的证据证明其的确属于案涉渔船上的船员，否则其主张享有船舶优先权不应成立；（3）其确实将涉案渔船转租，但承租人不是边某甲、孙某甲。

2020 年 8 月 21 日立案第二天，法院应五名原告申请作出保全裁定书，对被告边某甲、孙某甲的银行存款进行网络查控，但没有效果。同日，法院向山东省海洋与渔业监督监查总队第一支队发出调查取证函，调取两船船舶登记材料。

2020年8月25日立案第六天，法院作出扣船裁定书，将两船在青岛市沙子口渔港码头进行扣押，责令被告曲某甲、曲某乙提供相应担保。

2020年8月26日立案第七天，鉴于边某甲、孙某甲下落不明，法院发出电子公告，确定于2020年11月16日开庭（包含公告期60天、答辩期15天）合并审理五案。

2020年9月4日立案第十五天，“鲁崂渔6××78”船新经营人接受担保方案，为曲某甲按诉讼请求80%的金额提供担保，法院于当日解除了对该船的扣押。同日，因曲某乙不服法院扣押“鲁崂渔6××77”船提出复议申请，法院作出复议决定，驳回该复议申请。

2020年9月14日立案第二十五天，曲某甲接受担保方案，为曲某乙按诉讼请求80%的金额提供担保，法院于当日解除了对“鲁崂渔6××77”船的扣押。

2020年11月16日案件如期开庭，案件经过审理，最后判决：边某甲、孙某甲偿付工资，原告的债权具有船舶优先权，可自担保金中受偿。船东当庭表示接受法院的判决。判决书以电子公告形式向边某甲、孙某甲送达。

2021年2月1日判决生效后，法院当日向五名原告发放了工资款。

【裁判说理】

以王某甲案为例：

争议焦点：船员与船舶所有人之间不存在债权债务关系，是否影响船员对产生该海事请求的船舶享有优先受偿的权利?

青岛海事法院认为，《海商法》第22条规定：“下列各项海事请求具有船舶优先权：（一）船长、船员和在船上工作的其他在编人员根据劳动法律、行政法规或者劳动合同所产生的工资、其他劳动报酬、船员遣返费用和社会保险费用的给付请求……”因此，本案中王某甲等五名原告主张的工资的给付请求具有船舶优先权。船员工资海事请求属于法定的船舶优先权的项目，该权利随船而行；船员与船舶所有人之间不存在债权债务关系，并不影响船员对产生该海事请求的船舶享有优先受偿的权利。同时，船舶优先权应当通过法院扣押产生优先权的船舶行使。依据为《海商法》第22条规定：“下列各项海事请求具有船舶优先权：（一）船长、船员和在船上工作的其他在编人员根据劳动法律、行政法规或者劳动合同所产生的工资、其他劳动报酬、船员遗返费用和社会保险费用的给付请求……”因此，本案中王某甲等五名原告主张的工资的给付请求具有船舶优先权。并且，《海商法》第28条规定：“船舶优先权应当通过法院扣押产生优先权的船舶行使。”因此，本案中王某甲已申请并由法院对曲某甲所属的“鲁崂渔6××78”号渔船予以扣押，依法行使了船舶优先权，故其给付请求具有优先受偿的权利。现“鲁崂渔6××78”船新经营人以现金19 093.26元为曲某甲提供担保，则王某甲前述债权中的19 093.26元可自担保金中受偿，但未足额受偿部分所具有的船舶优先权因王某甲自愿放弃而消灭。

青岛海事法院依法作出民事判决：一、边某甲、孙某甲支付王某甲工资23 000元；二、王某甲就上述第一项判决确定的债权中的19 093.26元对曲某甲所属的“鲁崂渔6××78”号渔船具有船舶优先权，可自担保金中受偿。

【法官后语】

目前，在船舶经营中船舶经营人与船舶所有人通常分离，如何在错综复杂的法律关系中保护船员的合法权益尤为重要。本案系一起因船舶承租人未及时支付船员工资，而导致船员扣押船舶行使船舶优先权而引起的纠纷。船舶优先权，是指特定海事债权人依法享有的、当债务人不履行或不能履行债务时，以船舶为标的对担保物优先受偿的权利，是海商法赋予海事债权人的一项特权。根据《海商法》第22条第1款的规定，船长、船员和在船上工作的其他在编人员根据劳动法律、行政法规或者劳动合同所产生的工资、其他劳动报酬、船员遣返费用和社会保险费用的给付请求具有船舶优先权，该权利随船而行，且不受船员与船舶所有人之间是否存在债权债务关系影响。

【相关法条】

1.《中华人民共和国合同法》（2021年1月1日废止）

第一百零七条　当事人一方不履行合同义务或者履行合同义务不符合约定的，应当承担继续履行、采取补救措施或者赔偿损失等违约责任。

对应新法：

《中华人民共和国民法典》（2021年1月1日施行）

第五百七十七条　当事人一方不履行合同义务或者履行合同义务不符合约定的，应当承担继续履行、采取补救措施或者赔偿损失等违约责任。

2.《中华人民共和国海商法》(1993年7月1日施行)

第二十一条 船舶优先权，是指海事请求人依照本法第二十二条的规定，向船舶所有人、光船承租人、船舶经营人提出海事请求，对产生该海事请求的船舶具有优先受偿的权利。

第二十二条 下列各项海事请求具有船舶优先权：

(一)船长、船员和在船上工作的其他在编人员根据劳动法律、行政法规或者劳动合同所产生的工资、其他劳动报酬、船员遣返费用和社会保险费用的给付请求；

(二)在船舶营运中发生的人身伤亡的赔偿请求；

(三)船舶吨税、引航费、港务费和其他港口规费的缴付请求；

(四)海难救助的救助款项的给付请求；

(五)船舶在营运中因侵权行为产生的财产赔偿请求。

载运2000吨以上的散装货油的船舶，持有有效的证书，证明已经进行油污损害民事责任保险或者具有相应的财务保证的，对其造成的油污损害的赔偿请求，不属于前款第(五)项规定的范围。

第二十八条 船舶优先权应当通过法院扣押产生优先权的船舶行使。

承办人：李　华

编写人：梁晓晓　庄雪莉

37. 刘某某诉王某某、荣成市春某水产有限公司船员劳务合同纠纷案

——享有船舶优先权的海事债务抵充需谨慎

【合规提示】

本案是一起涉及享有船舶优先权的海事债务抵充的船员劳务合同纠纷案。当事人应严格按照法律规定，明确债务抵充顺位，防止在先顺位的海事债权

人与海事债务人恶意串通，抵充先前无担保的债务，从而增加在先受偿顺位的船舶优先权、船舶留置权、船舶抵押权等海事债务，损害后位海事债权人合法权益。作为后位海事债权人亦应当注意对此多加防范，保障己方合法权益。

【案件信息】

1. 裁判文书字号

（2020）鲁72民初2190号

2. 当事人

原告：刘某某

被告：王某某、荣成市春某水产有限公司

3. 关键词

民事　船员劳务合同　船舶优先权　海事债务抵充

【裁判要旨】

对于海事债务人抵充具有船舶优先权等具有优先受偿权的海事债务，应予以严格审查。预支款项仅为当年预支款项，而非先前欠付工资，应于当年结算时抵充当年工资，债务人主张抵充先前欠付工资没有事实与法律依据，不予支持。

【基本案情】

刘某某自2017年起受雇于王某某、荣成市春某水产有限公司（以下简称春某水产），先后在王某某、春某水产共同经营的“鲁荣渔59××1/59××2”渔船上担任船员、船长，于2020年10月14日离船。王某某、春某水产拖欠刘某某2017年工资2万元，2018年工资7万元，2019年工资79 500元，并于2020年10月18日出具欠条载明：“今欠刘某某工资款9万元整，事由：2017年剩余工资2万元、2018年剩余工资7万元。”刘某某起诉索要2017年至2019年船员工资169 500元。

王某某辩称：刘某某2020年每个月都正常月支，2020年1月24日微信转账5000元，2020年2月11日微信转账5000元，2020年3月31日银行卡转账5000元，2020年5月18日微信转账1000元，2020年6月16日微信转账1000元，2020年7月25日微信转账1000元，2020年8月31日微信转账1500元，2020年9月13日微信转账1000元、支付现金1000元，2020年9月22日微信转账5000元，2020年9月28日微信转账1000元，2020年10月11日微信转账1000元，2020年10月18日微信转账3000元，2020年11月4日微信转账1000元，2020年4月1日刘某某买鱼570元，前述合计33 070元。2020年9月，刘某某私自拿鱼送礼不知道多少钱。刘某某作为船长，工资都是年底结，2020年刘某某支取的工资都是以前的工资，应该在2017年、2018年、2019年的欠付工资中扣除。

春某水产未答辩。

【裁判说理】

争议焦点：预支款项是否抵充先前欠付工资。

本案当事人刘某某受雇于王某某、春某水产。从事雇佣活动的事实发生于2021年1月1日《民法典》实施以前，应适用当时施行的法律处理本案。依照当时施行的《合同法》第109条规定，当事人一方未支付价款或者报酬的，对方可以要求其支付价款或者报酬。本案中，刘某某主张受雇于王某某、春某水产，先后在王某某、春某水产共同经营的“鲁荣渔59××1/59××2”渔船上工作，并提供了王某某、春某水产出具的欠条，证实王某某、春某水产拖欠刘某某2017年工资2万元，2018年工资7万元，2019年工资79 500元，王某某亦认可欠条真实性及欠条载明的欠款数额，本院予以认定。据此，双方成立船员劳务合同关系，刘某某为王某某、春某水产提供了劳务，王某某、春某水产应向刘某某支付欠付的工资。王某某虽然声称春某水产仅为挂靠公司，但春某水产在欠条中加盖印章，王某某或春某水产并未提交证据予以推翻，故春某水产应共同承担清偿义务。

王某某主张2020年支付的工资应为2020年以前的工资，应自2017年至2019年工资中扣除。刘某某对此不予认可。本院认为，依照当时施行的《民法总则》第132条规定，民事主体不得滥用民事权利损害国家利益、社会公共利益或者他人合法权益。《最高人民法院关于适用〈中华人民共和国合同法〉若干问题的解释（二）》第20条规定：“债务人的给付不足以清偿其对同一债权人所负的数笔相同种类的全部债务，应当优先抵充已到期的债务；几项债务均到期的，优先抵充对债权人缺乏担保或者担保数额最少的债务；担保数额相同的，优先抵充债务负担较重的债务；负担相同的，按照债务到期的先后顺序抵充；到期时间相同的，按比例抵充。但是，债权人与债务人对清偿的债务或者清偿抵充顺序有约定的除外。”故，债务人抵充债务需依照约定或法律规定进行，且不得损害他人合法权益。依照《海商法》第21条、第22条、第25条的规定，船长、船员工资的给付请求具有船舶优先权，船舶优先权优先于船舶留置权，船舶留置权优先于船舶抵押权，船舶抵押权优先于其他普通海事债权受偿。如任由海事债务人任意抵充海事债务，可能导致海事债务人滥用债务抵充，恶意不合理增加具有优先受偿权的船舶优先权、船舶留置权、船舶抵押权，损害后位受偿的船舶优先权人、船舶留置权人、船舶抵押权人或其他普通海事债权人的合法权益，进而可能助长在先顺位海事债权人与海事债务人恶意串通损害后位海事债权人合法权益的违法行为，不利于保护民事主体合法权益，不利于维护社会和经济秩序，不利于弘扬社会主义核心价值观。因此，对于海事债务人抵充具有船舶优先权等具有优先受偿权的海事债务，应予以严格审查。本案中，王某某、春某水产主张刘某某2020年预支款项应自王某某、春某水产先前欠付工资中予以扣除，实质上系王某某、春某水产主张债务抵充，刘某某并不认可。王某某、春某水产并未举证证明双方存在关于刘某某2020年预支款项抵充王某某、春某水产先前欠付工资的约定，亦无证据证明王某某、春某水产在刘某某2020年预支款项时指定抵充王某某、春某水产2017年至2019年欠付工资。双方均确认，刘某某受雇于王某某、春某水产期间预支部分款项，每年底结算时再予扣除，可以认定双方明确刘某某当年预支款项仅抵充当年工资。王某某、春某水产出具的两份欠条内容均显示，刘某某当年预支款项仅于刘某某当年应得工资中扣除，并未抵充王某某、春某水产先前欠付工资。2020年，刘某某继续受雇于王某某、春某水产，并继续按照原有模式在受雇过程中预支部分款项。王某某虽然在庭审中辩称刘某某2020年预支款项不属于月支，但与其答辩时关于“刘某某2020年每个月正常领取月支”的陈述不一致，且未提供证据予以佐证，应作出对王某某不利的认定。虽然双方对刘某某2020年10月下船离职是否应获得工资尚存争议，但是王某某认可即使刘某某2020年中途离船没有工资，亦无须退回已预支款项。刘某某2017年至2019年船员工资是否享有船舶优先权尚不明确。综上，本院认定，刘某某2020年预支款项仅为当年预支款项，而非先前欠付工资，应于当年结算时抵充当年工资，王某某、春某水产主张抵充先前欠付工资没有事实和法律依据，本院不予支持。

【法官后语】

《海商法》规定，船舶优先权优先于船舶留置权，船舶留置权优先于船舶抵押权，船舶抵押权优先于其他普通海事债权受偿。本案考虑海事债权特殊性，明确规范享有船舶优先权的海事债务抵充，既可有效保护船舶优先权等享有优先受偿权的海事债权人合法权益，又可防止在先顺位的海事债权人与海事债务人恶意串通损害后位海事债权人合法权益，有利于保护民事主体合法权益、维护社会和经济秩序、弘扬社会主义核心价值观，构建诚实信用的良好营商环境。

【相关法条】

1.**《中华人民共和国民法总则》**（2021 年 1 月 1 日废止）

第一百三十二条 民事主体不得滥用民事权利损害国家利益、社会公共利益或者他人合法权益

对应新法：

《中华人民共和国民法典》（2021 年 1 月 1 日施行）

第一百三十二条 民事主体不得滥用民事权利损害国家利益、社会公共利益或者他人合法权益。

2.**《中华人民共和国合同法》**（2021 年 1 月 1 日废止）

第一百零九条 当事人一方未支付价款或者报酬的，对方可以要求其支付价款或者报酬。

对应新法：

《中华人民共和国民法典》（2021 年 1 月 1 日施行）

第五百七十九条 当事人一方未支付价款、报酬、租金、利息，或者不履行其他金钱债务的，对方可以请求其支付。

3.**《中华人民共和国民事诉讼法》**（2021 年 12 月 24 日修正）

第一百四十四条 法庭辩论按照下列顺序进行：

（一）原告及其诉讼代理人发言；

（二）被告及其诉讼代理人答辩；

（三）第三人及其诉讼代理人发言或者答辩；

（四）互相辩论。

法庭辩论终结，由审判长或者独任审判员按照原告、被告、第三人的先后顺序征询各方最后意见。

对应新法：

《中华人民共和国民事诉讼法》（2023年9月1日修正）

第一百四十四条 法庭辩论按照下列顺序进行：

（一）原告及其诉讼代理人发言；

（二）被告及其诉讼代理人答辩；

（三）第三人及其诉讼代理人发言或者答辩；

（四）互相辩论。

法庭辩论终结，由审判长或者独任审判员按照原告、被告、第三人的先后顺序征询各方最后意见。

4.《最高人民法院关于适用〈中华人民共和国民法典〉时间效力的若干规定》（2021年1月1日施行）

第一条 民法典施行后的法律事实引起的民事纠纷案件，适用民法典的规定。

民法典施行前的法律事实引起的民事纠纷案件，适用当时的法律、司法解释的规定，但是法律、司法解释另有规定的除外。

民法典施行前的法律事实持续至民法典施行后，该法律事实引起的民事纠纷案件，适用民法典的规定，但是法律、司法解释另有规定的除外。

承办人：张　波

编写人：张　波　杨雨涵

38. 柴某连申请海事债权登记与受偿案

——海事债权登记的确认及效力认定

【合规提示】

本案系一起船员作为海事债权人因船舶拍卖行使船舶优先权而申请债权登记与受偿的案件。船员工资等海事请求的船舶优先权从船员自船上离职之日起满一年不行使而消灭，船员应及时主张船舶优先权，避免超过法定期间而丧失船舶优先权。

【案件信息】

1. 裁判文书字号

（2017）鲁 72 民特 206 号

2. 当事人

申请人：柴某连

3. 关键词

民事　船员劳务合同　工资　债权登记　船舶优先权

【裁判要旨】

1. 海事债权人因船舶拍卖申请债权登记时未提供生效裁判文书的，只要在办理债权登记期间提供生效的裁判文书，经审查认定真实合法的，可以裁定予以确认，而无须再进行确权诉讼。

2. 船舶扣押期间，法院未委托船员管理船舶的，该期间内的船员工资不属于为债权人共同利益支付的其他费用，不应从船舶价款中先行拨付。

3. 船员工资等海事请求的船舶优先权从船员自船上离职之日起满一年不行使而消灭，船员从船上离职之日起至扣押船舶之日止超过一年的海事请求，丧失船舶优先权。

【基本案情】

柴某连经劳务外派公司外派，受雇于信某海陆运输股份有限公司，在西某克凌公司所属的巴拿马籍“金某”轮上担任轮机长。“金某”轮因西某克凌公司拖欠船舶修理费而被青岛海事法院依船舶修理厂的申请而扣押并拍卖。柴某连（与其他 45 名船员）为主张工资及船舶优先权等在青岛海事法院扣押过程中向厦门海事法院申请扣押了该轮，提起了诉讼，并在公告的债权登记期间提供有关证据办理了债权登记。厦门海事法院依法移送至青岛海事法院审理。青岛海事法院经审理，作出生效判决。柴某连申请依照已生效的判决确认其船舶优先权等。柴某连登记的债权包含距扣押船舶超过一年的工资，未登记其申请债权登记时至船舶拍卖移交完毕离船期间内的工资等。

【裁判说理】

争议焦点：（1）海事债权人因船舶拍卖申请债权登记时未提供生效裁判文书的，是否可以确认债权；（2）船舶扣押期间，法院未委托船员管理船舶的，船员工资应否从船舶价款中先行拨付。

青岛海事法院经债权确认程序终审认为：《海事诉讼特别程序法》并未明确限制债权人需要在申请债权登记时提供生效的裁判文书，只要在办理债权登记期间提供生效的裁判文书，经审查认定上述文书真实合法的，都可以裁定予以确认。柴某连于船舶拍卖公告的债权登记期间内依法办理了债权登记，并提供了生效的裁判文书，上述文书真实合法，可以裁定予以确认。

船舶扣押期间由船舶所有人或光船承租人负责管理，法院并未委托船员管理船舶，船舶被法院扣押期间的船员工资仍应由其雇主或船舶所有人负担，不属于《海事诉讼特别程序法》第 119 条第 2 款规定的为债权人的共同利益支付的其他费用，不应从船舶价款中先行拨付。对于船员工资、遣返费、社会保险或其他报酬类的海事请求而言，船舶优先权从船员自船舶离职之日起满一年不行使而消灭。故，对于申请人从船上离职之日起至扣押船舶之日止不满一年部分的海事请求，确认其对该轮享有船舶优先权，有权自该轮的拍卖价款中依法受偿。经审判委员会研究，作出终审裁定，确认柴某连登记的自其从船上离职之日起至扣押船舶之日止不满一年部分的工资及其利息额度以内的债权对“金某”轮享有船舶优先权，并自该轮拍卖价款中优先拨付相应的案件受理费及债权登记费，不予支持柴某连的其他请求。

【法官后语】

本案是一起典型的申请海事债权登记与受偿案，其典型意义在于：第一，明确海事债权人因船舶拍卖申请债权登记时未提供生效裁判文书的，只要在办理债权登记期间提供生效的裁判文书，经审查认定真实合法的，可以裁定予以确认，而无须再进行确权诉讼。第二，明确船舶扣押期间，法院未委托船员管理船舶的，该期间内的船员工资不属于为债权人共同利益支付的其他费用，不应从船舶价款中先行拨付。第三，明确船员工资等海事请求的船舶优先权从船员自船上离职之日起满一年不行使而消灭，船员从船上离职之日起至扣押船舶之日止超过一年的海事请求，丧失船舶优先权。

【相关法条】

1.**《中华人民共和国海商法》**（1993 年 7 月 1 日施行）

第二十九条 船舶优先权，除本法第二十六条规定的外，因下列原因之一而消灭：

（一）具有船舶优先权的海事请求，自优先权产生之日起满一年不行使；

（二）船舶经法院强制出售；

（三）船舶灭失。

前款第（一）项的一年期限，不得中止或者中断。

2.**《中华人民共和国海事诉讼特别程序法》**（2000 年 7 月 1 日施行）

第一百一十一条 海事法院裁定强制拍卖船舶的公告发布后，债权人应当在公告期间，就与被拍卖船舶有关的债权申请登记。公告期间届满不登记的，视为放弃在本次拍卖船舶价款中受偿的权利。

第一百一十五条 债权人提供证明债权的判决书、裁定书、调解书、仲裁裁决书或者公证债权文书的，海事法院经审查认定上述文书真实合法的，裁定予以确认。

第一百一十九条 拍卖船舶所得价款及其利息，或者海事赔偿责任限制基金及其利息，应当一并予以分配。

分配船舶价款时，应当由责任人承担的诉讼费用，为保存、拍卖船舶和分配船舶价款产生的费用，以及为债权人的共同利益支付的其他费用，应当从船舶价款中先行拨付。

清偿债务后的余款，应当退还船舶原所有人或者海事赔偿责任限制基金设立人。

承办人：张　波

编写人：张　波　庄　敏

39. 格瑞姆某德诉某海运有限公司船员劳务合同纠纷案

——船员工资请求具有船舶优先权

【合规提示】

本案系一起原、被告签订船员劳务合同，原告按合同向被告提供了约定的劳务，被告欠付原告劳动报酬的船员劳务合同纠纷案。船员工资是具有船舶优先权的海事请求之一，如果船员的工资报酬不能得到保障，不仅船员的生存权受到严重威胁，也会影响航运业长期稳定发展。海运公司应当保证船员劳务合同得到完全履行，促使船员安心从事航运工作。

【案件信息】

1. 裁判文书字号

（2010）青海法烟确字第20号

2. 当事人

原告：格瑞姆某德

被告：某海运有限公司

3. 关键词

民事　船员劳务合同　船舶优先权

【裁判要旨】

船员劳务合同纠纷与船舶优先权有着相当密切的联系。船舶优先权是法定海事请求人所享有的一种权利。具有船舶优先权的法定海事请求有五类，其中第一顺位就是“船长、船员和在船上工作的其他在编人员根据劳动法律、行政法规或者劳动合同所产生的工资、其他劳动报酬、船员遣返费用和社会保险费用的给付请求”。

【基本案情】

在原告格瑞姆某德与被告某海运有限公司船员劳务合同纠纷一案中，原告诉称，2009年7月，被告通过代理人与原告签订船员雇佣合同，雇佣原告在被告所有的“伊某特”轮上担任油工职务，原告随即上船工作。2009年9月10日，“伊某特”轮在龙口港被扣押。2009年10月13日原告被遣返离船。2009年11月20日被告重新聘用原告上船工作。现该轮已被法院拍卖。被告拖欠原告劳动报酬及其他相关费用至今没有支付。原告根据相关法律规定，请求法院判令：（1）被告支付原告在“伊某特”轮工作期间截至2009年10月13日的劳动报酬2316.53美元及原告自2009年11月20日至2010年1月7日的劳动报酬3095.88美元；（2）原告的诉讼请求具有从“伊某特”轮拍卖价款中优先受偿的权利；（3）由被告承担本案的案件受理费、债权登记费等法院费用。

被告未在答辩期内提交答辩状，当庭口头辩称，被告确认欠付原告工资等劳务报酬，因经营困难现无力支付。

青岛海事法院认定案件事实如下：2009年7月，被告通过其代理人与原告签订船员雇佣合同。被告雇佣原告在其所有的“伊某特”轮上担任油工职务。合同约定，雇佣劳务期间为自2009年7月13日起9个月；月工资总额1199美元。合同签订后，原告于2009年7月13日上船工作至2009年10月13日被遣返离船。

2009年9月10日，“伊某特”轮在龙口港被青岛海事法院依法扣押，后被依法拍卖，所得价款保存于青岛海事法院账户。2009年9月12日，被告向原告及其他船员发出通知，以考虑“伊某特”轮在扣押期间的特殊风险为由，决定调整船员工资，每人每月增加30%的工资至该轮扣押解除时恢复原工资数额。2009年11月20日，被告重新聘用原告上船工作。2010年1月7日，青岛海事法院解除对“伊某特”轮的扣押，同日原告离船，原、被告劳务合同解除。

被告拖欠原告在“伊某特”轮工作期间，2009年10月13日前的劳务报酬2316.53美元；自2009年11月20日至2010年1月7日的劳务报酬3095.88美元，共计5412.41美元。

【裁判说理】

争议焦点：原告要求被告支付船员工资报酬的诉讼请求是否应当支持。

青岛海事法院认为：原、被告签订的船员劳务合同，是当事人真实意思的表示，且不违反法律规定，合法有效；被告向原告发出增加扣押船舶期间工资的通知，属于对原合同的补充，合法有效。双方当事人应当按合同和补充合同的约定享有权利、履行义务。

原告按合同向被告提供了约定的劳务，被告应当依照合同履行向原告支付工资报酬的义务。被告欠付原告劳动报酬的法律事实清楚，其债权债务关系明确。债务应当清偿，合同应当完全履行。因此，对原告要求被告支付船员工资报酬的诉讼请求，本院予以支持。被告应当按实际欠付原告劳动报酬共计5412.41美元数额支付原告。

上述债权属于船舶优先权，可在“伊某特”轮拍卖价款中可分配的限额内优先受偿。

青岛海事法院以判决方式结案。

【法官后语】

船员劳务合同纠纷案件多数因为拖欠工资而引起，涉及民生权益，影响较大。船舶优先权是法定海事请求人所享有的一种权利，妥善处理船员工资船舶优先权具有深厚的法理基础和实践意义。

一、船员工资船舶优先权的法理基础

虽然根据债权平等原则，每个债权人在获得债务清偿时地位平等、顺位相同，但因为某些特定关系和特殊利益的保护，对债权人甚至是社会秩序的维护显得尤为重要，船舶优先权制度就应运而生了。船员工资作为最早期具有船舶优先权的海事请求之一，有其特有的法理基础。由于航海的高风险特征，立法者通过制度设计来保护特殊群体的海事请求，激励更多的人投身航运事业，因此，法律明确规定特殊的海事请求由船舶担保保障其顺利实现。而船员在航运业不断发展过程中具有极其重要的地位，如何促使船员安心从事航运工作，必然是航运业首先需要考虑的问题。

在海事领域，立法者将船舶优先权赋予那些为船舶提供服务或是因船舶受到损害的海事请求权人，不仅是出于维护航运业发展考虑，更是出于实质公平的价值追求。例如船员随船航行，承担着和船舶同样风险的同时，还要为船舶提供相应的服务。如果船员的工资报酬不能得到保障，船员的生存权就会受到严重威胁。引入船舶优先权制度，体现了法律注重实质平等，可以更好地促进航运业的发展。

二、解决好船员工资船舶优先权问题的实践意义

在享有船舶优先权的各类海事请求中，之所以船员工资请求在司法实践中问题较为突出，是因为在船员劳务纠纷中，船员个体经济能力有限，大多无条件也无能力去解决申请实际扣押船舶的后续问题（如先行垫付扣押船舶担保金、扣押期间的看船费用和看船人员的补给费用等），造成船员大多不愿向法院申请实际扣押船舶，仅申请通过财产保全来限制船舶权利转让和抵押。而不及时申请扣押船舶正是造成船员工资船舶优先权消灭的最主要原因。一旦船舶优先权因除斥期间已过而消灭，使得法院无法在判决中确认船员工资享有船舶优先权保护，或即使判决确认但在后续执行过程中船舶优先权仍无法行使，通常其他债权人也会提出异议。这些情况都会给诉讼或执行案件的承办人造成难以厘清的困境，稍微处理不当，极易产生信访和群体性维权事件。

具有船舶优先权的法定海事请求有五类，其中第一顺位就是包括船员根据劳动法律、行政法规或者劳动合同所产生的工资、其他劳动报酬的给付请求。本案中原告的债权属于船舶优先权，可在“伊某特”轮拍卖价款中可分配的限额内优先受偿。

【相关法条】

1.《中华人民共和国民法通则》（2021 年 1 月 1 日废止）

第一百零八条 债务应当清偿。暂时无力偿还的，经债权人同意或者人民法院裁决，可以由债务人分期偿还。有能力偿还拒不偿还的，由人民法院判决强制偿还。

对应新法：

《中华人民共和国民法典》（2021年1月1日施行）

第一百八十九条　当事人约定同一债务分期履行的，诉讼时效期间自最后一期履行期限届满之日起计算。

第五百七十九条　当事人一方未支付价款、报酬、租金、利息，或者不履行其他金钱债务的，对方可以请求其支付。

2.《中华人民共和国合同法》（2021年1月1日废止）

第六十条　当事人应当按照约定全面履行自己的义务。

当事人应当遵循诚实信用原则，根据合同的性质、目的和交易习惯履行通知、协助、保密等义务。

对应新法：

《中华人民共和国民法典》（2021年1月1日施行）

第五百零九条　当事人应当按照约定全面履行自己的义务。

当事人应当遵循诚信原则，根据合同的性质、目的和交易习惯履行通知、协助、保密等义务。

当事人在履行合同过程中，应当避免浪费资源、污染环境和破坏生态。

3.《中华人民共和国海商法》（1993年7月1日施行）

第二十二条　下列各项海事请求具有船舶优先权：

（一）船长、船员和在船上工作的其他在编人员根据劳动法律、行政法规或者劳动合同所产生的工资、其他劳动报酬、船员遣返费用和社会保险费用的给付请求；

……

4.《中华人民共和国海事诉讼特别程序法》（2000年7月1日施行）

第一百一十六条　债权人提供其他海事请求证据的，应当在办理债权登记以后，在受理债权登记的海事法院提起确权诉讼。当事人之间有仲裁协议的，应当及时申请仲裁。

海事法院对确权诉讼作出的判决、裁定具有法律效力，当事人不得提起上诉。

承办人：于文斌

编写人：孙学燕

40. 奥某诉某海运贸易工业有限公司、某融资有限责任公司船员劳务合同纠纷案

——对登记债权属性的审查与责任划分

【合规提示】

本案系因船员工资之债申请扣押拍卖船舶后，在债权登记公告期间内，光租人聘用的技术经理就光租人拖欠的工资事宜申请债权登记后，提起的确权诉讼案件。对当事船舶具有优先属性的海事债权是享有船舶优先权的。船员工资请求，应自下船时开始起算优先权，超过一年的，不享有优先权。

【案件信息】

1. 裁判文书字号

（2003）青海法海商初字第26号

2. 当事人

原告：奥某（土耳其籍）

被告：某海运贸易工业有限公司

第三人：某融资有限责任公司

3. 关键词

民事　船员劳务合同　确权诉讼　技术经理　工资纠纷　船舶优先权　普通海事债权　普通债权

【裁判要旨】

本案系全体在船船员因工资之债共同申请诉前扣押，又分别提起诉讼，再共同申请拍卖船舶，在债权登记公告期间内，原告就与被告之间的劳务事宜申请债权登记后，提起的确权诉讼案件。本案原告持有经公证的债权文书主张权利，但法院仍需按照其工资标准和实际在船工作时间来确定其对船舶

可享有的优先权数额。

【基本案情】

被告为土耳其籍“佩某”轮的登记船舶经营人和光船承租人，第三人为船舶所有人。

原告于2001年8月1日与被告签订了雇佣合同，该合同约定原告的职务为“佩某”轮的技术经理，每月（30天）工资为3000美元，合同期限为无固定期限。2002年1月20日，原告受被告派遣登上“佩某”轮为该轮提供技术方面的服务，于同年4月10日下船回国。

2002年11月29日，应“佩某”轮19名在船船员的申请，海事法院在诉前扣押船舶后，案件转入诉讼期间，依法拍卖了“佩某”轮。

2002年12月10日，土耳其共和国BESIKTAS第十公证处公证的债权公证文书确认被告，“我们很不幸地得知如上提及的船舶（‘佩某’轮）因对第三方的债务将被拍卖。我们以本函件正式请求将以下款项（48 000美元）支付给以下人员（原告），他作为公司雇员有权获得工资”。

2002年12月15日，原告据该公证的债权公证文书申请债权登记后，提起确权诉讼，请求依法判令被告支付该债权并承担诉讼费和律师费，确认原告就该海事请求对“佩某”轮享有船舶优先权。

被告未提交书面的答辩意见。

第三人辩称：（1）原告提供的雇佣合同仅有原告签字，真实性不能确认。（2）原告提供的工资债权公证文书是在船舶被扣押后提供的，被告在明知船舶即将被拍卖的情况下签发该文书，要求从拍卖款中支付款项给原告，损害了第三人的利益且没有其他材料佐证，该公证文书的真实性无法确认。（3）原告提供的航海日志有部分内容是事后补充的，其真实性不能确认。（4）原告没有证据证明从2001年8月1日至船舶被拍卖共16个月期间内一直在船服务，原告自称2002年4月10日下船回国，但没有提供证据证明何时又上船工作，如果原告无法证明自2002年4月10日起至船舶被扣押止在船上工作，那么原告最多只能索赔8个月的工资计24 000美元。（5）原告要求翻译费与律师费由被告承担没有合同与法律依据。（6）原告实际上是公司的工作人员，并不是船上的在编人员，故其索赔的工资不属于船员工资，其债权也就不属于船舶优先权，原告服务于船舶并不一定是船上的在编人员。

即使原告能够证明其为船上在编人员，因为原告在2002年12月15日申请登记债权，因此2001年8月1日起至2001年12月14日发生的工资（如果属于船员工资的话）已经超过了船舶优先权的请求时效，属于一般债权，不能对“佩某”轮的拍卖款请求权利。因“佩某”轮不属于被告所有，且融资租赁合同已经解除。（7）本案诉讼费、翻译费、律师费不属于船舶优先权，仅为普通债权，不能对“佩某”轮拍卖款请求权利。

【裁判说理】

争议焦点：诉请的各类债权是否享有船舶优先权。

青岛海事法院认为：

1. 本案系船舶被拍卖后因债权登记而提起的确权诉讼。依照《海事诉讼特别程序法》第116条“债权人提供其他海事请求证据的，应当在办理债权登记以后，在受理债权登记的海事法院提起确权诉讼”的规定，本院对本案有管辖权。

2. 本案原告为外国自然人，被告、第三人为外国法人。原告在诉讼中主张，本案为行使船舶优先权诉讼，应适用中国法；第三人作为船舶所有人在庭审中亦同意适用中国法作为本案之准据法；被告既未出庭又未提交适用外国法律的约定及相关法律；根据《海商法》第272条规定，“船舶优先权，适用受理案件的法院所在地法律”。本案应适用中华人民共和国法律。

3. 被告实际占有、使用、营运“佩某”轮，并为“佩某”轮配备船员，该被告不仅为“佩某”轮登记的船舶经营人，也为该船舶的实际经营人。基于对“佩某”轮的船舶管理，原、被告双方签订了雇佣合同，原、被告双方签订的雇佣合同系合同双方的真实意思表示，合法有效。且原告接受被告的雇佣从事“佩某”轮的技术工作，并接受被告的派遣到“佩某”轮上工作，应视为原、被告已履行了该合同。被告作为该轮的经营人，有义务如约支付原告的工资。被告拖欠原告的工资，已构成违约，应承担相应的违约责任。至于第三人与被告之间因船舶融资租赁合同产生的纠纷，与本案无关。被告占有、使用、经营该船舶，并在有关的船舶登记证书中登记为该船舶的船舶经营人，在第三人未事先通知的情况下，原告作为一名船员，可以善意地视为被告为该船舶的合法占有人，其接受被告的雇佣且在一定时间内在船上工作，本身并无过错，其有权向被告主张支付工资及船员工资。第三人以被告违反租赁合同非法占有船舶为由，否认原告的权利，其主张不予支持。

4. 船舶优先权，是指海事请求人依照法律规定，向船舶所有人、光船承租人、船舶经营人提出海事请求，对产生该海事请求的船舶具有优先受偿的权利。无论是国际公约还是我国《海商法》均承认，基于为船舶提供劳务的船员工资请求具有船舶优先权。原告系被告为“佩某”轮配备的负责船舶的维修、保养、燃料、物料供应的专门人员，对在船工作期间的工资请求可向“佩某”轮主张船舶优先权。原告就其海事债权在卖船公告期间内，向本院申请债权登记的行为，当属就其海事债权向产生优先权的船舶依法行使权利的行为，原告的该申请已经本院审查且被本院接受，则行使船舶优先权的法定条件业已具备。原告于 2002 年 12 月 15 日提出债权登记，并就自 2002 年 1 月 20 日至同年 4 月 10 日产生的船员工资 8100 美元提出请求，该请求未超过法律规定的一年的行使除斥期间，对“佩某”轮享有船舶优先权；但对原告非在船期间产生的工资 39 900 美元请求，属一般债权，不享有船舶优先权。

5. 为行使船舶优先权而支出的诉讼费用、债权登记费应属从船舶拍卖款先行拨付费用，原告为行使船舶优先权支出的诉讼费、债权登记费可自船舶拍卖款中先行拨付；原告主张的翻译费因未提供相应的证据，本院不予支持。

6. 原告为诉讼而必须支出的律师费 5000 美元，经本院审查在合理范围之内，该费用应由被告承担。

依照《海事诉讼特别程序法》第 116 条，《民法通则》第 106 条第 1 款，《海商法》第 21 条、第 22 条第 1 项、第 29 条、第 272 条，《民事诉讼法》第 130 条的规定，判令：一、被告于判决生效之日起十日内向原告支付船员工资 8100 美元及利息（自 2002 年 4 月 11 日起至实际支付之日止，按照中国人民银行公布的同期美元贷款利率计算）；二、被告于判决生效之日起十日内向原告支付工资 39 900 美元及利息（自 2002 年 11 月 30 日起至实际支付之日止，按照中国人民银行公布的同期美元贷款利率计算）；三、被告向原告支付律师费 5000 美元；四、本判决第一项确认的海事债权对“佩某”轮享有船舶优先权，第三项确认的海事债权为与“佩某”轮有关的普通海事债权，第二项确认的债权为普通债权；五、驳回原告的其他诉讼请求。债权登记费 500 元、案件受理费 8490 元，由被告负担。

【法官后语】

船舶经营管理人聘用技术经理对其经营船舶进行管理是通行的管理模式。本案将技术经理的工资之债划分为三类分别予以确认：将在当事船舶工作期间且未超过一年除斥期间的债权确认为具有优先权的海事债权，将外籍人员在中国诉讼必然发生的律师费用确认为与本船相关的普通海事债权，将不在船期间的经营期间工资之债确认为普通债权。这为不同债权对应相应债务人并判令责任承担，提供了事实和法律依据。

【相关法条】

1.**《中华人民共和国海事诉讼特别程序法》**（2000 年 7 月 1 日施行）

第一百一十六条 债权人提供其他海事请求证据的，应当在办理债权登记以后，在受理债权登记的海事法院提起确权诉讼。当事人之间有仲裁协议的，应当及时申请仲裁。

海事法院对确权诉讼作出的判决、裁定具有法律效力，当事人不得提起上诉。

2.**《中华人民共和国民法通则》**（2021 年 1 月 1 日废止）

第一百零六条 公民、法人违反合同或者不履行其他义务的，应当承担民事责任。

公民、法人由于过错侵害国家的、集体的财产，侵害他人财产、人身的，应当承担民事责任。

没有过错，但法律规定应当承担民事责任的，应当承担民事责任。

对应新法：

《中华人民共和国民法典》（2021 年 1 月 1 日施行）

第一百七十六条 民事主体依照法律规定或者按照当事人约定，履行民事义务，承担民事责任。

3.**《中华人民共和国海商法》**（1993 年 7 月 1 日施行）

第二十一条 船舶优先权，是指海事请求人依照本法第二十二条的规定，向船舶所有人、光船承租人、船舶经营人提出海事请求，对产生该海事请求的船舶具有优先受偿的权利。

第二十二条 下列各项海事请求具有船舶优先权：

（一）船长、船员和在船上工作的其他在编人员根据劳动法律、行政法规或者劳动合同所产生的工资、其他劳动报酬、船员遣返费用和社会保险费用的给付请求；

（二）在船舶营运中发生的人身伤亡的赔偿请求；

（三）船舶吨税、引航费、港务费和其他港口规费的缴付请求；

（四）海难救助的救助款项的给付请求；

（五）船舶在营运中因侵权行为产生的财产赔偿请求。

载运2000吨以上的散装货油的船舶，持有有效的证书，证明已经进行油污损害民事责任保险或者具有相应的财务保证的，对其造成的油污损害的赔偿请求，不属于前款第（五）项规定的范围。

第二十九条　船舶优先权，除本法第二十六条规定的外，因下列原因之一而消灭：

（一）具有船舶优先权的海事请求，自优先权产生之日起满一年不行使；

（二）船舶经法院强制出售；

（三）船舶灭失。

前款第（一）项的一年期限，不得中止或者中断。

第二百七十二条　船舶优先权，适用受理案件的法院所在地法律。

4.**《中华人民共和国民事诉讼法》**（1991年4月9日施行）

第一百三十条　被告经传票传唤，无正当理由拒不到庭的，或者未经法庭许可中途退庭的，可以缺席判决。

对应新法：

《中华人民共和国民事诉讼法》（2023年9月1日修正）

第一百四十七条　被告经传票传唤，无正当理由拒不到庭的，或者未经法庭许可中途退庭的，可以缺席判决。

承办人：郭彦滨

编写人：郭彦滨

海事强制令

41. "新某海"轮申请海事强制令案

——禁诉令性质海事强制令的有益探索

【合规提示】

本案是一起两外籍船舶在公海碰撞后，甲船船东在我国海事法院设立海事赔偿责任限制基金，乙船船东进行债权登记后又到另一国申请扣押甲船，我国海事法院责令乙船船东撤回扣押申请的海事强制令案件。本案的规则适用于国内同类情况。对于船东而言，船舶发生包括两船碰撞、触碰码头设施等海事事故的，船东都有权设立海事赔偿责任限制基金。对于所有债权人而言，基金设立之后，不得对设立基金人的任何其他财产行使任何权利，包括保全、扣押、冻结等。如债权人实施该等行为，海事法院将会依设立基金人的申请，制作海事强制令，责令该债权人立即停止实施该行为，产生的损失将由该债权人承担。有债权人在国境外实施该行为的，我国海事法院亦将依设立基金人的申请作出海事强制令。该债权人不执行海事强制令的，将被进行惩戒。

【案件信息】

1. 裁判文书字号

（2011）青海法限字第2-3号

2. 当事人

申请人：中国环某航运有限公司

被申请人：亚特某斯纳维奥斯航运有限公司

3. 关键词

民事　海事强制令　禁诉令

【裁判要旨】

1. 两外籍船舶碰撞后，一方船东依照我国《海事诉讼特别程序法》在我国海事法院设立海事赔偿责任限制基金，另一方船东在基金中登记债权后，即不得就该项索赔对设立基金的船东方包括船舶在内的财产进行查封或扣押，该项禁止性规定及于在域外作出该等查封或扣押行为。

2. 当有关方违反上述禁止性规定后，我国海事法院可以作出海事强制令，责令其修改境外行为。

【基本案情】

2011 年 7 月 29 日，中国环某航运有限公司（系巴拿马注册公司，以下简称中国环某）所属的“新某海”轮在马六甲海峡南部海域与亚特某斯纳维奥斯航运有限公司（系葡萄牙注册公司，以下简称亚特某斯）所属的“欧某娜”轮发生碰撞事故，导致“欧某娜”轮沉没，船上所载货物也随船沉没，“新某海”轮受损。“新某海”轮于 2011 年 8 月 21 日到达中国青岛港。

8 月 26 日，中国环某向青岛海事法院申请设立海事赔偿责任限制基金；青岛海事法院裁定准许。在法定期限内，亚特某斯向青岛海事法院申请对其因涉案碰撞事故造成的各项损失所产生的债权约 105 000 000 美元进行债权登记。青岛海事法院作出民事裁定予以准许。后，双方均就碰撞事故对对方提起诉讼。

之后，亚特某斯无视我国《最高人民法院关于适用〈中华人民共和国海事诉讼特别程序法〉若干问题的解释》第 86 条 “设立海事赔偿责任限制基金后，向基金提出请求的任何人，不得就该项索赔对设立或以其名义设立基金的人的任何其他财产，行使任何权利”的规定，向澳大利亚联邦法院申请扣押“新某海”轮。2012 年 5 月 2 日，澳大利亚联邦法院作出扣押令，将“新某海”轮在澳大利亚予以扣押。中国环某因该扣押，根据我国海事诉讼相关法律规定，于 2012 年 5 月 10 日书面向青岛海事法院提出海事强制令申请，请求青岛海事法院责令亚特某斯立即解除在澳大利亚对中国环某所属船舶“新某海”轮的扣押，并在今后不得对中国环某的任何财产行使扣押或其他妨碍措施。青岛海事法院于当日作出民事裁定并签发海事强制令，责令亚特某斯“立即解除在澳大利亚对中国环某所属船舶‘新某海’轮的扣押，并在今后不得对中国环某的任何财产行使扣押或其他妨碍措施”。迫于扣押船舶的压力，中国环某已于2012年5月9日在澳大利亚就涉案碰撞事故向亚特某斯提供3500万美元的担保。2012年5月10日，澳大利亚联邦法院对“新某海”轮解除扣押。

之后澳大利亚联邦法院多次向中国环某及其包括中国代理律师在内的所有人员签发禁诉令，禁止中国环某在我国法院的相关诉讼活动。后双方就青岛海事法院各案达成和解。青岛海事法院对亚特某斯不执行海事强制令进行了训诫。

【裁判说理】

争议焦点：被申请人在申请人设立海事赔偿责任限制基金后进行了债权登记并就相关海事纠纷提起诉讼，被申请人应当依照《最高人民法院关于适用〈中华人民共和国海事诉讼特别程序法〉若干问题的解释》第86条的规定，不得再对申请人的任何财产行使任何权利。被申请人在澳大利亚申请扣押申请人所属“新某海”轮的行为是否违反上述规定。

青岛海事法院认为，被申请人在申请人设立海事赔偿责任限制基金后进行了债权登记并就相关海事纠纷提起诉讼，被申请人应当依照《最高人民法院关于适用〈中华人民共和国海事诉讼特别程序法〉若干问题的解释》第86条的规定，不得再对申请人的任何财产行使任何权利，无论该财产在中华人民共和国境内或境外。被申请人在澳大利亚申请扣押申请人所属“新某海”轮的行为违反中华人民共和国法律规定，不立即纠正将对申请人造成损害并使损害扩大。申请人中国环某的请求符合法律规定，应予准许。

【法官后语】

禁诉令制度，是一项限制案件当事人、法定代表人、代理人等一切有关的人员不能在该国其他法院以及其他国家相关法院作出积极的诉讼和帮助诉讼的行为的制度。我国目前没有明确的“禁诉令”的规定。

依照我国《海事诉讼特别程序法》及其解释的规定，在海事事故发生后，船舶所有人、承租人、经营人、救助人、保险人，依法申请责任限制的，可以向海事法院申请设立海事赔偿责任限制基金；设立基金后，向基金提出请求的任何人（包括针对基金办理债权登记的债权人），不得就该项索赔对设立或以其名义设立基金的人的任何其他财产行使任何权利。该条规定就是对当事人不得为一定行为的禁止性规定。

本案中，面对在基金设立后，亚特某斯依法对基金进行债权登记并提起诉讼后又向澳大利亚联邦法院申请扣押当事船舶并获得准许致使当事船舶被扣押的行为，青岛海事法院根据我国法律规定作出了禁诉令性质的海事强制令，当事人实际履行，在维护司法主权问题上做到有礼有节。禁诉令制度应当引入我国司法制度中，例如在一方设立海事赔偿责任限制基金后，我国海事法院可以直接作出禁诉令，禁止对基金提出请求的债权人就该项索赔对设立或以其名义设立基金的人的任何其他财产行使任何权利，而不必在债权人实施了应当纠正的行为后，才依据海事强制令的法律规定予以纠正。

该案在国际上影响广泛，是我国海事法院运用海事强制令反制英美国家长臂管辖的有益探索。

【相关法条】

1.《中华人民共和国海事诉讼特别程序法》（2000 年 7 月 1 日施行）

第五十一条 海事强制令是指海事法院根据海事请求人的申请，为使其合法权益免受侵害，责令被请求人作为或者不作为的强制措施。

第五十六条 作出海事强制令，应当具备下列条件：

（一）请求人有具体的海事请求；

（二）需要纠正被请求人违反法律规定或者合同约定的行为；

（三）情况紧急，不立即作出海事强制令将造成损害或者使损害扩大。

第五十七条 海事法院接受申请后，应当在四十八小时内作出裁定。裁定作出海事强制令的，应当立即执行；对不符合海事强制令条件的，裁定驳回其申请。

2.《最高人民法院关于适用〈中华人民共和国海事诉讼特别程序法〉若干问题的解释》(2003 年 2 月 1 日施行)

第八十六条 设立海事赔偿责任限制基金后，向基金提出请求的任何人，不得就该项索赔对设立或以其名义设立基金的人的任何其他财产，行使任何权利。

承办人：郭俊莉

编写人：郭俊莉

42. 山东华某船务有限公司诉某航运公司、某交通系统企业贷款联保集团申请海事强制令案

——《海事诉讼特别程序法》颁布后全国首个海事强制令

【合规提示】

本案系光船出租人要求强制光船承租人归还所承租的拖船组的海事强制令纠纷案件。海事强制令是我国《海事诉讼特别程序法》设定的行为保全的制度，规定了在特定情况下，海事请求人为使其合法权益免受侵害，可申请海事法院责令被请求人作为或不作为的行为保全权利。本案发生在我国《海事诉讼特别程序法》颁布后的生效前夕，且拖船组在京杭大运河流域，因合同约定了纠纷的管辖法院，青岛海事法院参照当时即将生效的《海事诉讼特别程序法》的规定，适用海事强制令制度，成功完成争讼的拖船组的强制还船与纠纷的实质解决。本案也给航运企业带来另一个启示：因作为专属管辖的海事法院对涉船、涉航运、涉水路运输等案件有其特定的审理与裁判经验，对《海事诉讼特别程序法》的程序适用与驾驭能力功底深厚，对航运企业而言，在其相关内河或运河流域的涉船、涉航运、涉水路运输等方面的业务合同中，约定有连接点且具有专业能力的驻地海事法院管辖，可以有效提升公正裁判的效率。

【案件信息】

1. 裁判文书字号

（2000）青海法海事初字第60号

2. 当事人

原告：山东华某船务有限公司

被告：某航运公司、某交通系统企业贷款联保集团

3. 关键词

民事　海事强制令　光船租赁　违约　情况紧急

【裁判要旨】

我国《海事诉讼特别程序法》第56条规定了适用海事强制令应当具备三个条件：一是请求人有具体的海事请求；二是需要纠正被请求人违反法律或者合同约定的行为；三是情况紧急，不立即作出海事强制令将造成损害或者使损害扩大。

【基本案情】

1996年7月1日，山东华某船务有限公司与某航运公司（以下简称某航运）签订了《鲁拖×船队光船租赁合同》，某交通系统企业贷款联保集团（以下简称某联保）作为担保人签字盖章。合同约定某航运向原告租赁船舶，租期3年，每年租金40万元人民币，一季一付，于每季度1日前预付租金10万元。1998年10月，三方达成《鲁拖×船队光船租赁合同补充协议》，约定：原告考虑到某航运实际困难，同意自1998年11月起每月租金2.5万元，此前的租金仍然按照原协议执行。1999年10月，就拖欠的45.6444万元租金及后续年租金下调等事宜，三方达成《鲁拖×船队光船租赁合同补充协议（二）》并以《还款协议》对还款进度予以明确。但因被告经营不善，截至2000年2月15日，某航运仍然欠付租金达47万元，并造成一艘驳船灭失经济损失近20万元，且面临破产情况。

2000年2月23日，原告向青岛海事法院对某航运、某联保提起光船租赁合同纠纷之诉。2月26日，原告（作为申请人）对二被告（均作为被申请人）提出海事强制令申请，要求二被申请人立即归还承租船队。原告提供了

由担保人山东省青岛海运总公司出具的财产担保。

青岛海事法院参照已经颁布将于2000年7月1日生效的《海事诉讼特别程序法》的相关规定，作出准予原告海事强制令申请的民事裁定，并下达海事强制令。

2000年2月29日，青岛海事法院奔赴京杭大运河在济宁段闸口，下达了海事强制令的相关法律文书，并将某航运运营编号“某航066号船队”下的原告所属的“鲁拖 ×”船队的1拖轮、7驳船全部执行交接给原告。3月2日，将“某航066号船队”的全体船员遣返完毕。因二被告均未提出复议，该海事强制责令执行完毕。

【裁判说理】

争议焦点：原告的海事强制令申请是否应当准许。

青岛海事法院认为：因经营不善，被告连年拖欠原告高额租金，又在承租期间发生一艘驳船沉没的海损事故，且面临即将破产的情况。对原告而言，该债权属于因被告不断违约和管船不当导致可追索海事债权的产生，因被告面临破产窘境，导致不立即还船将造成损害或者使损害扩大。因此，原告就其海事债权提出海事强制令的申请，符合我国《海事诉讼特别程序法》第56条规定的“作出海事强制令，应当具备下列条件：（一）请求人有具体的海事请求；（二）需要纠正被请求人违反法律规定或者合同约定的行为；（三）情况紧急，不立即作出海事强制令将造成损害或者使损害扩大”的情形。

在《海事诉讼特别程序法》尚未生效前，法院可以参照该法第51条“海事强制令是指海事法院根据海事请求人的申请，为使其合法权益免受侵害，责令被请求人作为或者不作为的强制措施”的规定，下达海事强制令。故法院于2000年2月26日作出准予原告海事强制令申请，并责令被告向原告归还基于《鲁拖 × 船队光船期租合同》承租船舶的民事裁定。据此签发了责令被告向原告归还基于《鲁拖 × 船队光船期租合同》承租船舶（鲁拖6×1，鲁驳6×1、6×2、6×3、6×4、6×5、6×6、6×7、6×8船）的海事强制令。

海事强制令下达后，在法院的主持下，涉案船队交接完毕、船员顺利遣返，二被告未提出复议，均服从该海事强制令，取得了良好的法律效果。

【法官后语】

1999 年 12 月 25 日颁布、2000 年 7 月 1 日起施行的我国《海事诉讼特别程序法》设立了行为保全制度——海事强制令制度。它赋予海事请求人为使其合法权益免受侵害，可申请海事法院责令被请求人作为或不作为的行为保全权利。按照《海事诉讼特别程序法》的规定，适用海事强制令应当具备三个条件：一是请求人有具体的海事请求；二是需要纠正被请求人违反法律或者合同约定的行为；三是情况紧急，不立即作出海事强制令将造成损害或者使损害扩大。

本案发生在《海事诉讼特别程序法》已经颁布，且即将生效期间，基于光租协议“发生纠纷提交青岛海事法院管辖”的约定，原告向青岛海事法院提出海事强制令申请。青岛海事法院审查后认为：原告主张的被告拖欠光租期间的船舶租金及船舶灭失损失，属于具体的海事请求；在光租期间一驳船因被请求人疏忽而灭失的情况下，原告为追索要求其交还船队，是为了避免损失扩大；被请求人面临破产窘境，构成了情况紧急。故，原告的主张符合特别程序法适用海事强制令的条件，因此，参照适用海事强制令来支持原告的请求是合法、必要的。

海事强制令的特点在于，本质上是对行为的保全，迥异于财产保全，也与先予执行主要以财、物为标的相区别。因此它适合于只是想纠正对方违法行为或违约行为的情况，在程序上具有直接性和简捷性，有利于及时保护当事人的合法权益。本案中，适用海事强制令的意义尤其显著，它一方面迅速、有效地保护了申请人的合法权益，使其及时收回拖船组；另一方面也维护了被申请人的利益——不用等到判决生效再归还船队，在诉讼过程中就可以顺利将船队交还申请人，避免了损失的进一步扩大及相应责任的承担。

本案被告收到海事强制令后，在法院主持下，立即按照海事强制令将船舶交还给原告，达到了预期效果，证明《海事诉讼特别程序法》确立的海事强制令制度适应了司法实践的需要，确立了一种有别于财产保全、先予执行等程序的独特的保全程序，所以毫无争议地为涉案当事人所接受。

该案系我国《海事诉讼特别程序法》颁布后、生效前，全国首个海事强制令的司法实践，最高人民法院收录于海事指导性案例中，也是运河水域全国首个海事司法案例，被多家法律期刊作为经典案例引用。

【相关法条】

《中华人民共和国海事诉讼特别程序法》（2000 年 7 月 1 日施行）

第五十一条 海事强制令是指海事法院根据海事请求人的申请，为使其合法权益免受侵害，责令被请求人作为或者不作为的强制措施。

第五十六条 作出海事强制令，应当具备下列条件：

（一）请求人有具体的海事请求；

（二）需要纠正被请求人违反法律规定或者合同约定的行为；

（三）情况紧急，不立即作出海事强制令将造成损害或者使损害扩大。

承办人：郭彦滨

编写人：郭彦滨

43. 连云港某水表有限公司申请海事强制令案

——承运人违法拒绝向托运人签发提单的，托运人可以依法申请海事强制令强制承运人签发提单

【合规提示】

本案是一起承运人仅出具提单号却拒不签发提单时托运人申请强制签发提单的海事强制令案件。对于承运人而言，依照《海商法》规定，货物由承运人接收或者装船后，应托运人的要求，承运人应当签发提单；拒绝向托运人签发提单系违反法律规定的行为。对于托运人而言，此种情况下，可以依法申请海事强制令强制承运人签发提单。

【案件信息】

1. 裁判文书字号

（2004）青海法保字第 5-1 号

2. 当事人

申请人：连云港某水表有限公司

被申请人：青岛某船务运输有限公司

3. 关键词

民事　海事强制令　强制签发提单

【裁判要旨】

承运人违反我国《海商法》第72条的规定拒绝向托运人签发提单的，托运人可以依法申请海事强制令强制承运人签发提单。

【基本案情】

2003年12月，申请人连云港某水表有限公司委托被申请人青岛某船务运输有限公司运输一批水表。被申请人青岛某船务运输有限公司于2003年12月19日向申请人连云港某水表有限公司出具了收货凭证和提单号码。现有关货物已装船并已到达目的港，被申请人却拒绝为申请人签发该票货物的提单，致使收货人无法在目的港提货。申请人连云港某水表有限公司于2004年1月5日向本院提出海事强制令申请，要求强制被申请人青岛某船务运输有限公司签发提单号为JGQD0312××84的全套正本提单。申请人连云港某水表有限公司已向本院提供相应担保。

【裁判说理】

争议焦点：申请海事强制令是否符合法律规定。

依照我国《海商法》第72条的规定，货物由承运人接收或者装船后，应托运人的请求，承运人应当签发提单。被申请人拒不签发提单的行为，违反了上述法律规定，申请人连云港某水表有限公司要求被申请人青岛某船务运输有限公司签发提单的申请合法。

【法官后语】

本案是一起典型的、较为少见的海事强制令案件。

1. 实践中海事强制令的三种类型。海事强制令是海事诉讼中特有的诉讼制度。《海事诉讼特别程序法》第51条规定："海事强制令是指海事法院根据海事请求人的申请，为使其合法权益免受侵害，责令被请求人作为或者不作为的强制措施。”海事司法实践中，常见的海事强制令主要有以下三种类型：（1）强制放货。即一方当事人（包括承运人及场站等负有放货义务的人）对持有提单的另一方当事人应当放货而不放货的，应申请人即提单持有人的申请，海事法院签发海事强制令，责令被申请人在限期内向申请人放货。这是海事司法实践中遇到较多的一种情形。（2）强制放船。即在光船承租合同到期或因其他原因解除承租关系后，光船承租人拒不向出租人交船的，光船出租人也可以申请海事法院签发海事强制令，责令被申请人在限期内向申请人放船。（3）强制放单。即一方当事人（包括收到货物后负有签发提单义务的人，一般指承运人）收到另一方当事人货物，后经其要求仍拒不签发提单的，应货方的申请，海事法院签发海事强制令，责令被申请人在限期内向申请人签发提单。这是海事司法实践中较为少见的一种海事强制令类型，本案就是这种类型。

2. 以不签发提单作担保行为的违法性。出现第三种类型的海事强制令案件，多是因为海运实践中承运人与货方在长期合作基础上会产生一些未清费用，承运人便以不签发一票货的提单作为强迫货方结清其他费用的“担保手段”。实际上这种做法是违法的，也无法达到承运人的预期目的。首先，提单不能作为留置的标的物。根据我国民事法律相关规定，留置的标的只能是“财产”，包括提单在内的权利凭证不在此列。其次，签发提单是承运人的义务，我国《海商法》第 72 条规定，货物由承运人接收或者装船后，应托运人的请求，承运人应当签发提单。最后，多票货物的运输关系在法律上均为各自独立的法律关系，相互之间并不能起到“担保”作用。所以承运人拒不签发提单的，申请人申请海事法院签发强制令后，承运人终须在限期内向申请人签发提单。

3. 海事强制令的强制性是海事强制令得以及时有效地保护申请人合法权益的有力保障。根据《海事诉讼特别程序法》的相关规定，海事强制令的强制性表现在：第一，裁定作出强制令的，应当立即执行，且 5 日复议期间不停止裁定的执行；第二，一经作出并送达被申请人后，被申请人应当执行，被请求人拒不执行强制令的，海事法院可以根据情节的轻重处以罚款、拘留，构成犯罪的，依法追究刑事责任。只有经被申请人及其他利害关系人对海事强制令提出异议，海事法院审查后认为理由成立，裁定撤销海事强制令的，其强制性才随之消失。所以包括本案在内的绝大多数海事强制令案件中，被申请人接到海事强制令后，没有提出异议的，均在限期内履行了义务。

【相关法条】

《中华人民共和国海事诉讼特别程序法》（2000年7月1日施行）

第五十一条 海事强制令是指海事法院根据海事请求人的申请，为使其合法权益免受侵害，责令被请求人作为或者不作为的强制措施。

第五十七条 海事法院接受申请后，应当在四十八小时内作出裁定。裁定作出海事强制令的，应当立即执行；对不符合海事强制令条件的，裁定驳回其申请。

第五十八条 当事人对裁定不服的，可以在收到裁定书之日起五日内申请复议一次。海事法院应当在收到复议申请之日起五日内作出复议决定。复议期间不停止裁定的执行。

利害关系人对海事强制令提出异议，海事法院经审查，认为理由成立的，应当裁定撤销海事强制令。

承办人：付本超

编写人：郭俊莉

后　记

从初秋到盛夏，300 多个伏案的朝暮，近 8 万件案例的回顾，482 个精品案例的研究审定，在敲下最后一个标点时，这项跨过 40 年光影的历程就画上了句号。时间仿佛从未走开，一次次置身于那紧张而严肃的法庭，法官们的思虑与见解犹在眼前。

透过书页，今天的我们见证了青岛海事法院 40 年的艰辛和坚守。1985 年留置船载货物纠纷案发出“中国海事法院的首次判决”，1987 年受理首例海事行政处罚强制执行案，1992 年审理首例海事赔偿责任限制案，1994 年判决首例海岸侵蚀损害赔偿案，2000 年作出首个海事强制令；从我国自主研发的首座大型全潜式深远海智能养殖装备“深蓝一号”案，国内首艘无人驾驶自主航行系统实验船“智腾”轮案，到首起因船舶碰撞导致重大海洋污染刑事案；从“明昕”轮、“大安吉”轮成功解救被困船员，到“尼莉莎”轮带着新名字“尊重”驶向远方。一个个鲜活的案例，印刻了青岛海事法院走过的光辉历程，也见证了中国海事司法 40 年的发展脉络。

山东省高级人民法院和青岛市委、市政府高度重视涉外涉海企业营商环境建设。山东省高级人民法院党组书记、院长、二级大法官霍敏就文库编写工作提出明确要求并撰写序言。青岛市委常委、政法委书记程德智，青岛市委常委、副市长耿涛高度重视文库编撰及相关课题研究，给予了大力支持。山东大学政治学与公共管理学院充分发挥人才和技术资源优势，成功中标“海事审判典型案例应用导则建设项目”并积极开展研究。青岛海事法院深入挖掘典型案例资源，深度参与典型案例编写。青岛市商务局、财政局全力推动落实，项目成果得以问世。

本丛书的编辑出版是有关各方共同努力的结果。感谢山东省高级人民法院副院长吕涛，二级高级法官刘义生，研究室主任刘念虎、副主任冯艳楠，民事审判第四庭庭长张传毅、副庭长康靖、董兵法官、冯玉菡法官、刘福贵法官。感谢青岛市商务局党组书记、局长王志俊，党组成员、副局长于浩，对外贸易处处长吕坤、吕静博，山东大学政治学与公共管理学院程小花博士、边琦博士，青岛海事法院办公室副主任王建军、王洪飞，人民法院出版社副总编辑陈建德、教普编辑部副主任李安尼、责任编辑赵芳慧。感谢各位作者为撰写丛书付出的辛勤劳动和智慧！感谢山东法官培训学院对于本书给予的大力支持！感谢人民法院出版社教普编辑部对案例体例格式、目录编制、内容审校、版式设计等提出的宝贵意见！

浩渺行无极，扬帆但信风！诚望广大读者提出宝贵意见，使丛书得以不断完善。

海事司法文库“合规指引与风险防治”课题组

2024 年 6 月